清远洲心大桥勘察设计关键技术

欧键灵　宁平华　编著

人民交通出版社股份有限公司
北　京

内 容 提 要

本书系统总结了洲心大桥的设计历程、设计技术,从方案选型、勘察、总体设计、桥梁设计、施工方案设计、施工期间的设计协调与服务等方面反映了设计工作的全貌,对今后同类桥梁的建设与研究有重要的参考价值与指导意义。

本书可供从事桥梁与结构工程设计、科研、管理、施工、监控等的工程技术人员与研究人员参考使用。

图书在版编目(CIP)数据

清远洲心大桥勘察设计关键技术/欧键灵,宁平华编著. —北京:人民交通出版社股份有限公司,2022.10
ISBN 978-7-114-18065-1

Ⅰ.①清… Ⅱ.①欧… ②宁… Ⅲ.①单索面斜拉桥—地质勘探—清远 Ⅳ.①U448.252.2

中国版本图书馆 CIP 数据核字(2022)第 113145 号

Qingyuan Zhouxin Daqiao Kancha Sheji Guanjian Jishu

书　　名:	清远洲心大桥勘察设计关键技术
著 作 者:	欧键灵　宁平华
责任编辑:	朱明周
责任校对:	席少楠
责任印制:	刘高彤
出版发行:	人民交通出版社股份有限公司
地　　址:	(100011)北京市朝阳区安定门外外馆斜街3号
网　　址:	http://www.ccpcl.com.cn
销售电话:	(010)59757973
总 经 销:	人民交通出版社股份有限公司发行部
经　　销:	各地新华书店
印　　刷:	北京印匠彩色印刷有限公司
开　　本:	787×1092　1/16
印　　张:	16.125
插　　页:	8
字　　数:	290 千
版　　次:	2022 年 10 月　第 1 版
印　　次:	2022 年 10 月　第 1 次印刷
书　　号:	ISBN 978-7-114-18065-1
定　　价:	88.00 元

(有印刷、装订质量问题的图书,由本公司负责调换)

编写委员会

主　　编：欧键灵　宁平华

副 主 编：郭钰瑜　唐明裴　彭　聪

委　　员：李新春　魏开波　叶剑伍　汤　明　晏班夫
　　　　　邵旭东　黄　钊　邹　峻　曹志光　刘　杰
　　　　　粟　洪　凌　晨　梁小聪　朱　俊　王盛集
　　　　　罗素君　李承海　张适嘉　许　栋　罗　胜
　　　　　关　蓓　刘兴业　蒋雨芬

主编单位：广州市市政工程设计研究总院有限公司

参编单位：清远市公路管理局

　　　　　湖南大学

　　　　　保利长大工程有限公司

前　言

清远洲心大桥是跨越北江的一座大型公路兼城市道路桥梁,双向六车道,设计线路全长约1870m,主桥为双塔宽幅单索面支承体系混合梁斜拉桥,主跨达218m,为国内目前200m以上最大宽度的单索面斜拉桥。洲心大桥的建成通车,提供了北江两岸及新旧城之间新的通道,打造了清远市区的新中轴、新地标,加强了清远与广州之间的经济社会联系和交往,加快了广清一体化进程,对清远市实施"桥头堡"战略、建设"两区两城"、融入珠三角城市群具有重要的先行作用。

清远市洲心大桥由广东省勘察设计大师、广州市政总院(即"广州市市政工程设计研究总院有限公司")总工程师宁平华领导的团队负责勘察设计。设计团队致力于融合功能与美学,协调人文、自然环境,设计出具有城市文化特色的桥梁,并针对岩溶发育地区宽幅单索面斜拉桥所存在的技术难题开展专项创新技术研究,解决了复杂岩溶地区超长桩施工难题;提出塔梁固接、墩梁分离多支座支承体系,减小温度应力和地震力效应;研发测力调力球型支座及集群控制体系,解决多支座协调受力难题;在超宽单索面钢箱梁斜拉桥上应用钢-超高性能混凝土组合桥面,解决钢桥面疲劳、铺装易损、超宽钢箱梁剪力滞影响和行人舒适度的难题;设计新型长大桥梁排水系统,解决城市桥梁建设中的水源保护难题。

本书系统总结了洲心大桥的设计历程、设计技术,反映了设计工作的全貌,对今后同类桥梁的建设与研究有重要的参考价值与指导意义。

在本工程的设计过程中,清远市公路管理局、保利长大工程有限公司、湖南大学、柳州东方工程橡胶制品有限公司等单位给予了指导和支持。本工程的顺利建成,离不开各方的共同努力与合作,在此表示感谢!

限于编者水平有限和时间紧迫,书中难免有错误和不妥之处,恳请读者批评和指正。

作　者
2022年6月

目 录

第 1 章	**工程概况**	1
1.1	工程背景	1
1.2	工程亮点	2
第 2 章	**方案选型**	6
2.1	方案构思	6
2.2	方案造型	7
第 3 章	**现状及建设条件**	12
3.1	地形地貌	12
3.2	既有建(构)筑物及其影响	12
3.3	工程地质条件	13
3.4	水文地质条件	17
3.5	岩土工程评价	17
第 4 章	**总体设计**	20
4.1	总体设计原则及思路	20
4.2	技术标准及规范	21
4.3	总体布置方案	23
4.4	道路工程	25
4.5	桥梁工程	29
4.6	排水工程	33
4.7	交通工程	36
4.8	照明工程	39
4.9	绿化工程	46
第 5 章	**桥梁设计**	49
5.1	主桥设计	49
5.2	引桥设计	79
5.3	桩基溶洞处理	83
5.4	桥梁附属工程	96

第6章	桥梁施工	101
6.1	桥梁施工方案	101
6.2	桥梁施工监控	114
第7章	工程技术经济分析	119
7.1	工程投资控制原则	119
7.2	方案(可研)估算控制	119
7.3	初步设计概算及施工图预算控制	119
7.4	本工程概、预算编制的重点及难点	120
7.5	工程变更投资控制	121
第8章	工程设计协调与质量管理	123
8.1	工程设计协调	123
8.2	工程质量控制	126
第9章	施工期间技术服务	133
9.1	现场技术服务	133
9.2	变更设计质量控制	133
第10章	主要研究课题与创新成果	135
10.1	概述	135
10.2	课题一:主桥桥梁景观和结构方案优化研究	136
10.3	课题二:单索面斜拉桥超宽断面钢箱梁剪力滞效应研究	148
10.4	课题三:钢-超高韧性混凝土轻型组合桥面技术研究	155
10.5	课题四:跨水域桥梁排水系统关键技术研究	186
10.6	课题五:串珠状岩溶区超长嵌岩桩连续持力层营造方法研究	195
10.7	课题六:分级连续测力调力球形支座及集群控制体系技术研究	207
10.8	课题七:抗风及行车与行人舒适性研究	213
10.9	课题八:主桥桥墩防撞设计研究	223
10.10	勘察创新成果	226
第11章	工程效益	230
11.1	经济效益	230
11.2	社会效益	238
附录1	项目决策及设计历程	241
附录2	成果一览	244
参考文献		247

第1章 工程概况

1.1 工程背景

"十一五"期间,清远市确立了开放融合型城市空间的发展战略。按照合理布局、重点突破、立足长远、整体规划的思路,逐步构建以清远中心城区为核心区,南部、东部和北部三大城镇群协调发展的"一核三城镇群"的城市空间格局,实施"南拓、东进、北扩"战略,积极融入大珠三角及泛珠三角乃至更大区域经济圈,与周边省市相衔接,拓宽城市发展空间。以南部区域为优先发展重点,以清城、清新、佛冈为主要增长区,构建南部活力较强的城市中心区,形成强大的经济增长带,加快与广佛都市圈的融合,力争与广州、佛山共同构建大珠三角中部新的城市群;东部以英德为中心,利用有利的交通条件加强与韶关等周边地区的经济联系;北部以连州为中心,通过清连高速公路等基础设施建设,打通"三连一阳"(指连州、连南、连山、阳山)南北贯通的交通要道,与湖南、广西联动发展,成为泛珠三角区域粤湘桂合作的"桥头堡"。着力塑造与山、水、城相依相融、具有粤北文化特色的城市空间形态与形象,不断强化城市发展能力。

清远市是环珠三角地区最临近广佛都市圈核心区的城市,但其城市交通水平与珠三角发达地区相比仍存在较大的差距。为进一步提升清远承接产业转移力度,加快融入珠三角经济圈,清远市新一轮大发展对交通提出了更高要求,提出了"无缝对接大广佛,全面融入珠三角,打造广佛清一小时生活圈"的交通发展思路。将清远打造成广东"泛珠三角"结合部交通枢纽,使清远中心区域交通全面对接大广佛,与大广佛实现同城化、一体化,形成大珠三角中部广(州)佛(山)清(远)新城市群。

2012年7月9日至11日,时任中共中央政治局委员、广东省委书记汪洋在清远市专题调研时要求:深入贯彻落实广东省第十一次党代会精神,通过加快城区扩容提质,带动全市科学发展。广东省委领导高度关注清远市"双转移"工作情况和山区教育事业发展,听取了广东省职业教育基地规划情况,考察了莲湖高新技术产业园。为深入贯彻落实省委领导调研时的有关讲话精神,加快"南融北拓桥头堡"战略的实施,清远市委、市政府决定将连接广东省职业教育基地和佛清从高速公路的洲心大桥(曾用名:北江四桥)工程建设列入议事日程。

清远市洲心大桥位于凤城大桥和伦洲大桥之间(图1-1),距两座桥均为2.1km,地理位置十分重要,是清远市区新的城市景观中轴线。洲心大桥建成后,将广东省职业教育基地和佛清从高速公路紧密地连接起来,对北江两岸及新旧城之间的交通分流及疏导亦将起到巨大作用,对城区扩容提质、区域协调发展都具有重要的意义。项目的实施对清远市实施"桥头堡"战略,建设"两区两城",融入珠三角具有重要的先行作用。

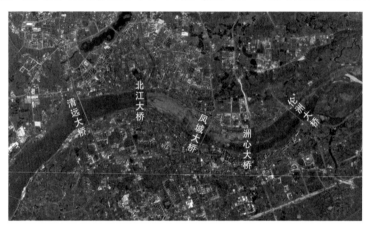

图1-1 项目地理位置

清远市洲心大桥工程路线全长1872.262m,采用一级公路兼城市主干路标准,主线双向六车道,设计速度为60km/h。桥梁总长1512m,主桥为宽幅单索面混合梁支承体系斜拉桥,跨径组合为100m+218m+100m=418m,桥宽43m,桥梁主塔处的4个观景平台处加宽至47m,为国内首创的超宽断面单索面斜拉桥。

清远市洲心大桥工程设计内容包括道路工程、桥梁工程、排水工程、交通工程、绿化工程、照明工程及工程概预算等专业。

1.2 工程亮点

1)以桥梁集约型创新设计体现绿水青山理念,助力清远融入粤港澳大湾区发展

作为清远市的首座双塔单索面斜拉桥,洲心大桥横跨800m宽的北江,全长1.872km。大桥建成后,以洲心大桥为中心轴,串联了长隆国际公园、燕湖新城、广东省职业教育基地等重要节点,形成了清远市"五横三纵"新格局和景观中轴线。洲心大桥的建设为"广清一体化深化打造"和清远"抓住机遇打造成为环珠三角地区融入

"粤港澳大湾区先行市"战略提供了有力支持。

洲心大桥是清远市新中轴、新地标的景观跨江大桥。自通车以来，赢得了清远市委、市政府、市人大、市政协和各行政主管部门的一致好评，大桥凭借着清丽的外观新晋清远颜值担当，被清远市民公认为"网红桥"。在交工验收审议中，大桥的质量评分为98分，成为清远市1988年建市以来公路工程质量最高得分。

洲心大桥是清远市的重要基础设施，是重大民生工程。洲心大桥的建成离不开设计师的匠心妙运和艰辛付出。为了高质量完成大桥的建设工作，广州市政总院组建了勘察设计团队，实现了桥梁设计人性化，树立了桥梁集约型创新设计的工程典范，体现了绿水青山理念，助力清远融入粤港澳大湾区。

2) 秉持"以人为本"的设计思维，打造"山水清远，凤舞北江"美学主题

塔墩内外形状呈"水滴流线形"，与"山水清远"的形象呼应。中空的设计使得光线自然流淌。主塔处桥面两侧设置弧形观景平台。站在观景平台上，视野开阔，清远新区周边美景尽收眼底。

主桥的两个桥塔宛如一对在北江上舞动的凤凰，与清远"凤城"的美誉呼应。大桥振翅欲飞，展现出欣欣向荣、蓬勃发展的城市面貌。

设计师对清远的"山水"进行艺术性的加工处理，运用到栏杆与人行道铺设造型上，展现人与自然和谐共生的理念。通过不同的造型方案、色彩方案的组合，将在桥上行走时的单调感降到最低，确保桥上行人的愉悦心情和美妙感觉，也保证了行人的安全。

以人为本，桥上的人行道和两岸江滨公园相连，使北江两岸形成一个完整的绿道慢行系统，完善了城市基础配套设施，提升了城市形象及综合竞争实力，为建设宜居宜业宜游的优质生活圈打下基础。

3) 认真贯彻五大发展理念，加强桥梁集约型创新设计

(1) 创新

洲心大桥是公路桥梁和城市桥梁的理想融合。设计师力争创新，克服了行人舒适度、环保型综合排水系统、多支座协调受力、复杂岩溶地区超长桩处理、超高性能轻型组合桥面等技术难关，满足了桥上各种功能的需求。主桥为双塔单索面斜拉桥，全长1512m，主跨218 m，桥宽47m，是目前国内最宽的单索面斜拉桥。

(2) 协调

桥型设计致力于桥梁与周边山水环境的协调，强调力量美、协调美，简约而不简

单。大桥连接两岸江滨公园,方便市民出行和休闲,连通清远南北发展新区,推动区域协调发展。

(3)绿色

采用了超高性能轻型组合桥面、降噪的改性沥青铺装、环保雨污水收集系统、防污除泥机、绿化带等绿色技术,致力实现低碳环保,提升行车舒适度,减轻噪声污染,减少施工造成的环境污染,与绿水青山理念相适应。

(4)开放

开放思维,常规而不单调,采用了公路桥梁技术的高标准,又赋予其城市市政、景观桥的多功能性,包容兼顾。打造国际化的生态桥梁,对清远的"山水"进行艺术性的加工处理,运用到栏杆与人行道铺设造型上,展现人与自然和谐共生的理念。同时,融合十二星座、"福"字的美好寓意,打造一座融合清远山水生态文化、具备清远福地理念和国际化元素的现代化桥梁。洲心大桥不再专属清远,而是走向世界。

(5)共享

多功能设计使得行人、自行车、机动车可以在桥上分道而行,安全共享。通过精细化设计,将清远连绵不绝的青山凝练并运用到人行栏杆上,让人感叹祖国的"好山好水好风光",栏杆上的灯具采用V形灯座,铺装融合河流、福字、星谱等元素,桥碑采用简洁大方的凤凰造型,打造具有中国特色的城市地标。

4)以攻坚克难、锐意进取的勇闯精神突破创新技术

(1)提出复杂岩溶地区超长桩设计方法

本工程桥位处岩溶发育,多为串珠状分布,且地下水连通性好。桩基设计以地质详勘、超前钻和地质勘测电子计算机断层扫描成像技术的结果为依据,针对不同施工环境,采取了覆盖层高压旋喷帷幕、溶洞内压浆固结、溶洞内灌注混凝土、双液旋喷注浆等处理措施,合理布置桩基施工顺序,实现了142根桩基全部顺利施工完成,均被评定为一类桩。其中,最长勘察桩长达110m,采用双液高压旋喷注浆处理后形成人造持力层的处理方法,使溶洞顶板安全厚度比处理前大幅减小,降低了岩溶地区桩基的施工难度和施工风险,缩短了施工工期,节约了工程造价。

(2)应用超高性能轻型组合桥面

为解决钢桥面疲劳裂纹和铺装易损坏的难题,采用了超高性能轻型组合桥面,提高了单索面斜拉桥的桥面刚度,大幅度减小面板和纵横肋在轮载下的应力,延长了钢桥面的抗疲劳寿命,同时解决了大跨度桥梁的行人、行车舒适度难题。

(3) 研发测力调力球型支座

本工程主桥桥墩下设 8 个支座,在国内首次开发和应用了测力调力球型支座。测力调力球型支座是在球型支座的基础上,集成测力功能与调力功能而成的。当测力系统监测到支座不均匀受力超过容许值时,可对支座进行无级调高,以使支座的受力处于设计的合理范围内,减少因受力不均对梁体及墩部造成的损伤,解决多支座协调受力难题。

(4) 应用环保型综合排水系统

桥位所处北江流域属于水源保护区,桥面雨污水不得直接排入江内。本工程专门设置了一种跨江河桥梁桥面污/废水的环保收集净化设施,可实现对桥面雨水、废水、液态危险品的净化和应急处理,处理系统简单,保障度高,效率高,效果好,解决了跨江桥梁建设中的城市水源保护难题。

第2章 方案选型

2.1 方案构思

2.1.1 周边环境分析

洲心大桥建成前,清远中心城区跨越北江的共有4座公路桥,依次为清远大桥(北江一桥)、北江大桥(北江二桥)、凤城大桥(北江三桥)和伦洲大桥(北江五桥)。

现状桥型以拱桥和梁桥为主,景观效果一般,不能成为城市的独特景观。根据清远市政府《关于交通重点工作的会议纪要》(〔2014〕21号)精神,为提升城市形象和城市品位,清远市政府高度重视洲心大桥建设,要求按照城市新中轴线和新城市地标建筑的定位进行建设,对大桥方案提出了更高的景观设计要求。

2.1.2 工程总体定位

洲心大桥工程是清远市的中轴线、景观大道,要充分考虑结构物的景观效果,桥梁结构须新颖、美观,既体现文化底蕴,又具有时代的特征,使大桥建成后成为当地的标志性建筑。

2.1.3 制约因素

洲心大桥为该工程的主要控制节点,如何确定合理的主桥方案是该项目的重点。根据洲心大桥桥位的实际情况,洲心大桥的制约因素主要有征地拆迁、航道净空、河道水文、地质条件、景观要求等。

①征地拆迁:该工程两侧建筑物密集,北江南侧路线两侧为新建高档小区(金海湾豪庭、信蓝湾豪庭)及洲心镇人民政府。为了减少南侧拆迁量,在规划线位的基础上,向北侧偏移约15m,利用两侧小区之间的空地,尽量不造成拆迁。

②桥下通航净空要求:根据广东省发展和改革委员会《广东省内河航运发展规划》(2004年),北江规划为内河Ⅲ级航道,通航净空为宽×高=200m×10m,设计最

高通航水位为 17.85m(黄海高程),设计最低通航水位为 10.37m(黄海高程)。

③北江堤岸以及防汛通道:桥梁跨越堤岸应尽量满足堤防交通、防汛抢险、管理维修等要求,应采取补救措施,在桥址跨堤段上下游适当位置布置上下堤通道,净空不低于 5m。桥梁跨越护堤公路(沿江东路、北江一路)处必须满足净空不低于 5m 的要求。跨堤桥墩应尽量避开大堤。

④桥址水文状况及防洪:桥位处北江水道水面宽约 800m,桥区河段呈 S 形。新建桥梁应尽量与水道垂直,以最短的距离跨越水道,并采用较大跨径跨越,以降低水中基础施工的难度。

⑤环保:应采用成熟、可靠的桥型和相应的施工方案,避免污染水质、破坏环境。

⑥城市景观:城市新中轴线和城市新地标建筑的定位,清远市政府的重视和清远市民的期待,对大桥方案提出了更高的景观设计要求。

⑦地质条件:场区的不良地质现象主要为岩溶。场区揭露基岩有可溶石灰岩,岩溶发育,部分地段的溶洞连通。

2.2 方案造型

2.2.1 方案比选过程

洲心大桥与周边地区有机协调,对塑造城市整体形象和地域特征具有极为重要的作用。作为清远市的标志性建筑,洲心大桥在满足功能和结构要求的基础上,应充分强调景观性,使桥梁与城市的自然环境和谐。因此,主桥桥型需要与清远市的城市特点相符,力争创造出文化的桥梁、科技的桥梁和现代的桥梁。

洲心大桥位于清远市城市景观中轴线上,是北江两岸的重要联系通道。按照清远市政府的工作部署,清远市城乡规划局组织进行了大桥规划方案设计,各方案见表 2-1。

方案设计各桥型方案一览表　　　　表 2-1

方　案	桥跨组合(m)	结构形式	效　果　图
方案一	5×100	单索面拱梁组合桥	

续上表

方　案	桥跨组合(m)	结构形式	效 果 图
方案二	85+114+160+114+85	中承式钢管混凝土系杆拱	
方案三	40+5×100+40	稀索混合体系矮塔斜拉桥	
方案四	45+50+5×100+50+45	多塔自锚式悬索桥	
方案五	60+2×100+60	连续刚构	
方案六	100+218+100	双索面拱形塔斜拉桥	

清远市已有的跨北江桥梁桥型为拱桥、梁桥,景观效果比较一般,现状无斜拉桥桥型。本案桥址处水面开阔,北岸以村落、农田为主,南岸为矮层洋房,均无高耸的建筑构造物。2012年6月,清远市城乡规划局组织召开了清远市洲心大桥桥型设计方案专家评审会,因斜拉桥方案在技术成熟、施工难度、景观效果等方面均具有优势,选择主跨100m+218m+100m、桥塔高59m、桥宽34m的双索面拱形塔斜拉桥(即表2-1中的方案六)为洲心大桥的主桥方案。在方案深化过程中,考虑到拱形桥塔施工较困难,且拱形的网状空间容易带来压抑的行车感受,人行道两侧的拉索亦使行人观景视线受阻,经深化研究又提出了6个桥型比选方案,见表2-2。清远市城乡规划局最终确定主桥方案为100m+218m+100m的双塔单索面斜拉桥(即表2-2中的方案一),桥宽43m。

第2章 方案选型

深化设计各桥型方案一览表　　　　　　　表2-2

方　案	桥跨组合(m)	结构形式	效　果　图
方案一	100＋218＋100	双塔单索面斜拉桥	
方案二	100＋218＋100	双塔双索面斜拉桥	
方案三	90＋160＋160＋90	三塔部分斜拉桥	
方案四	69＋80＋260	独塔斜拉桥	
方案五	160＋160	独塔自锚式悬索桥	
方案六	100＋218＋100	四索面QY形塔斜拉桥	

2.2.2 创意设计理念

以"自然—历史—现代"为主线,遵从空间的脉络主线,针对沿河景观带的定位及规划,确定合理的桥型方案,形成桥梁与景观的有机结合,使景中有桥、桥中有景,力争创造出文化的桥梁、科技的桥梁和现代的桥梁。

桥梁方案遵循"适用、经济、安全、美观"的原则,总体设计满足功能要求,结构设计安全、可靠。在充分了解地域环境及功能需求等的前提下,该工程的主题创意为"山水清远,凤舞北江"(图2-1)。

图 2-1　双塔单索面宽幅斜拉桥方案

大桥主塔内外形状皆呈"水滴流线形"(图2-2),烘托出清远是山清水秀的宜居城市和旅游之乡,与城市新中轴线和新地标建筑的定位相匹配。主桥桥塔两侧设置弧形的观景平台,站在平台上,视野开阔,清远新区周边美景尽收眼底。

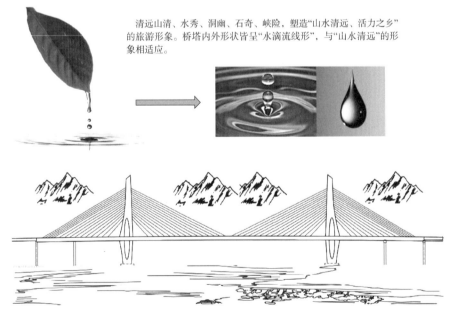

图 2-2　桥型构思图

从船行方向正看,主桥两个桥塔宛如一对在北江上舞动的凤凰,振翅欲飞,寓示着清远市欣欣向荣、蓬勃发展;同时,凤的造型理念又与清远"凤城"的美誉呼应。桥塔中空的设计使得光线与空间得到很好的融合。

　　该方案采用现代的桥梁造型,突出清远"假日天堂"的美誉,并结合生态、环保、人性的理念,构思出"凤舞北江"之主题,使桥梁与区域特性相吻合。洲心大桥宛如一条巨龙连通了北江南北两岸,构架了清远新、旧城之间的通途。

第3章 现状及建设条件

3.1 地形地貌

清远市位于广东省中部,居南岭山脉与山前冲积平原的交界处,地势呈西北向东南倾斜之势,西北部为山区,南部为平原及丘陵,北江从北部入境流向西南,沿岸多为冲积平原。清远洲心大桥位于北江中下游,飞来峡水利枢纽上游约27km处。桥位处江面开阔(图3-1)。河床底高程一般为1.16~9.46m,两岸河流阶地地面高程为13.80~20.10m。

图3-1 桥位处地貌

3.2 既有建(构)筑物及其影响

工程沿线主要分布有市政道路、苗地、村庄、林地、堤坝等,建筑区面积约占20%,地形总体平坦,通视条件良好。

大桥南面中线两侧现状多为房屋建筑区。临江面堤顶已建成2车道的市政道路,较为坚实稳定,易于埋设水准点和设站。岸堤顶高程约为19.25~19.60m(1956年黄海高程系统,下同);北侧岸边堤顶高程约为19.50m,堤岸为未加固土质堤岸,土质坚实稳定。河床水面高程(常水位)约为9.30~9.60m。两岸场区地势平坦,视野开阔,无高大建构筑物。

经现场探测发现,工程范围内存在给水、排水、燃气、电力、路灯和电信六类管线。既有的地下管线主要分布在北江南岸的现状道路上,这些道路地下管线异常密集、复

第3章 现状及建设条件

杂,且有多处管线横穿道路及路口;而北江以北的区域未发现地下管线。这些既有的地下管线,对项目的桥梁、排水等工程的设计和施工形成障碍,设计和施工方案需要避让这些现状管线或者对其进行迁改或者保护。

3.3 工程地质条件

3.3.1 地质构造

本项目位于清远市东部,根据区域地质资料(图3-2),场区位于清远向斜的南翼。清远向斜属倾斜褶皱,轴面往北倾,轴线走向为北东东~北北东,长约50km,宽约16km,其核部由泥盆纪帽子峰组组成。控制本区的断裂主要为清远—安流断裂,断裂总体呈近东西走向,倾向北,在场区附近地段呈北东东向,倾向北北西,倾角一般较陡,为正断层。勘察揭示场区基岩面起伏较大,局部岩芯破碎,有明显擦痕,可能与该断裂的作用有关。该断裂近代仍有活动,但活动强度不大。场地处于相对稳定地块,可进行拟建工程建设。

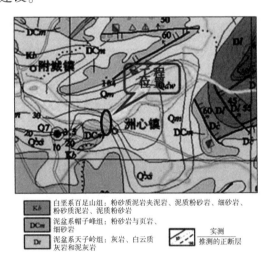

图3-2 区域地质略图

3.3.2 地层岩性

场区上覆地层为第四系全新统人工填土层(Q_4^{ml})、第四系全新统河流相冲积层(Q_4^{al})、第四系上更新统河流相冲积层(Q_3^{al})、残积层(Q^{el}),下伏基岩主要为泥盆系天子岭组(Dt)上部的石灰岩夹炭质页岩和泥灰岩等,局部地段为泥盆系帽子峰组

(DCm)粉砂岩、页岩夹钙质页岩,其中泥盆系天子岭组的石灰岩发育岩溶,溶洞见洞率为70.10%。场区地质纵断面见图3-3。

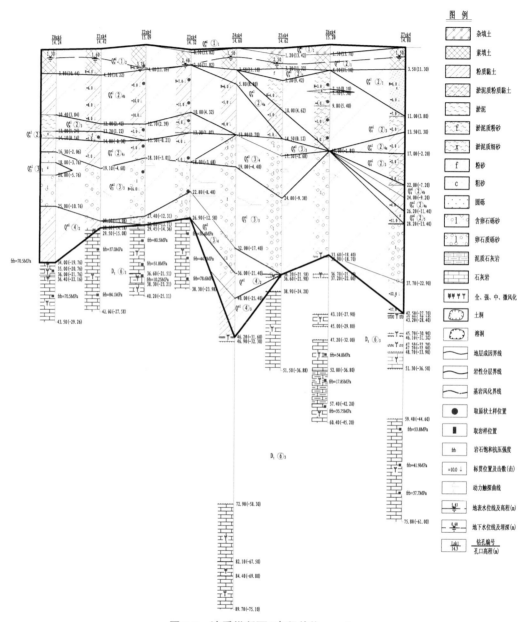

图3-3 地质纵断面(高程单位:mm)

3.3.3 主要岩土物理力学指标

桥位处主要岩土物理力学指标见表3-1。

第3章 现状及建设条件

主要岩土物理力学指标

表 3-1

土层编号	时代成因	岩土名称	状态	天然含水率（%）	重度（kN/m³）	天然孔隙比	液性指数	压缩模量（MPa）	天然快剪 内摩擦角（°）	天然快剪 黏聚力（kPa）	有机质含量（%）	饱和单轴极限抗压强度（MPa）	承载力基本容许值（kPa）	钻（冲）孔桩桩侧摩阻力标准值（kPa）
①₁	Q₄ᵐˡ	杂填土	松散		19.5				15.0	10.0			80	80
①₂		素填土	松散		19.0				15.0	13.0			80	—
②₁		粉、细砂	松散		19.5			4.00	25.0	0.0			100	20
②₂		中、粗砂	松散		20.0			6.00	25.0	0.0			120	25
②₃		淤泥质粉质黏土	流塑	47.0	17.8	1.321	1.29	3.50	5.0	11.0	3.725		50	15
②₄ₐ		粉质黏土	软塑	31.9	19.0	0.905	0.77	4.77	6.0	13.0			100	40
②₄ᵦ	Q₄ᵃˡ	粉质黏土	可塑	29.3	19.3	0.832	0.60	5.23	8.0	15.0			125	45
②₅		粉、细砂	稍密		20.0			5.00	28.0	0.0			120	25
②₆		含卵石粗砾砂	中密		21.0				32.0	0.0			350	90
②₇		中、粗砂	稍密		20.0				29.0	0.0			180	30
③₁		粗、砾砂	中密		20.0				30.0	0.0			250	60
③₂		泥炭土	流塑		16.0				6.0	6.0			50	20
③₃	Q₃ᵃˡ	含卵石粗砾砂	中密		21.0				32.0	0.0			350	90
③₄		卵石质粗砾砂	中密		22.0				35.0	0.0			400	120
③₅		砾砂	中密		20.0				30.0	0.0			300	70
③₆		含卵石粉质黏土	硬塑	20.7	20.7	0.419	0.50	5.00	25.0	15.0			250	80
④₁		粉质黏土	硬塑	21.5	19.8	0.714	0.13	6.70	20.0	21.0			250	80
④₂	Qᵉˡ	粉质黏土	可塑	33.4	19.0	0.904	0.66	6.00	15.0	22.0			160	50
④₃		粉质黏土	软~流塑	39.6	17.2	1.197		4.50	13.0	21.0			120	30

续上表

土层编号	时代成因	岩土名称	状态	天然含水率（%）	重度（kN/m³）	天然孔隙比	液性指数	压缩模量（MPa）	天然快剪 内摩擦角（°）	天然快剪 黏聚力（kPa）	有机质含量（%）	饱和单轴极限抗压强度（MPa）	承载力基本容许值（kPa）	钻(冲)孔桩桩侧摩阻力标准值（kPa）
⑤₁	DCm	泥质粉砂岩、粉砂岩	坚硬土状全风化		20.0				25.0	25.0			300	90
⑤₂ₐ		泥质粉砂岩、粉砂岩	可塑状全风化		19.5				15.0	15.0			200	60
⑤₂ᵦ		泥质粉砂岩、粉砂岩	土状强风化		20.0				30.0	30.0			500	110
⑥₁	Dt	泥质粉砂岩夹粉砂岩	碎块状强风化										600	150
		炭质页岩夹石灰岩	碎块状强风化										600	150
⑥₂		泥灰岩	中风化									10.0		
		炭质(泥质)灰岩	中风化									5.0		
		石灰岩	中风化									10.0		
⑥₃		泥灰岩	微风化									15.0		
		炭质(泥质)灰岩	微风化									15.0		
												20.0		
		砾岩	微风化									20.0		

3.4 水文地质条件

3.4.1 地表水

桥位位于北江中下游,跨越北江处河宽约800m,河床断面呈U形。江水流向为自西向东,流速约为1.00m/s。水深一般为3.00~5.00m,两侧较浅,中部主航道较深,最深可达约10.00m。

3.4.2 地下水

场区地下水类型主要有上层滞水、孔隙潜水、基岩孔隙裂隙承压水和岩溶承压水,地下水混合稳定水位埋深为1.00~4.90m,高程为11.65~15.00m。地下水位变化幅度为0.50~1.50m。

3.4.3 水、土腐蚀性

在强透水层中,场区地下水和北江水对混凝土结构在强透水层中具微~中腐蚀性;在Ⅱ类环境和弱透水层中,具微腐蚀性;在长期浸水和干湿交替环境中,对混凝土结构中钢筋具微腐蚀性。

场区的新近填土在Ⅱ类环境中,具微腐蚀性;在强透水层、弱透水层中,对混凝土结构具微腐蚀性;在长期浸水环境、干湿交替环境中,对混凝土中的钢筋具有微腐蚀性。

3.5 岩土工程评价

3.5.1 场地稳定性和适宜性

据区域地质资料,控制场地稳定性的断裂主要为清远—安流断裂带,该断裂带在场区附近通过。钻探揭示场区的岩溶发育,基岩面起伏较大,局部有明显擦痕,可能与该断裂的作用有关。该断裂近代仍有活动,但活动强度不大,场地处于相对稳定地块,可进行拟建工程建设。

3.5.2 地震效应

根据《建筑抗震设计规范》(GB 50011—2010),场区的抗震设防烈度为Ⅵ度,设计基本地震加速度值为$0.05g$(g为重力加速度),设计地震分组为第一组。另外,场地土层等效剪切波速约为150~250m/s,场地覆盖层厚度一般大于3m、小于50m,据《公路工程地质勘察规范》(JTG C20—2011),场地为Ⅱ类建筑场地,特征周期为0.35s。

3.5.3 不良地质作用

场区的不良地质现象主要为岩溶。场区岩溶非常发育,溶洞见洞率为70.10%。溶洞大部分呈全充填或无充填状,仅少部分为半充填。在自然的地下水动态平衡状态下,洞体应趋于稳定,但在大量抽取地下水、大幅度降低地下水位或地面荷载突增的情况下,有造成溶洞顶板坍塌的可能。另外,从揭露的溶洞分布情况可发现以下规律:

①溶洞洞顶埋深为15.20~90.60m,洞顶高程为-13.00~-84.46m,溶洞高度一般为0.10~22.90m,其中:洞高小于1.00m的占32.79%,洞高介于1.00~3.00m的占42.21%,洞高大于或等于3.00m的占25.00%。

②本次钻到溶洞的93个钻孔,共揭露出400个溶洞,其中:仅揭露1个溶洞的有23个孔,占24.73%;揭露2~3层溶洞的有25个孔,占26.88%;揭露4~5层溶洞的有17个孔,占18.28%;揭露多于5层溶洞的有28个孔,占30.10%。部分钻孔呈串珠状小溶洞发育。

③钻孔揭露溶洞洞顶石灰岩多呈中、微风化状,可见不同程度溶蚀现象,顶板厚度一般为0.15~18.90m,其中:顶板石灰岩厚度小于1.00m的占41.88%,1.00~3.00m的占39.29%,大于3.00m的占18.83%。

3.5.4 特殊性岩土

场地特殊性岩土主要为人工填土、软土和残积土。其中,场区软土主要为淤泥质粉质黏土层、软塑粉质黏土层、泥炭土层,工程性质极差,当降低地下水位或地面大面积堆载(包括路堤填土)时,软土产生固结沉降变形,并对桥梁桩基产生负摩阻力作用,对路基的工后沉降产生较大影响。

3.5.5 地基土评价

本工程场区地质条件复杂,桥梁桩基段基岩为石灰岩,岩溶发育,基岩面起伏大,溶洞及溶蚀裂隙连通性良好,且第四系覆盖层孔隙水与岩溶水有密切的水力联系,故当钻(冲)孔桩施工至溶洞或溶蚀裂隙发育段时,孔隙水快速涌进溶洞的过程中将第四系砂层掏空带走,引发河床甚至地面塌陷。对此,应充分重视并做好预防风险的准备。

第4章 总 体 设 计

4.1 总体设计原则及思路

4.1.1 总体设计原则

项目的总体设计原则为：

①路线的布设应符合技术规范的要求,平、纵指标合理,路线走向顺直。

②服从清远市总体规划和中心区域公路网规划,并为远期发展预留条件。

③与现有城市路网布局相协调,充分考虑本工程建成后对清远市整体交通组织的影响,力求使本工程发挥最大综合效益。

④重视城市环境、城市景观、历史文物的保护,路线方案充分考虑各方面因素,尽量减轻对城镇生活环境的影响,避免对城市景观、历史文物造成不可弥补的破坏。

⑤根据地形、工程地质、水文地质条件以及相交河流的通航要求,合理选择桥位,尽量降低工程总造价,使本项目社会、经济效益合理。

⑥绕避高大建筑物,减少拆迁量,降低项目实施难度。

⑦选线结合沿线地质情况,尽量避开不良地质地段。

⑧工程方案的拟定应充分考虑与两岸城市道路网的衔接,研究解决交通疏导问题。

4.1.2 总体设计思路

项目总体设计思路为：

①分析建设目的,满足规划要求。充分分析工程建设目的及规划意图,实现规划的交通、景观等功能。

②减少拆迁,节约用地。开展实地踏勘,详细了解工程周边用地情况。工程沿线建筑物密集,设计线形时应尽量减少房屋拆迁。充分结合两侧现状永久建筑的高程,节约用地。

第4章 总体设计

③合理组织交通、布设附属设施。结合用地规划，提出合理的交通组织方案，合理布设沿线公交站点、设置地块开口等。

④以人为本，合理布置断面。结合清远市当地出行习惯，合理布置断面，为非机动车预留空间。

⑤优化设计，节省投资。通过计算分析，优化结构断面；充分掌握项目周边地质资料，吸取当地成功经验，选用经济安全的软基处理措施；选用材料时进行多方案比选，提出最经济合理的实施方案。

⑥桥型设计遵循安全性、经济性、美观性原则。桥梁建筑与周边地区有机协调，对塑造城市整体形象和地域特征具有极为重要的作用。洲心大桥作为清远市的标志性建筑，在满足功能和结构的条件下，应充分强调景观性，使桥梁和谐融入城市的自然环境。因此，主桥桥型需要与清远市的城市特点相符，建成一座文化的桥梁、科技的桥梁和现代的桥梁。

⑦保障排水系统安全运行。排水系统高程控制要与现状地形、竖向规划、排水规划及防洪排涝规划相结合，在控制管道埋深的同时避免与其他专业管线冲突，尽量减少倒虹吸管道的设置，以利于排水系统安全、可靠运行。

4.2 技术标准及规范

4.2.1 道路主要技术标准

道路主要技术标准见表4-1。

道路主要技术标准　　　　表4-1

指标名称	单位	技术标准	
		规范值	采用值
公路等级	—	一级公路	一级公路兼城市主干路
设计速度	km/h	60	60
主桥及引道宽度	m	—	31.4~47.0
辅道路基宽度	m	—	60.0~67.7
圆曲线最小半径	m	250	600
不设超高圆曲线最小半径	m	1500	1500
最大超高值	—	4%	—

续上表

指 标 名 称	单位	技 术 标 准	
		规范值	采用值
停车视距	m	≥70	≥70
反向平曲线间最短直线	m	120	1195.8
最大纵坡	—	6%	3%
最短坡长	m	150	276.674
凸形竖曲线一般最小半径	m	2000	16500
凹形竖曲线一般最小半径	m	1500	7335

4.2.2 桥梁主要技术标准

道路等级：一级公路兼城市主干道。

行车道数：双向6车道。

设计速度：60km/h。

设计荷载：汽车荷载为公路—Ⅰ级，城—A级；人群荷载按《城市桥梁设计规范》(CJJ 11—2011)取值。

桥面横坡：行车道为双向2%，人行道为单向1%。

通航标准：北江属于内河Ⅲ级航道，通航尺度为宽×高=200×10m（单孔双向通航）。

设计洪水频率：1/300。

最高通航水位：17.85m（黄海高程）。

常水位：10.586m（黄海高程）。

三百年一遇水位：19.664m（黄海高程）。

抗震设防标准：设防烈度为Ⅵ度，地震动峰值加速度为0.05g，地震反应谱特征周期为0.35s。

结构设计基准期：100年。

桥梁设计安全等级：一级。

4.2.3 主要设计规范

设计时依据的规范❶主要有：

---

❶ 本书所列出的标准规范，均为洲心大桥设计、建造时所依据的版本，在本书出版时，部分已失效。

①《工程建设标准强制性条文(公路工程部分)》(2002年)。
②《公路工程基本建设项目设计文件编制办法》(交公路发〔2007〕358号)。
③《公路工程技术标准》(JTG B01—2003)。
④《公路路线设计规范》(JTG D20—2006)。
⑤《公路桥涵设计通用规范》(JTG D60—2004)。
⑥《公路钢筋混凝土及预应力混凝土桥涵设计规范》(JTG D62—2004)。
⑦《公路桥涵地基与基础设计规范》(JTG D61—2005)。
⑧《公路斜拉桥设计细则》(JTG/T D65-01—2007)。
⑨《公路桥梁抗震设计细则》(JTG/T B02-01—2008)。
⑩《公路桥梁抗风设计规范》(JTG/T D60-01—2004)。
⑪《公路桥涵施工技术规范》(JTG/T F50—2011)。
⑫《公路工程混凝土结构防腐蚀技术规范》(JTG/T B07-1—2006)。
⑬《公路交通安全设施设计规范》(JTG D81—2006)。
⑭《公路交通安全设施设计细则》(JTG/T D81—2006)。
⑮《城市桥梁设计准则》(CJJ 11—2011)。
⑯《内河通航标准》(GB 50139—2004)。

4.3 总体布置方案

4.3.1 平面设计

本工程位于清远市禾塘村,起点与清辉路(北引道段)相接,路线由北往南上跨规划的沿江东路,跨越北江设置洲心大桥,之后上跨现状北江一路,终点位于二组村,与清辉路(北江一路至燕湖大道段)相接。路线全长1872.262m,其中桥梁长1512m。

根据《公路路线设计规范》(JTG D20—2006)的规定,洲心大桥作为特大桥,桥位应为道路线位基本走向的控制点。此外,路线方案布设的主要控制点还有项目起止点、两岸河堤防洪通道、沿江东路、北江、北江一路、金海湾豪庭小区、蓝湾豪庭小区。

根据北江等深线图和河道整治图,规划的桥位处于北江河湾上,受南岸已建成金海湾豪庭和蓝湾豪庭两个小区的影响,重新选择桥位的可能性不大。考虑到北江南侧路线两侧金海湾豪庭和蓝湾豪庭均为高档小区,楼龄较短,道路终点为洲心镇人民政府,为了减少南侧拆迁量,桥梁线位在规划线位的基础上向北侧偏移约 15m,桥轴线与水流方向交角小于 5°,接近正交。

桥跨布置为 6×30m+8×50m+(100m+218m+100m)+3×50m+2×47m+9×30m,桥梁全长 1512m。主桥采用 100m+218m+100m 双塔单索面斜拉桥。两岸引桥均采用预应力混凝土现浇箱梁,水中段跨径为 47m、50m,陆上段跨径为 30m。与沿江东路、北江一路相交,采用高架桥形式跨越。

4.3.2 纵断面设计

本工程纵断面设计主要的控制因素为:

①北江的 20 年一遇最高通航水位(17.85m)。

②航道位置。

③通航净空要求:宽×高=200m×10m。

④沿江东路设计高程(14.5m)。

⑤北江一路现状高程(19.5m)。

根据《公路路线设计规范》(JTG D20—2006)的规定:位于市镇附近非机动车交通量大的路段,桥上及桥头引道纵坡均不应大于3%。考虑到洲心大桥设置非机动车道,纵坡度不宜过大。因此,主桥段纵坡结合桥梁结构采用 3% 的人字坡,并设置 16500m 的竖曲线半径。

全线共设置 3 个变坡点,平均每千米变坡 0.16 次,最小纵坡 0.33%,最大纵坡 3.00%,凸形竖曲线最小半径为 16500m,凹形竖曲线最小半径为 7335m。

4.3.3 横断面设计

引道及引桥段红线宽度为 60m。

主线为双向六车道,总宽 31.4m,断面布置为 2.5m(非机动车道)+1.2m(绿化带)+11.0m(主线行车道)+2.0m(中央绿化带)+11.0m(主线行车道)+1.2m(绿化带)+2.5m(非机动车道)。

两侧辅道为单向两车道,外侧设置人行道及非机动车道,单侧辅道宽度为 14.3m,断面布置为 2.3m(人行道)+2.5m(非机动车道)+1.5m(设施带)+8.0m(辅道车行道)。

道路横断面见图 4-1、图 4-2。

第4章 总体设计

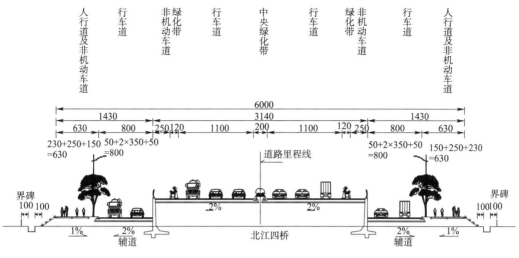

图 4-1 引道段横断面图(尺寸单位:cm)

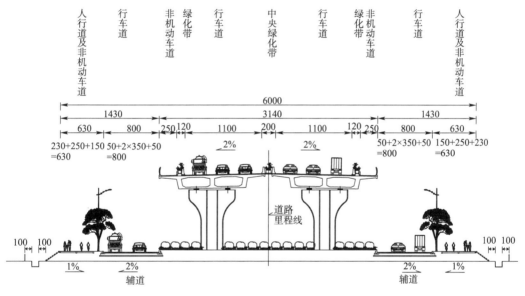

图 4-2 引桥段横断面图(尺寸单位:cm)

4.4 道路工程

4.4.1 路基工程

4.4.1.1 设计原则

道路路基必须做到密实、均匀、稳定,应分层碾压压密,路基压实度及填料最小强度应符合《公路路基设计规范》(JTG D30—2004)的规定。路基压实应采用重型击实标准,为保证压实度,土的含水率不能超过最佳含水率(2%)。路槽底面土基应保持中湿状态。路基抗压回弹模量不小于40MPa。

4.4.1.2 路基填料要求

路床和上路堤应优先采用砂类土、砾(角砾)类土等作为填料,零填及路堑路床压实度≥96%的深度加厚至0.8m。当路床土的塑性指数大于12、液限大于32%的黏土或最小强度达不到要求时,应采取换填或土质改良措施;当土的液限大于50%、塑性指数大于26时,不得直接作为路堤填料;严禁采用强膨胀土、淤泥和有机土填筑路堤。在桥涵台后,应优先采用碎石、砾(角砾)类土、砂类土等透水性较好的填料填筑,压实度不小于96%。

4.4.1.3 填方基底处理

在沟渠、积水洼地上填筑路堤前,应排除明水、清淤。路堤基底为耕地、草地时,必须先清除地表种植土后方可填筑。路堤基底为松土时,如果松土厚度不大于0.3m,可直接将原地面夯实后填筑;否则应将松土翻松,并掺拌生石灰粉,再分层回填碾压,以满足设计压实度要求。地面横坡陡于1:5的填方路基,原地面必须挖台阶,台阶宽度不小于2.0m,台面向内倾斜2%~4%。

4.4.1.4 路基边坡

路堤边坡坡度按《公路路基设计规范》(JTG D30—2004)进行设计。本工程中,边坡高度H均小于8m,采用一级放坡,边坡坡度为1:1.5。当$H≤4m$时,采用喷播植草;当$4m<H≤8m$时,采用三维网喷播植草。

4.4.1.5 路面路基排水设施

本项目路基、路面排水按自成排水系统的原则进行设计,设计时充分结合了自然水系、农田水利灌溉、桥涵位置等进行综合设计,以确保排水畅通。同时,排水设计考虑环境保护要求,避免路面污水流入鱼塘、水田、菜地。全线设置完善的路基、路面排水系统,及时排除路基、路面范围内的地表水和地下水,保证路基和路面的稳定,并防止路面积水影响行车安全。

4.4.1.6 不良路基处理

1)设计原则

①满足道路路基需要的强度、稳定性和变形要求。

②根据工程地质条件,分段采用适宜的地基处理方法。

第4章 总体设计

③软土地基的稳定验算与沉降计算考虑路堤在施工期及预压期由于地基沉降而导致填料增加的影响。

④软基处理施工工艺可行、质量可靠、经济、环保,并满足工程建设工期。

2)设计标准

①本工程属一级公路兼城市主干路,行车计算荷载按公路—Ⅰ级考虑。

②对用于计算沉降的压缩层,其底面应在附加应力与有效自重应力之比不大于0.15处。

3)不良路基处理

结合勘察资料及施工现场开挖现状土层情况,最终确定不良路基处理方式:

①北岸K1+760~K1+800段,原状表层土主要为素填土,性质较好。该段属于低填浅挖路段,为保证路基压实度,挖除0.8m厚的表层土,回填0.8m厚的合格路基土并压实。

②北岸K1+800~K2+060段,原状表层土性质较差,地下水位较高,表土含水率较大;开挖后经过试碾压,出现明显回弹现象。为保证路基压实效果,采用换填处理方式,挖除1.5m厚的表层土,回填1.0m厚的片石,回填0.5m厚的石屑。其中,K1+800~K1+940段引道挡土墙范围,由于挡墙基底承载力要求较高,采用挖除1.5m厚的表层土、回填0.5m厚的片石、回填1m厚的碎石的处理方式。

③北岸K2+060~K2+100段,原状表层土性质较差,地下水位较高,路基无法达到压实度要求。采取以下处理方式:挖除2.0m厚的表层土,抛填1m厚的片石,其陷入软土内的厚度为0.5m,回填0.5m厚的石屑后回填1m厚的合格路基土。

④南岸K3+213.562~K3+448.737段,原状土性质较好,该段采用低填浅挖处理方法,为保证路基压实度,挖除0.8m厚的表层土,回填0.8m厚的合格路基土并压实。

⑤南岸K3+448.737~K3+632.262段,原状表层土性质较差,地下水位较高,且该段填方高度基本高于2m。考虑路基压实施工效果和路基稳定,采用如下处理方式:清除0.3m表层土,回填0.5m厚的片石后回填1m厚的砂砾。

⑥鱼塘路段的处理方法为:原鱼塘范围回填大量建筑余泥、渣土。根据补充勘察资料,表层为杂填土,厚3.0~4.4m;深层为淤泥质粉质黏土,厚3.2~4.0m。由于表层软土及深层淤泥总厚度较大,达到8m以上,换填处理方式费用较高且较难施工,因此考虑采用深层软基处理。同时,考虑到周边为村落,不宜采用噪声较大的处理工艺,因此采用静压管桩的处理方式,在清除表层2.5m厚杂填土后,打设管桩,正方形

布置,桩距为1.8m,桩长为9m,抛填0.8m厚的片石后铺0.5m厚的砂垫层,保证桩基更好地发挥加强地基承载力和控制沉降的作用。

4.4.2 路面工程

4.4.2.1 主线及辅道行车道路面

1)主要设计指标

自然区划:Ⅳ7。

标准轴载:公路—Ⅰ级。

2)路面结构层设计

根据道路等级及交通量预测,路面结构层设计如下:上面层(4cm AC-13C 细粒式进口改性沥青混凝土) + 中面层(6cm AC-20C 中粒式改性沥青混凝土) + 下面层(8cm AC-25C 粗粒式改性沥青混凝土) + 下封层(0.5cm 改性热沥青碎石封层) + 34cm 5%水泥稳定碎石 + 20cm 4%水泥稳定碎石。

4.4.2.2 主线桥梁引道非机动车道路面

主线桥梁引道非机动车道路面设计为:上面层(4cm AC-10C 细粒式改性沥青混凝土) + 中面层(6cm AC-20C 中粒式改性沥青混凝土) + 下面层(8cm AC-25C 粗粒式改性沥青混凝土) + 下封层(0.5cm 改性热沥青碎石封层) + 34cm 5%水泥稳定碎石 + 20cm 4%水泥稳定碎石。

4.4.2.3 地面道路非机动车道路面

地面道路非机动车道路面设计为:3cm 彩色普通混凝土 + 5cm 普通混凝土 + 15cm 级配碎石。

4.4.2.4 人行道路面

人行道路面设计为:6cm 彩色人行道砖 + 4.5cm M10 水泥砂浆 + 12.5cm 4%水泥稳定石屑。

人行道采用30cm×30cm×6cm 的彩色人行道砖,盲道砖采用30cm×30cm×6cm 的黄色导盲砖。地砖抗压强度应不小于 Cc40,抗折强度不小于 Cf5.0,防滑等级为 R3,相应的防滑性能指标(BPN)不小于65,吸水率小于8%。

4.4.2.5 侧平石

侧平石材料选用灰麻花岗岩。花岗岩材料石质应保持一致,且无风化和裂纹现象。侧平石表面应经处理,保持色泽一致,外露面加工精细度、光亮度应符合设计要求。花岗岩材料技术指标应符合有关技术规范的要求,体积密度应不小于 2.56g/cm³,吸水率应不大于0.6%,压缩强度应不小于100MPa,抗弯强度应不小于8MPa。

在小半径的路口、转弯位,侧平石应加工成弧线。无障碍通道下沉渐变段的侧平石,应切斜角,不得出现大块三角形、扇形的填缝料。在较大半径的弯位,允许使用25cm长的短侧平石进行安装,使弯位圆顺。

侧平石的横坡方向与路面横坡方向一致,坡度是路面横坡2倍,一般应为4%。

4.4.2.6 无障碍设计

秉持以人为本的设计原则,充分考虑残疾人的出行需求,道路沿线路段、各交叉口范围均设置城市无障碍坡道及盲道系统,为残疾人提供更好、更安全的交通环境。

对于路口位置及道路中人行过街处的无障碍坡,有全宽式坡道、三面坡道、单面坡道、扇形单面坡道等多种形式。本项目采用三面无障碍坡道,缘石坡道下口高出行车道地面不大于1cm。

人行道的盲道位置和走向,应方便视障者安全行走和顺利到达无障碍设施位置,指引视障者向前行走的盲道应为条形的行进盲道,在起点、终点及拐点处设圆点形提示盲道。

盲道设置原则为:

①人行道外侧有围墙、花台或绿地带时,盲道宜设在距围墙、花台、绿地带0.25~0.50m处。

②行道内侧有树池时,盲道可设在距树池0.25~0.50m处。

③人行道内侧没有树池时,盲道距道路立缘石不应小于0.5m。

④盲道宽度宜为0.3~0.6m,可根据道路宽度选取。

4.5 桥梁工程

4.5.1 桥梁设计原则

1)立足新规范,贯彻新理念

桥涵的设计应满足技术先进、安全可靠、适用耐久、经济合理的要求,同时注重景观和环保。

桥涵的结构设计应严格按新规范执行,突出构造要求及耐久性设计。

桥涵设计应以人为本,全面贯彻"六个坚持、六个树立"的公路勘察设计新理念,力求安全、环保、舒适、和谐。

2)合理利用资源,突出景观

桥梁设计注重景观,应具有现代化气息。

桥涵布设应顺其自然,尽量保持河道、沟渠的自然状态,最大限度减轻对河岸两侧堤围、环境的破坏,使桥梁融入环境之中。

桥梁跨越河流、水渠、水库及管线时,应满足相关部门的要求。

3)精心设计,打造精品工程

合理选择桥型,确保方案比选深度,以控制工程规模、不遗漏可行方案。

注重景观设计,注重细节设计,全面提升桥涵设计水平。

4.5.2 桥梁总体设计

4.5.2.1 桥跨布置

桥跨布置为 $6\times30m+8\times50m+(100m+218m+100m)+3\times50m+2\times47m+9\times30m$,桥梁全长1512m。主桥 100m+218m+100m 采用单索面混合梁支承体系斜拉桥。两岸引桥均采用预应力混凝土现浇箱梁,水中段跨径为47m、50m,陆上段跨径为30m。上跨沿江东路和北江一路的 Z6、Z22 桥墩与道路中心线成93°交角布置,其余位于曲线上的桥墩按径向布置,桥台按平行于理论跨径线布置。主桥立面布置见图4-3。

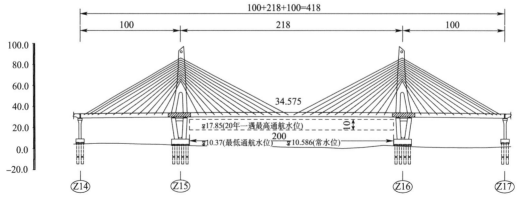

图 4-3 主桥立面布置图(尺寸单位:m。高程单位:m)

4.5.2.2 横断面布置

1) 主桥标准段

整幅设置,全宽43m,桥面布置为:0.5m外挂花槽带+4.05m人行道+2.5m非机动车道+1.2m侧绿化带和防撞墙+11.0m行车道+4.5m拉索区+11.0m行车道+1.2m侧绿化带和防撞墙+2.5m非机动车道+4.05m人行道+0.5m外挂花槽带。横断面见图4-4。

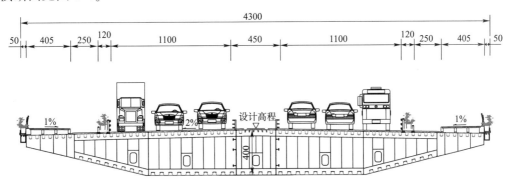

图4-4 主桥标准段横断面图(尺寸单位:cm)

2) 主桥加宽段

全宽47m,桥面布置为:0.5m外挂花槽带+6.05m人行道+2.5m非机动车道+1.2m侧绿化带和防撞墙+11.0m行车道+4.5m拉索区+11.0m行车道+1.2m侧绿化带和防撞墙+2.5m非机动车道+6.05m人行道+0.5m外挂花槽带。横断面见图4-5。

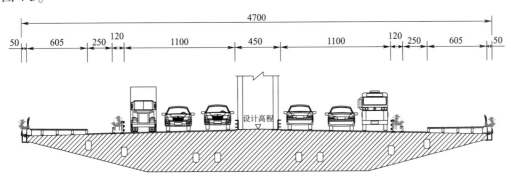

图4-5 主桥加宽段横断面图(尺寸单位:cm)

3) 引桥段

分幅设置,全宽43m,桥面布置为:0.5m外挂花槽带+4.05m人行道+2.5m非机动车道+1.2m侧绿化带和防撞墙+11.0m行车道+0.5m防撞栏+2.5m镂空带+0.5m防撞栏+11.0m行车道+1.2m侧绿化带和防撞墙+2.5m非机动车道+4.05m

人行道+0.5m外挂花槽带。横断面见图4-6。

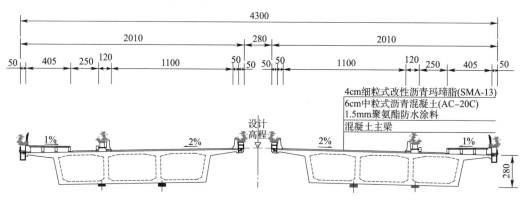

图4-6 引桥标准段横断面图(尺寸单位:cm)

4.5.2.3 主桥

主梁采用钢箱梁与混凝土箱梁相结合的混合梁。主塔中心轴线顺桥向两侧共22.1m范围采用预应力混凝土箱梁(0号块),其余部分为闭口钢箱梁,钢箱梁与混凝土梁段采用钢-混结合段连接。拉索设置在钢箱梁上,采用扇形单索面布置于桥面中央,主梁上索距为8m,塔上索距为2m。桥塔采用"水滴流线"形,见图4-7,两桥塔沿跨中轴线镜像布置,桥面以上主塔全高63m。桥塔为预应力钢筋混凝土结构。

a)主塔效果图　　　　　　　　　b)主塔实景图

图4-7 主塔

通过计算表明,若主桥在两个塔柱处与主墩固结,则温度效应显著,对主墩和塔柱受力很不利。因此,设计主桥采用塔梁固结、墩梁分离的支承形式。主桥支座均采用测力调力球型支座。

为配合塔柱造型,主墩在纵、横桥向均采用特殊的渐变造型,纵桥向呈U形,横桥向呈T形,见图4-8。主墩断面为箱形结构,单肢截面尺寸为10m(横向)×4m(纵向),箱壁厚均为0.9m。为避免板墩太过于呆板,墩身横桥向一面刻10cm深的凹槽。

a)柱墩效果图　　　　b)主墩实景图

图 4-8　主桥桥墩

为了使得主、引桥下部结构在外形上能过渡自然,主桥边墩采用与引桥桥墩外形近似的结构造型。边墩为上部带扩大头的花瓶形板墩,扩大头以下墩身截面尺寸为4.5m(横向)×2.2m(纵向)。

4.5.2.4　引桥

引桥采用预应力混凝土连续梁。

上部现浇箱梁采用钢管支架就地浇筑的方法,即在支架上安装模板、绑扎并安装钢筋、预埋孔道、在现场浇筑混凝土,待混凝土的强度达到设计要求后,再施加预应力、进行管道压浆,最后拆除模板、拆除支架。

引桥下部结构采用花瓶板墩配双桩基础。墩柱采用矩形断面。

4.6　排水工程

4.6.1　设计原则

4.6.1.1　雨水系统

根据《清远市中心城区防洪排涝、竖向及排水工程专项规划》,本工程的雨水系

统以"二级排水,蓄排结合,分散出口,就近排放"为设计原则,综合考虑系统的安全性、合理性、经济型和实操性,具体如下:

①根据城市规划布局、地形,结合竖向规划和城市雨水受纳体位置,按照就近分散、自流排放的原则进行流域划分和系统布局。

②雨水量要与城市防洪、排涝系统规划相协调。

③雨水收集系统管道结合现状,充分利用已建雨水工程设施。

④充分利用现状地形,结合竖向规划,雨水尽可能自流排放。对于自流排放困难地区,可采用雨水泵站或与城市排涝系统相结合的方式排放雨水,但尽量减少泵站数量。

⑤雨水系统高程控制要与现状地形、竖向规划及防洪、排涝规划相结合,在控制管道埋深的同时避免与其他专业管线冲突,尽量减少倒虹吸管道的设置,以利于雨水的及时排放。

⑥结合防洪、排涝规划,综合考虑防潮、防洪、排涝等多种因素,提高系统的可靠性。

⑦合流制区域雨水系统规划要结合污水管道系统综合考虑。

4.6.1.2　污水系统

根据《清远市中心城区防洪排涝、竖向及排水工程专项规划》,本工程的污水系统以"集中处理为主、分散处理为辅"为设计原则,具体如下:

①根据区域自然条件和排水工程现状,合理确定排水体制。

②污水收集系统管网布置结合现状,充分利用已建污水工程设施。

③管网建设和污水处理厂同步、协调,充分利用地形,尽量采用自流,缩短管线长度,综合考虑中途泵站、主干管的布置,减少泵站的数量。

④污水管道尽可能避免穿越河道、地下建筑和其他障碍物,减少与其他管线交叉。

⑤污水管道系统的布置既要考虑水力条件、经济条件,又要考虑可实施性和可操作性。

4.6.2　设计方案

本工程的市政排水体制采用雨污分流制。

1)桥梁段

由于桥位处北江流域属于水源保护区,桥面雨污水不得直接排入江内,须设置专门的桥面排水系统收集桥面雨污水,并在陆上桥墩处引至地面市政排水系统。

水中段(Z6~Z22轴范围):桥面雨污水经桥面横坡汇流于两侧排水孔后进入花

槽下方的钢水箱内,沿钢水箱汇流至河堤范围以外的 Z6 轴和 Z22 轴桥墩处,然后顺墩壁接入地面市政排水系统。

岸上段(Z0~Z6 轴和 Z22~Z31 轴范围):每个桥墩处设置 2 个泄水孔,桥面雨污水经桥面纵、横坡汇流至桥墩处的泄水孔内,泄水孔依次汇入一根竖向 PVC(聚氯乙烯)管,然后顺墩壁接入地面市政排水系统。

两岸各设置 1 个事故处理池,当桥上发生危险品泄漏等事故时,事故处理池阀门将开启,桥上污水经事故处理池处理净化后再流入市政排水系统。

2) 引道段

(1) 雨水管道

根据《清远市中心城区防洪排涝、竖向及排水工程专项规划》,结合现状排水条件,引道雨水管道主要收集道路沿线地块的雨水以及桥面雨水。

桥北段收集的雨水排入清辉北路已设计的 d1200 雨水管道,就近排往院南路截面尺寸为 4.5m(宽度)×2.5m(高度)的雨水渠箱,最终排入河涌。

桥南段收集的雨水排入清辉中路已设计的 d1350 雨水管道,排往就近的河涌。在路两侧间隔 90~120m 预埋 d500~d600 雨水管,以便日后两侧雨水管接入。

(2) 污水管道

根据《清远市中心城区防洪排涝、竖向及排水工程专项规划》,结合现状排水条件,引道污水管道主要收集道路沿线地块的污水。

桥北收集的污水排入清辉北路已设计的 DN500 污水管道,转输排往院南路 d800 污水管道。

桥南收集的污水排入清辉中路已设计的 DN400 污水管道,转输排往人民二路 DN600 污水管道,最终排入洲心污水处理厂。在路两侧间隔 90~120m 预埋 DN400 污水管,以便日后两侧污水管接入。

4.6.3 排水附属设施

4.6.3.1 管材及接口

雨水管道材料:采用机制Ⅱ级钢筋混凝土管。

雨水管道接口:当 300mm≤d≤1200mm 时,雨水管道采用承插式接口;当 d≥1350mm 时,雨水管道采用企口式接口(d 为管道直径)。

污水管道材料:采用 HDPE(高密度聚乙烯)复合平壁钢塑管和焊接钢管。

污水管道接口:HDPE复合平壁钢塑管采用电熔或热熔连接;焊接钢管采用焊接连接。

4.6.3.2 管道基础及回填

雨水管道基础:雨水Ⅱ级钢筋混凝土承插圆管采用A式基础,管道基底承载力不小于100kPa。

污水管道基础:HDPE管和焊接钢管基础采用砂石基础,管道基底承载力不小于100kPa。

沟槽回填:从基底基础部位到管顶以上0.5m范围内对称回填石屑,且必须人工回填,严禁用机械推土回填。回填土压实度应符合《给水排水管道工程施工及验收规范》(GB 50268—2008)的有关规定。

4.6.3.3 检查井(含一般检查井和沉砂井)

检查井采用砖砌(圆形)检查井。检查井井盖一律采用球墨铸铁材质重型定型产品,具备防沉降、防盗、防跳、防噪声的功能。其中,沥青路面采用新型可调式防沉降井盖,按沥青路面检查井井盖做法施工;其余按混凝土路面检查井井盖做法施工,井盖承载力须达到D400级别。井面高程根据道路设计高程资料设计,施工时以路面设计高程为准,本设计只作参考。

井盖上应相应标注有"雨""污"等字样。

雨污水管道每隔约100m布置一座沉砂井,做法为将相应的检查井加深50cm。

检查井内须设置防坠网。

4.6.3.4 雨水口

行车道雨水口采用平入偏沟式(双箅)进水井,道路外雨水口采用平入平箅式(单箅)进水井。

4.6.3.5 桥面落水管检查井

桥面雨水管道接入桥面落水管检查井。

4.7 交通工程

4.7.1 设计原则

交通标线按国家和行业有关标准设置,与交通标志相结合,合理诱导交通流。

指示、指路标志采用蓝底白色图案。文字指示标志上的字母高度为汉字高度的1/3~1/2。标志面板反光材料满足《道路交通反光膜》(GB/T 18833—2012)的规定。

交叉口信号控制按《道路交通信号灯》(GB 14887—2016)中的1类1级(W型)技术要求进行设计。

4.7.2 交通组织

4.7.2.1 分、合流交通组织

重点考虑上、下桥端部的分合流交通组织,采用地面标线和交通标志,并结合端部相应的安全设施,强化道路主、辅变化位置的交通路径选择,保障分合流处的交通运行安全、高效。

4.7.2.2 地面交通组织

上跨地面道路为北江一路、沿江东路。地面采用平交方式组织,利用相交道路的断面布置特点进行渠化设计,优化桥下转向交通的组织方式,明确主、辅车道路权分配,结合科学合理的相位配套设计,从时间、空间上减少交叉口延误,提高通行效率。

4.7.2.3 慢行交通组织

设计遵循"以人为本,尊重慢行"的原则,断面上两侧分别设有2.5m宽的人车分离的专用非机动车道和4.05m的超宽断面人行道。洲心大桥断面的多功能性使得行人、非机动车、机动车可以在桥上分道而行,安全共享,提升了慢行体验,增强城市景观的代入感。

4.7.3 主要交通设施

4.7.3.1 交通标线、标识

全线设计的交通标线、标识主要有行车道边缘线、行车道分界线、导流线、路口人行横道线、公交车站标线、导向箭头、地面文字标识、地面让行标识、人行横道预告标识,共9种。

4.7.3.2 交通标志

1)路权强化补充、解释说明标志

严格按照《道路交通标志和标线》(GB 5768—2017)的要求布置禁令、警告、指

路、指示标志,明确道路权利,保障道路安全。

2)指路系统

根据《清远市区路名规划》,结合广州及清远城区路网指路系统的成功案例,进行指路系统的设计。

指路系统设计主要对道路前方节点所连接的道路和可到达地域进行分析,针对道路的地理位置,立足于指路标志牌面规格、信息表现形式,建立道路、地名信息的分级体系,以便根据不同层次信息决定提前预告的范围,预告通用地名和路名,按照由远及近的原则,分级指引、逐步引导。

指路系统设置于道路分合流处、道路交叉口处,用于指示交通可通达的路径、方向,提高通行效率。

3)信号控制

在沿江东路地面交叉口设置信号控制,信号灯符合《道路交通信号灯》(GB 14887—2011)的1类1级(W型)全部技术要求。

机动车信号灯、非机动车信号灯每组由红、黄、绿三个几何位置分立单元组成,同一方向红、黄、绿三色方向指示信号灯应为三个几何位置分立单元;为了保证路口相位设计的灵活性,信号灯要使用箭头和全屏可互换的灯具;灯芯电源和LED[1]灯板装成一个整体,但相互之间必须隔开并设置保护罩,以保证LED灯板的密闭和电源的散热。信号灯带电设备基础均做防雷接地设施,接地电阻小于4Ω,所有的电源引入口加装避雷器。

4)其他交通安全设施

(1)行人护栏

为保障行人安全和规范行人过街秩序,减少行人过街不走斑马线、违章穿越机动车道的现象,在行人过街位置未设置绿化带范围内的人行道与行车道之间设置一定长度的行人护栏。

(2)路侧护栏

在路堤高度超过3m的路段,设置路侧护栏,以保障行人及非机动车通行安全。

(3)防撞消能桶

在分流处的端部设置消能防撞桶,对行车安全起到警告作用,保障道路安全。

---

[1] LED:发光二极管。

4.7.4 施工期间交通疏解

洲心大桥施工期间交通疏解设计的目标是:尽量利用周边路网绕行,保持交通不断流,尽量减少施工对市民出行的影响。

涉及的现状道路为沿江东路,是一条城市次干路。为保障施工期间沿江东路交通不中断,上跨桥梁施工过程中,采用搭设支架门洞的方式进行施工,沿江东路交通经门洞通行。

施工区域外围设置提示标牌,从外围分流驶向施工节点的交通流,减轻施工期间的交通压力。在施工节点前后,按照规范要求,设施相应的警告区、提示区、施工区和过渡区,布置相应的安全措施。要求在交通繁忙时段增设交通引导员,保障施工期间的安全。

4.8 照 明 工 程

4.8.1 功能照明

4.8.1.1 设计原则

除严格执行国家和行业现行照明设计规范外,设计中还遵循以下几点原则:

①**功能性、安全性**——道路照明以功能性为基础。为驾驶者提供交通安全性与导向性,同时为步行者创造安全而舒适的环境,这是道路照明设计的基本原则。

②**美观性、先进性**——在满足功能要求的前提下,照明设施的设计应充分展示现阶段城市道路建设的先进水平。

③**节能环保性**——提高控制的智能化水平,合理节约投资、运行和维护费用,充分体现节能减排、建设和谐社会的方向性目标。

4.8.1.2 标准及参数

在确定道路照明标准时,需综合考虑道路的功能性定位、路面使用材料的特性以及预期交通流量等各方面的因素。以《城市道路照明设计标准》(CJJ 45—2015)为准,并参考国际上有代表性城市的道路照明设计,来确定功能照明的参数与标准。

道路照明质量一般由以下 5 个因素确定:

①**照度(亮度)**——路面平均照度、亮度是能否看见障碍物的最重要因素,道路照明最根本的目的是把路面照亮,使行人和驾驶者看清道路走向及障碍物轮廓。照度主要由照明器具的功率及布置方式决定。

②**均匀度**——路面照度(亮度)均匀度反映了道路照明的明暗变化程度。路面的明暗均匀度直接影响着行人及驾驶者的视觉距离。均匀度主要由灯具形式、光源种类和布置方式决定。

③**节能**——在满足照度标准的前提下,严格控制光源的功耗。其具体衡量标准是照明功率密度值。

④**舒适度**——眩光是影响道路照明质量的最主要因素。对舒适度标准的要求主要是通过限制眩光来实现的。

⑤**诱导性**——恰当布置的照明器具,能从视觉上给行人和驾驶员提供道路的准确信息。

4.8.1.3 设计方案

洲心大桥功能照明设计标准见表4-2。

机动车道路照明标准值　　　　　　　　　　　　　　　表4-2

道路分类	照明标准				
	平均照度(lx)	平均亮度(cd/m²)	照度均匀度	眩光限制阈值增量最大初始值	环境比最小值
城市主干路	30	2.0	0.4	10%	0.5

4.8.1.4 光源、灯具的选择

桥梁的照明设计参考《城市道路照明设计标准》(CJJ 45—2015)。大桥采用与所连接道路一致的灯杆形式,这是比较常规的做法。但这种做法会导致灯杆过多,对白天的桥梁景观存在一定影响,夜间亮灯后更可能影响大桥的景观照明效果。

基于此原因,选用护栏灯提供机动车道照明。护栏灯安装高度低,检修维护比较方便,有良好的诱导性。

光源采用高光效LED灯。由于景观照明色调偏暖,为不影响景观照明效果,功能照明色调尽量与景观照明一致。LED灯色温采用3500~4000K,色温误差控制在±500K内。

4.8.1.5 照明方案

洲心大桥主桥标准段宽43m,其中单侧机动车道宽11m,采用双侧对称布置形式,灯具与护栏一体化实施。混凝土防撞栏采用8W护栏灯,布置间距为2m;金属护栏采用12W护栏灯,布置间距为3m。人行道照明由景观统一考虑,功能照明不涉及相关部分。行车道模拟照度见图4-9。

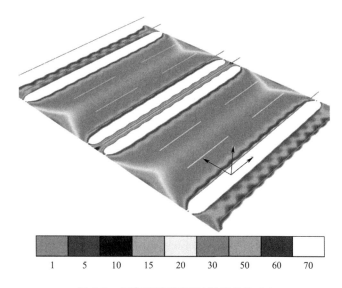

图4-9 行车道模拟照度(照度单位:lx)

4.8.2 景观照明

4.8.2.1 设计理念

洲心大桥是清远市城区新中轴线,对桥梁的景观设计提出了很高的要求。桥梁景观照明不仅要具有基本道路照明的功能性,还要满足桥梁景观的装饰性需要,从而使桥梁整体的景观性得到提升。

人行绿道以栏杆为山,以铺装为水。夜幕降临之时,栏杆灯描绘连绵奇峰,地灯映衬北江九曲,象征清远这座山水名城;"福"字灯暖入人心,寓示清远人福至心灵、安居乐业,见图4-10、图4-11。

桥塔为水滴造型,结合束状的拉索,有腾蛟起凤之势。明月之下,拉索灯勾勒出凤尾,塔眼灯形似凤眼,一眼望去如双凤展翅,彩凤齐鸣,正如清远发展的勃勃生机。

桥侧、桥底灯光点缀,如盘龙横卧北江之上,气势恢宏,结合在北江上倒置的影子,共同构筑了富有韵律感的桥梁景观,见图4-12、图4-13。

图 4-10　人行绿道景观照明效果图

图 4-11　人行绿道景观照明实景图

图 4-12　索塔景观照明效果图

第4章 总体设计

图4-13 索塔景观照明实景图

整座桥梁的景观照明借助现代电光手段,阐释了本地的山水文化与清远人对美好生活的向往,体现了"桥通两岸,通达自然"的设计愿景。

4.8.2.2 设计方案

1) 人行道景观照明

栏杆立柱为 V 形景观灯箱立柱,内设光源,见图4-14。栏杆横杆下设置 LED 灯,见图4-15,投射到栏杆的凹凸不平的山水造型上,达成景观效果。LED 灯色由系统统一调配,从而使整个桥梁形成一条观景灯带,通过流畅的色彩变化,使得大桥的线条在夜间更加流畅、优美。人行道景观亮化效果见图4-16、图4-17。

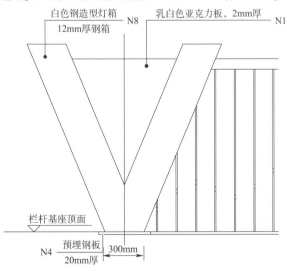

图4-14 灯箱

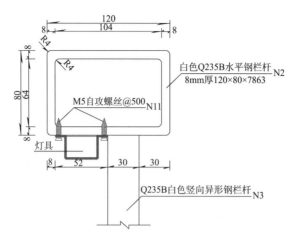

图4-15 栏杆灯安装大样(尺寸单位:mm)

图4-16 人行道景观亮化试验段实景图

图4-17 人行道景观亮化实景图

2)桥塔景观照明

洲心大桥是一座双塔单索面斜拉桥。夜晚的塔索灯光的主要目的是突出富有力量感、高耸挺拔的塔柱及纤细柔美的斜拉索。桥梁整体塔索造型似两只凤凰。在斜拉索上布置点光源,作为拉索灯,见图4-18,形成条条灯链。塔眼投光灯布置于塔顶凤眼位置(图4-19),示出塔眼轮廓。舞台灯律动,渲染北江上的气氛,增加感染力。索塔景观照明实景见图4-20。

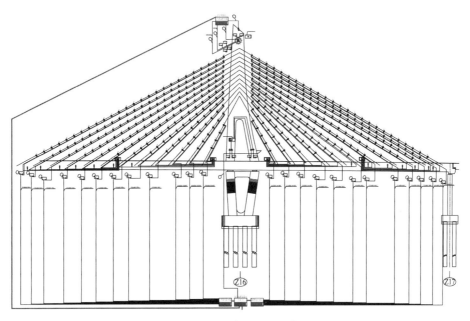

图 4-18 拉索灯布置示意

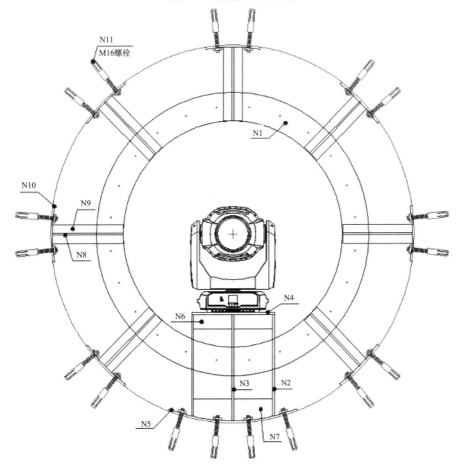

图 4-19 塔眼舞台灯安装示意

图 4-20 索塔景观照明实景图

3)其他

除了人行绿道及塔索的景观照明外,桥梁还设置了绿化带草坪灯、桥底洗墙灯、桥侧点光源等,为桥梁整体的景观亮化效果添砖加瓦。

4.9 绿化工程

4.9.1 设计原则

绿化工程设计遵循以下设计原则:

①尊重桥型,既强调平面完整有序,又力求立面层次分明。
②植物的布置不能影响行车的通视条件。
③桥上植物应易栽、易活、易养、易管、耐寒、耐热。

4.9.2 设计理念

洲心大桥线形优美、外形轻盈、结构轻巧、桥型规律性强。桥梁绿化设计应秉持"适用、安全、美观"的理念,结合功能和生态要求,与洲心大桥的"凤舞北江"主题相呼应。桥两侧的绿化带各宽1m,整齐种植勒杜鹃,以协调的比例展现桥的韵律。勒杜鹃立体感强,连绵不断的红花形成靓丽、优美的线条,像一条花带,成为一道耀眼的风景线。

勒杜鹃的特点是一年四季都会开花,颜色鲜艳。桥上一丛丛的勒杜鹃花姹紫嫣红,争奇斗艳,把桥装扮得格外美丽,优美如画。绿化及滴灌系统实景效果见图4-21。

图4-21 绿化及滴灌系统实景图

4.9.3 施工指导

4.9.3.1 环境

勒杜鹃喜温暖湿润气候,不耐寒,15℃以上方可开花;喜充足光照;在排水良好、含矿物质丰富的壤土中生长良好,耐贫瘠、耐碱、耐干旱,忌积水,耐修剪。在南方一般花期为当年的10月至翌年的6月初。

4.9.3.2 种植土的选择

勒杜鹃对土壤要求不高,但怕积水,不耐涝。因此,必须选择疏松、排水良好的培养土。

4.9.3.3 合理施肥

勒杜鹃施肥要适时、适量。4月~7月,植株生长旺盛,应每隔7~10d施肥一次,以促进植株生长健壮;8月开始,为了促使花蕾孕育,应施以磷肥为主的肥料,每10d施肥1次,可用专用肥或液肥。每次开花后都要追肥1次,使其在开花期不断得到养分补充。

4.9.3.4 开花前要控水

平时为勒杜鹃浇水时要掌握"不干不浇,浇则要透"的原则。要使勒杜鹃开得整齐、多花,开花前必须控水。从9月份开始,对浇水进行控制,等到盆土干燥、枝叶软垂后方可浇水,如此反复持续半个月时间,之后恢复正常浇水节奏。控水期间切忌施肥,以免烧伤根系。这样约用时一个月,勒杜鹃即可显蕾开花,而且花开得整齐、繁盛。

4.9.3.5 松土、除草和换盆

由于长期浇水、施肥和雨水冲刷,盆土容易板结,必须定期松土,同时要清除盆土杂草,以利于生长。否则盆土板结、积水,容易造成烂根或生长不良。另外,勒杜鹃生长速度较快,根系发达,须根甚多,每年需换盆一次。

4.9.3.6 修剪

生长期要注意整形修剪,以促进侧枝生长,多生花枝。修剪次数为1~3次/年,不宜过多,否则会影响开花次数。每次开花后,要及时清除残花,以减少养分消耗。花期过后要对过密枝条、弱势枝条进行修剪,对其他枝条一般不修剪或只对枝头稍做修剪,不宜重剪,以缩短下一轮的生长期,促其早开花、多开花。

4.9.3.7 光照、通风

勒杜鹃是喜阳植物,必须摆放在光线充足、通风良好的位置,每天接受光照6~10h。如果摆放位置经常受到荫蔽,会使植株徒长,从而减少开花数量。如果摆放位置不通风,摆放过密,会使叶子脱落,从而影响植株的生长和开花。

4.9.3.8 加强病虫害防治

勒杜鹃常见的害虫主要有甲虫和蚜虫,常见病害主要有枯梢病。平时要加强松土、除草,及时清除枯枝、病叶,以减少病源。应加强病情检查,发现病情后,可用百灭虫、甲托布津等及时处治。

第5章 桥梁设计

5.1 主桥设计

5.1.1 主塔设计

5.1.1.1 主塔设计要点

主塔立面见图5-1。单个桥塔立面为弧线刀片状非对称形状。两桥塔沿桥跨中轴线对称布置。桥面以上主塔全高63m，塔高与跨度之比为1∶3.46。桥塔为预应力钢筋混凝土结构，采用单箱单室截面，并采用C55高性能混凝土。

桥塔断面为椭圆端头的矩形空心断面，详见图5-2，整个主塔由下塔柱、中塔柱和塔冠等部分组成。下塔柱为双肢构造，在桥面以上19m处合并为一整体。上、下塔柱均为弧线形渐变结构。下塔柱单肢塔断面尺寸为：4.0m（横桥向）×（3.4～4.0）m（纵桥向）；上塔柱由下往上的断面尺寸为：由4.0m（横桥向）×10.4m（纵桥向）变化到4.0m（横桥向）×5.2m（纵桥向）。中塔柱拉索锚固区塔壁厚度为1.35m；下塔柱塔壁厚度为1.25m。主塔实景见图5-3。

斜拉索锚固在主塔锚固区塔柱内壁的锯齿块上。为了克服斜拉索的水平分力在锚固区塔柱截面内产生的拉应力，在锚固区布置了环向预应力钢绞线。采用二次张拉，均为单端张拉。采用塑料波纹管及真空吸浆施工工艺。

塔梁固结区是本桥的重点，设计中考虑在此处设实心段，保持中、下塔柱传力的连续性。为了确保塔柱在使用阶段不产生受力裂缝，下塔柱实心段与主梁混凝土0号块的连接通过竖向预应力钢束及密布的普通钢筋实现。

塔柱中的劲性骨架及斜拉索套筒定位架由施工单位根据施工方案及刚度要求设计，并经设计、监理确认。

5.1.1.2 主塔景观及受力分析

1）桥塔倾角选择

因景观造型需要，本桥桥塔设置成了非对称结构，且在纵桥向为异形结构，导致主、边跨侧斜拉索在塔上的锚固点高程不对称,斜拉索的延长线交点与主塔断面的截面形心存在偏心,主塔在拉索作用下受力不均,需要对主塔的锚固点进行优化设计。

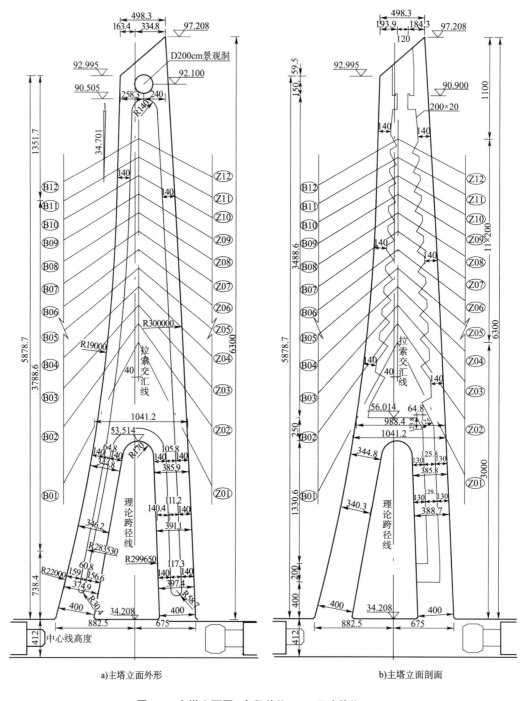

a)主塔立面外形　　　b)主塔立面剖面

图 5-1　主塔立面图(高程单位:m。尺寸单位:cm)

第5章 桥梁设计

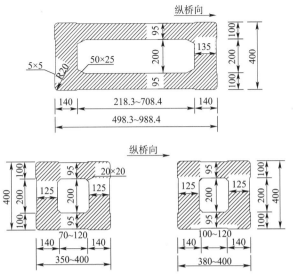

图 5-2 主塔横断面图(尺寸单位:cm)

图 5-3 主塔实景图

从受力角度考虑,斜拉索作用在主塔上的弯矩越小,则主塔受力越有利,受限于本桥的异形桥塔,难以达到上述理想状况。本桥斜拉索在主塔上的交点依旧设置在一条垂直线上,交点之间的垂直距离为2m,便于设计与施工。为平衡主塔不对称外形导致的斜拉索索力偏心,斜拉索交点线与桥梁理论跨径线之间设置了40cm的偏心(理论跨径线也不在主塔形心上)。另外,主塔造型为向边跨侧倾斜的弧线形塔,经计算比对,桥塔向边跨方向倾斜越多,拉索交点与主塔截面形心的偏心距越小,对主塔受力越有利。主塔倾角造型对比见图5-4。

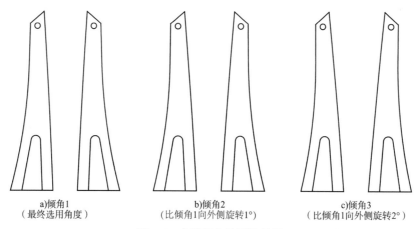

a) 倾角1
（最终选用角度）

b) 倾角2
（比倾角1向外侧旋转1°）

c) 倾角3
（比倾角1向外侧旋转2°）

图 5-4　主塔倾角造型比较图

但从景观角度考虑，则会存在两个桥塔向外倾倒的错觉，尤其是在透视图中此现象更为明显。因此，为体现桥塔高耸挺拔的气势，桥塔倾斜角度以偏小为宜。通过在透视图中对比多个桥塔倾角与受力的关系，最终选用了图 5-4 倾角1的桥塔角度。

2) 锚固区环向预应力设计

斜拉桥是由塔、梁和索三种基本构件组成的桥梁结构体系。对于混凝土斜拉桥而言，索塔、索梁锚固区是一个将索力安全、均匀地传递到塔柱、主梁的重要部位，其受力状况较为复杂。随着现代混凝土斜拉桥的跨径日益增加，拉索锚固区的受力越来越大，为平衡巨大的索力在锚固区产生的拉应力，通常需要在塔柱（或主梁）内布置预应力钢束。

主塔拉索锚固区是将主梁自重、车辆荷载等作用通过斜拉索传递至主梁的关键受力部位，在此区段存在受弯、受剪等多种受力组合，局部应力较大。此外，斜拉索套筒需要穿过锚固区，导致截面削弱情况很严重。所以，主塔锚固区的局部应力一直是设计人员关注的重点。

另外，本桥主塔外形的不对称导致同一对（边、中跨）拉索在塔上的锚固点高程相差较大，更加剧了局部应力的不均匀性。本桥跨径不大，主梁采用钢主梁，有效减小了斜拉索受力，且同一对拉索锚固点不在同一高程上，因此采用通过齿块将斜拉索直接锚固在主塔上的方式，以降低施工难度。为降低斜拉索水平分力对主塔锚固区的拉力影响，在主塔内设置了环向预应力。环向预应力均水平设置，便于施工操作，提高施工精度。

根据索塔形状及受力需要，提出了如下3种环向预应力束布置方案。

①方案1：环向预应力束均采用直线束，见图 5-5，呈井字形布置。在平行于斜拉

索方向设置一根预应力束N1,以平衡斜拉索在索塔的水平向分力,防止主塔纵桥向塔壁受拉开裂。在垂直于斜拉索方向设置2根预应力钢束N2、N3,以平衡斜拉索在主塔上引起的横桥向弯矩,防止主塔横桥向塔壁受弯开裂。为避免环向钢束相互冲突,钢束错层布置,N1钢束为单独的一层,N2、N3钢束为一层,组成一套完整的环向预应力系统需要2层钢束。

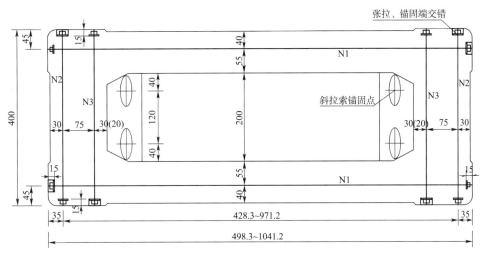

图5-5 主塔锚固区环向预应力钢束布置图(方案1)(尺寸单位:cm)

②方案2:环向预应力束N1在横桥向呈U形反对称交错布置,以平衡横桥向弯矩及纵桥向拉力,在纵桥向布置直线束N2,以平衡纵向拉力,见图5-6。为避免环向钢束相互冲突,钢束错层布置,N1钢束需要2层,N2钢束需要1层,组成一套完整的环向预应力系统需要3层钢束。

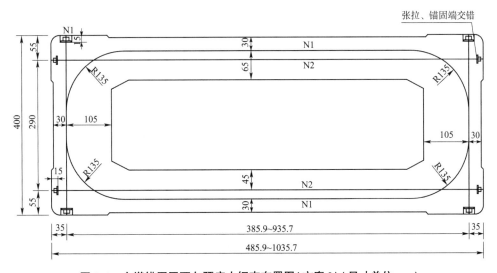

图5-6 主塔锚固区环向预应力钢束布置图(方案2)(尺寸单位:cm)

③方案3:环向预应力束N1在纵桥向呈U形反对称交错布置,以平衡横桥向弯矩及纵桥向拉力,在横桥向布置直线束N2,以平衡横桥向弯矩,见图5-7。为避免环向钢束相互冲突,钢束错层布置,N1钢束需要2层,N2、N3钢束需要1层,组成一套完整的环向预应力系统需要3层钢束。

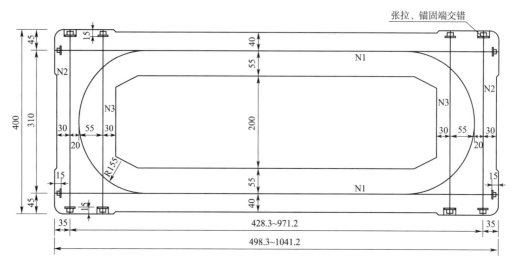

图5-7 主塔锚固区环向预应力钢束布置图(方案3)(尺寸单位:cm)

从以上的钢束布置形式及钢束层数来看,3种方案在塔身受力、施工便利性上各有优缺点:

①方案1中,钢束均为直线,对混凝土没有径向力副作用,且钢束相互重叠区域小,预应力在高度方向效果明显,应力分布较为均匀。但钢束长度偏小,预应力在锚具回缩、钢束松弛等不利因素影响下损失较大,有损预应力使用效果。通过一系列工程措施,比如采用钢束二次张拉工艺,可以有效减轻这些不利影响。

②方案2中,钢束长度较大,锚具回缩、钢束松弛等因素对预应力的损失影响较小。但钢束有曲线,钢束径向力在主塔转角处存在应力集中,对转角点不利,需要通过控制钢束型号与张拉应力来减小对主塔的局部应力影响。且由于钢束相互重叠,为减少相互干扰的情况,需要布置多层钢束才能达到要求,预应力效率稍低。

③方案3中,虽然钢束传力路径比较直接,但钢束弯曲角度较大,钢束径向力在主塔转角处应力集中,对主塔转角非常不利。与方案1类似,短钢束也存在同样的预应力损失,也需要布置多层钢束方能达到要求,预应力效率稍低。

综上,最终选用了方案1作为实施方案,并对钢束进行二次张拉,以降低预应力损失。经计算分析,主塔处受力满足规范要求。

5.1.2 主梁设计

主梁采用钢箱梁与混凝土箱梁相结合的混合梁。主塔中心轴线顺桥向两侧共22.1m范围采用预应力混凝土箱梁(0号块),其余部分为闭口钢箱梁,钢箱梁与混凝土梁段采用钢-混结合段连接。

5.1.2.1 0号块预应力混凝土箱梁

主梁0号块为长22.1m的预应力混凝土箱梁,标准断面为单向六室结构,塔梁固接部分为局部实心结构(中腹板宽约450cm),混凝土箱梁结构外形与钢箱梁基本保持一致。箱梁标准断面宽43m,景观平台处加宽至47m。箱梁梁高400cm,顶底板厚50cm,箱梁中腹板厚450cm,次中腹板至边腹板宽度依次为80cm、60cm、40cm。结合体系受力需求,横梁位置处设置两道宽300cm的中横梁;考虑钢-混凝土传力需求、纵向预应力的锚固要求,箱梁端部设置150cm的端横梁;两中横梁间设置两道60cm宽的横隔板。箱梁设双面2%横坡,梁底水平,边腹板斜率为235:1000。0号块混凝土箱梁标准横断面见图5-8,1/2平面图见图5-9。

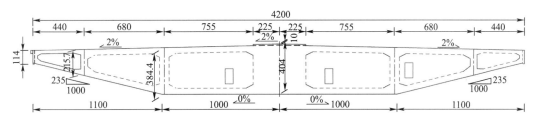

图5-8 0号块混凝土箱梁标准横断面(尺寸单位:cm)

主梁0号块纵向设置12 ϕ^s15.24mm钢绞线和直径为32mm的预应力粗钢筋。主梁0号块中横梁设置17 ϕ^s15.24mm、19 ϕ^s15.24mm钢绞线,中横隔板与端横梁(即钢混结合段)均设置19 ϕ^s15.24mm钢绞线;顶、底板横向设置5 ϕ^s15.24mm钢绞线。

考虑景观需求,在主梁0号块处设置了200cm宽的景观平台,景观平台采用倒T形断面,其腹板厚40cm。景观平台与主梁采用半径为650cm的圆弧过渡。

5.1.2.2 钢箱梁设计

1) 钢箱梁构造

主跨钢箱梁全长197.8m,边跨钢箱梁单边全长99.4m,钢箱梁全宽42m(不含绿化带),桥面设2%双向横坡。桥梁中心线处梁高400cm,为闭口箱形截面。钢箱梁标准节段长8m。钢箱梁分节段在工厂制造,通过驳船运输至桥位后,采用浮式起重机或桥面吊机吊装就位,现场连接成桥。全桥共有5种类型、47个梁段,最大吊装质量630t,标准段吊装质量190t。

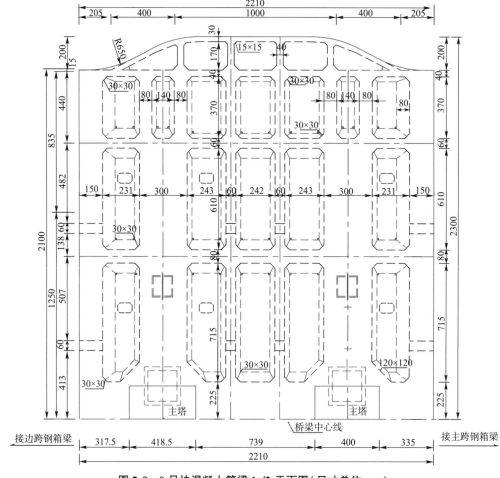

图5-9　0号块混凝土箱梁1/2平面图(尺寸单位:cm)

钢箱梁标准节段的钢箱梁顶板厚16mm,顶板下设置厚8mm、间距600mm的U形纵肋,肋宽300mm,穿越4.0m间距的实腹式横隔板,组成正交异性结构的钢桥面板。钢箱梁底板厚12mm,在钢箱梁截面的中部段加厚到16mm。底板下设置厚6mm、间距800mm的U形纵肋加劲,底肋宽400mm。钢箱梁设有两道中腹板(30mm)、两道边中腹板(16mm)、4道边腹板(14mm、12mm)。横隔板为实腹式结构,见图5-10。普通横隔板厚14mm。横隔板设置人孔,人孔尺寸为600mm×900mm。在间距4.0m的实腹式横隔板之间,设置1道环形横向加劲肋,见图5-11。环形横隔板与实腹式横隔板间距为2m。环形横隔板可极大增强单索面超宽钢箱梁的横向承载能力及稳定性。

第5章 桥梁设计

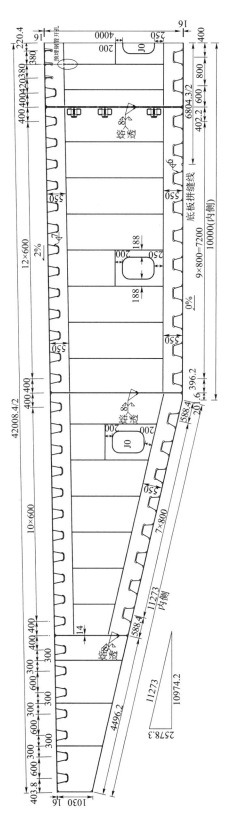

图5-10 标准段钢箱梁实腹式横隔板1/2断面图（尺寸单位：mm）

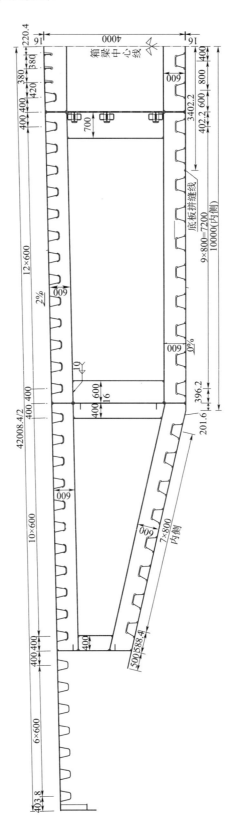

图5-11 标准段钢箱梁环形横隔板1/2断面图(尺寸单位:mm)

为确保在施工阶段和正常运营阶段过渡墩不出现负反力,在边跨边墩钢箱横梁内施加压重。压重材料采用密度不小于 $60 \times 10^3 \mathrm{kg/m^3}$ 的自密实钢纤维混凝土。为了保障混凝土与钢箱梁的黏结,在钢箱梁内设置剪力钉。本主桥中部设置跨中合拢段,中跨合拢段长度 2m,设置一道实腹式横隔板(图 5-12)。

图 5-12 标准段钢箱梁实腹式横隔板施工现场

钢桥桥面设置桥面铺装:上层为 3cm 细粒式改性沥青玛琋脂(SMA-10),下层为 4.5~5.4cm 厚 STC(超高韧性混凝土)。

本桥采用超高性能轻型组合桥面板配合周边框架横隔板构造组合,解决宽幅单索面斜拉桥横向应力过大的难题,同时增加了横向稳定性,有效避免了过高的用钢量,极大提高桥面的耐久性。

2)钢箱梁涂装方案

钢箱梁耐久性设计采用涂层防腐和抽湿相结合的方法。

防腐涂装的保质期按 25 年设计,具体防腐方案见表 5-1。

钢箱梁防腐涂装方案 表 5-1

部 位	道 数	涂 层	道数	最小干膜厚度(μm)
所有钢结构表面	表面预处理	喷砂处理(Sa2.5 级)	—	—
	车间底漆	无机硅酸锌车间底漆	1	20

续上表

部 位	道 数	涂 层	道数	最小干膜厚度(μm)
主梁钢结构外表面	二次表面处理	喷砂处理(Sa3.0级)	—	—
	底涂层	环氧富锌底漆	1	80
	中间涂层	环氧(云铁)漆	1~2	120
	面涂层	聚硅氧烷面漆	1~2	100
主梁钢结构内表面 (布置抽湿系统)	二次表面处理	手工机械除锈(Sa3.0级)	—	—
	底一面合一	环氧(厚浆)漆(浅色)	1~2	150
主梁钢结构内表面 (与混凝土的接触面)	二次表面处理	手工机械除锈(Sa3.0级)	—	—
	底涂层	无机富锌底漆	1	75
桥面 机动车道与 非机动车道下方	底漆层	环氧富锌底漆	1	80
桥面 人行道下方	底一面合一	环氧玻璃鳞片漆	2~3	500
栏杆、预埋件、路灯柱等 其他钢结构	二次表面处理	喷砂处理(Sa2.5级)	—	—
	底涂层	环氧富锌底漆	1	60
	中间涂层	环氧(云铁)漆	1~2	120
	面涂层	丙烯酸脂肪族聚氨酯面漆	2	80

3)钢箱梁涂装工艺及检测要求

(1)喷涂工序前钢材表面预处理

每块钢板及钢材放样下料前,必须在抛丸流水线上进行预喷砂,并喷涂临时保养底漆,然后进行放样下料。在钢构件放样、切割、拼装后,必须进行二次除锈,喷砂至Sa2.5~Sa3.0级。

(2)钢构件表面处理

钢构件二次喷砂除锈前,自由边不得有锐边;如果有锐边,用风动或电动磨机打磨成钝边。对于焊缝周边的飞溅、飞珠,必须铲除、打磨干净。对于手工的切割部位产生的峰谷,应打磨光顺。对于超出规范允许值的咬边,必须补焊或打磨。喷砂报验之后、喷涂油漆或电弧喷铝之前,必须吹尘、吸尘,不允许有浮尘附着在表面。

(3)除锈处理

喷涂油漆部位除锈标准应达到Sa2.5级,电弧喷铝部位应达到Sa3.0级,表面必须有灰白色的金属光泽。喷砂后,钢材表面粗糙度必须达到Rz[1]40~80μm。因粗糙

---

[1] Rz:为微观不平度十点高度,用于评定表面粗糙度。

度直接影响铝层、漆层的黏合力,如果发现粗糙度达不到要求,则必须再喷砂。第一节段构件喷砂报验时,必须提供自检测量的粗糙度数据,便于业主代表和监理工程师复检。

(4)喷涂准备及喷涂施工

①检查油漆供应商的证件并做记录。如果证件不齐,开罐后对质量有异议,报告给监理及业主代表,必要时做化验复检。

②检查铝丝供应商每批铝的证件并做记录。

③向钢构件喷漆前,各侧各预留50mm宽位置不涂油漆,并用胶带或其他物品保护。未经保护,不得进行喷涂工序。

④对于栓节板的喷涂部位,必须在喷砂报验后电弧喷铝160μm,然后对喷铝层进行覆盖保护,喷涂环氧云铁中间漆。铝涂层表面不允许有漆斑。

⑤清除表面浮尘、油污。

⑥对双组分涂料,要明确混合比例。混合后,立即用风动或电动搅拌机均匀搅拌,熟化后才能施涂。搅拌后,如放置时间过长、超过规定的使用时间,则不能使用。

⑦应按照批准的涂装工艺施工,施工时的环境温度、湿度应符合要求。

⑧根据涂料性能,选择正确的高压无气喷涂设备。在使用前,应仔细检查喷枪和喷漆设备系统是否正常。

⑨在大面积喷涂前,应对钢构件的边角位及焊缝进行预涂。

⑩喷涂严格执行设计及工艺要求。两道涂层的喷涂间隔时间必须符合油漆供应商提供的指导性技术要求,保证每道涂层实干。每道涂层应无漏涂、无流挂、表面光顺。

(5)喷涂的外观要求

底漆、中间漆应平整、均匀,漆膜无气泡、无裂纹,不得有严重流挂、脱落、漏涂等缺陷;面漆颜色应与比色卡一致。

(6)喷涂的质量要求

①用电子涂层厚度仪、磁性测厚仪、横杆式测厚仪等测量漆膜厚度。

②每涂完一层后,必须检查干膜厚度。出厂前,检查总厚度。

③每10m²测5个点,每个点附近测3次并取平均值。如果测量值小于设计值,应加涂一道涂料。

④钢结构外部所测各点,必须有90%及以上达到或超过规定漆膜厚度值。未达

到规定膜厚的测点值,不得低于规定膜厚要求的90%。

(7)电弧喷涂

①铝丝应满足《变形铝及铝合金化学成分》(GB 3190—2008)中的A0质量要求,铝纯度不低于99.7%。

②喷涂用的铝丝应平直,表面无油、氧化物及其他污染物。

③喷涂用的铝丝材料直径公差不得大于-0.1mm。

④喷涂条件:

a.对于经喷砂处理的基材表面,应尽快进行电弧喷涂,间隔时间越短越好,不得超过4h。在喷涂过程中,工件表面应保持清洁、干燥,不得有肉眼可见的氧化皮点。

b.经喷砂处理后,由于停留时间长或其他原因导致基材表面泛黄时,应重新进行喷砂处理。

c.喷涂时,环境温度要高于5℃,基体金属表面温度应比大气露点温度高3℃以上。电弧喷涂施工应在室内进行。

d.电弧喷铝厚度与喷枪移动速度有关。为了保证涂层结构均匀,应垂直交叉施工,各喷涂带应有1/3的宽度是重叠的。厚度应尽可能均匀,不得漏喷。

e.电弧喷铝时,对于基体任何部位,喷枪经过的次数应相同。为了保证涂层厚度,应多次喷涂,最少2次。

⑤电弧喷铝涂层质量要求:

a.涂层表面必须均匀,不得有起皮、鼓泡、大熔滴、裂纹、掉块及其他影响涂层使用的缺陷。

b.用磁性测量法检测涂层厚度,允许误差为±15μm。

c.采用拉伸试验检测结合强度,单个试样的测试值不低于5.9N/mm。

d.用切割法或拉力法检测结合性能,具体试验方法参照《热喷涂锌及锌合金涂层试验方法》(GB 9794—1988)。

4)除湿系统

主桥钢箱梁设置了8套除湿系统,每套除湿系统配置1台除湿机以及相应的控制和风管系统。钢箱梁内抽湿后,要求湿度小于50%。单台抽湿机功率根据湿度要求选定。预留内容包括:送风总管和支架、再生风进出管;设备底板、电控箱支架、横隔板上的预留加强孔等。预留件由钢梁施工人员制作、安装。除湿机应采用PTC(Positive Temperature Coefficient,正的温度系数)形式进行再生加热,以提高除湿机再生加热安全性,并降低在大桥除湿特定场合中除湿机运行时发生自燃的可能性。

除湿系统应具备一套独立的控制单元,提供标准通信接口,可手动和自动控制,既能独立运行,又能通过全桥总控系统进行远程监控。

除湿机室内噪声水平不应超过75dB(A),其背景噪声水平为40dB(A)。除湿设备的制造、安装及验收执行国家颁布的最新技术标准。

5.1.2.3 钢-混结合段设计

本桥的钢-混结合段,采用钢→钢箱隔室混凝土→混凝土改进的承压板钢-混过渡传力体系,其刚度变化过渡均匀,有效地避免了钢-混结合段刚度突变造成的钢-混结合段集中应力过大导致局部开裂破坏的技术难题,且对指导设计也发挥重要的作用。

结合段的钢箱梁套在预应力混凝土箱梁之外,钢箱梁表面与0号块混凝土齐平,见图5-13。钢-混结合段采用前后承压式的过渡形式,后承压板厚度为50mm,前承压板厚度为30mm,前、后承压板之间设置钢格室,钢格室高度为800mm,长度约为1m。钢格室里填充自密实微膨胀混凝土,为钢-混刚度过渡区。后承压板侧钢梁端部范围的顶、底板采用U形加劲肋和翼缘厚20mm的T形加劲肋,肋高为800mm,混凝土梁与承压板接触范围的顶、底板利用20mm厚钢板配置的剪力键、PBL键(开孔钢板连接件)传递上、下翼缘的正应力给混凝土,防止钢混接触面的表面应力集中而压碎混凝土。

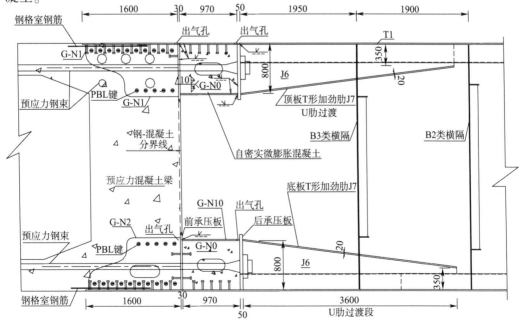

图5-13 钢-混结合段立面图(尺寸单位:mm)

为保证钢-混接头有效连接、结合面处于均匀的受压状态,沿箱梁四周及纵腹板布置了纵向、横向预应力钢绞线。预应力钢绞线在钢箱梁一侧锚固在钢承压板上。顶、底板的U形加劲肋、T形加劲肋、钢格室保证混凝土梁与钢梁间的刚度过渡。箱梁腹板通过抗剪焊钉及PBL键同混凝土梁体牢固结合,并利用混凝土箱梁内的纵向及横向预应力束加以受压锚固,可传递剪力和少部分弯矩。

5.1.2.4 钢锚箱设计

斜拉索梁上锚固是斜拉桥的重要结构组成部分,也是设计的关键点。本桥设计采用钢锚箱,见图5-14、图5-15。钢锚箱由锚垫板、承压板、抗剪板及加劲肋组成。根据本桥斜拉索锚固力的大小,钢锚箱分为3种构造类型——M1、M2、M3。其中,抗剪板N1、承压板N2的厚度有三种,分别为32mm、36mm、40mm,并采用具有Z向受力性能的Z向钢材。抗剪板总宽度为3.57m,长度为2.6m,其2.6m的焊缝长度能有效满足斜拉索锚固力的传力需要。锚垫板N8的厚度分60mm、80mm两种。

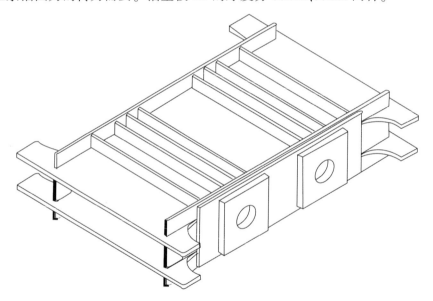

图5-14 钢锚箱

钢箱梁的构造设计中,往往需要使用大型有限元软件,经计算、优化得到最优构造。此外,需要解决施工困难及焊缝应力集中的问题。本主桥钢锚箱计算采用大型有限元软件ANSYS,采用solid45单元建立1/4对称模型,腹板与顶板、底板及横隔板的焊缝建立位移约束,腹板长度取节段长度(8m),将成桥运营阶段的最大索力标准值4082kN加载到锚垫板上,标准组合下的最大应力为124.34MPa。1/4有限元离散模型共64925个单元、82986个节点。

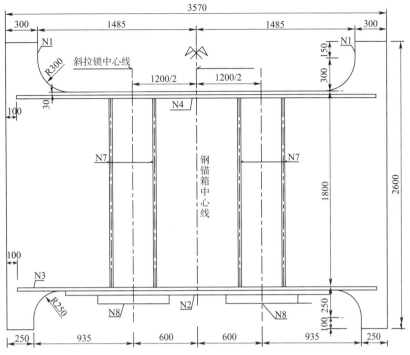

图 5-15 钢锚箱平面构造图(尺寸单位:mm)

通过计算模型得到对称模型应力云图,见图 5-16,锚箱第三强度理论最大当量应力为 124MPa < 1.1[δ] = 231MPa(δ 为 Q370qD 的轴向基本容许应力值),满足要求。

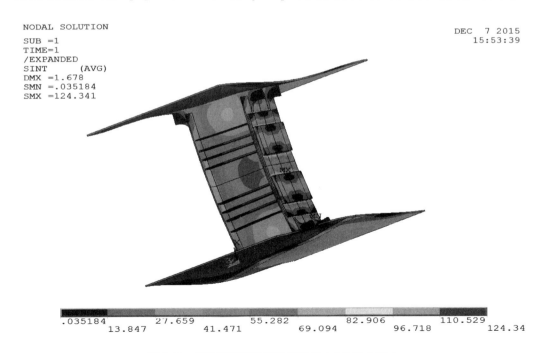

图 5-16 锚箱第三强度理论当量应力(单位:MPa)

经过构造优化设计后,本桥斜拉索钢锚箱与主梁采用一字形焊缝连接,解决了钢锚箱与主梁通常采用的 T 形十字交叉焊缝连接造成的焊缝应力集中难题。与此同时,通过大型有限元软件 ANSYS 的辅助计算,对锚箱构造进行设计优化。最终,钢锚箱局部应力集中过大的问题得到解决,极大地方便了主焊缝的施工。

5.1.3 斜拉索设计

斜拉桥主梁自重及其所承受的各种可变荷载均由斜拉索传至主塔。本桥斜拉索为单索面扇形对称布置,采用低松弛高强钢绞线成品索,标准强度为 1860MPa。斜拉索防护采用 HDPE(高密度聚乙烯)单层双螺旋线抗风雨激振型护管,以提高斜拉桥抵抗风雨振的能力。

主梁上的斜拉索索距为 8m,塔上的斜拉索索距为 2m。全桥共设 48 根斜拉索,有 3 种规格(OVM250A-31、OVM250A-43 和 OVM250A-55)。

5.1.3.1 拉索的选择

斜拉索是斜拉桥的重要组成部分,其制造工艺、使用材料、结构形式随着斜拉桥形式和跨径的发展而不断变化。总的来说,主要有两大类型——钢丝斜拉索、钢绞线斜拉索。20 世纪 50 年代到 80 年代,高强度的钢丝是大跨度斜拉桥斜拉索的主要选择,为了减小成索直径,一般将钢丝紧密平行排列,所以也称之为平行钢丝斜拉索。从 20 世纪 80 年代开始,大跨度斜拉桥开始采用钢绞线斜拉索。最初的钢绞线斜拉索孔隙率较大。直到 20 世纪 90 年代,为了降低钢绞线的孔隙率,紧密型钢绞线斜拉索被提出,并在法国诺曼底大桥中成功应用,从此钢绞线斜拉索得到快速发展。作为目前斜拉桥采用的主要拉索类型,两者各有优缺点,为了更好地选择拉索类型,需全面对比分析两者的区别。

1)平行钢丝斜拉索

平行钢丝斜拉索是将若干根高强钢丝按标准形式平行并拢排列,然后向同一个方向做轻度扭绞,扭转角度一般控制在 2°~4°,再缠绕一层纤维带或钢带扎紧,最外层用挤塑机热挤 PE(聚乙烯)护套;最后,根据设计长度精确下料,并在两端安装锚具,经超张拉检验后制成成品拉索。平行钢丝斜拉索的全部制造过程都在工厂进行,制成成品索后运输到现场进行安装、张拉。截面见图 5-17。

2)钢绞线斜拉索

钢绞线斜拉索主要由若干钢绞线和双层同步挤压成型的 HDPE(高密度聚乙烯)

防护套管组成,两端配有单根夹片式张拉端锚具和锚固端锚具,其截面见图 5-18。此拉索为半成品,需要运输到施工现场逐根穿索并张拉。

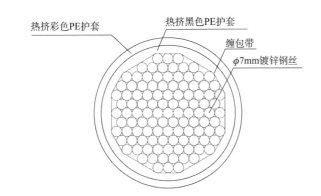

图 5-17 平行钢丝斜拉索断面图

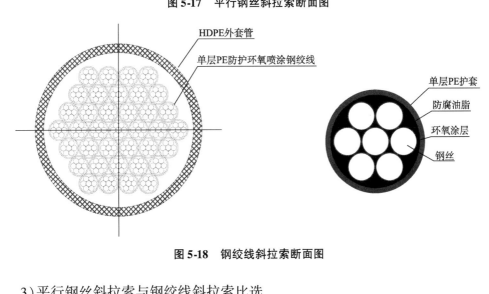

图 5-18 钢绞线斜拉索断面图

3)平行钢丝斜拉索与钢绞线斜拉索比选

钢绞线斜拉索需要在现场逐根穿索张拉,这就大大降低了对运输、吊装和张拉设备的要求,一般采用小型卷扬机和千斤顶即可进行安装张拉,这是钢绞线斜拉索一大优势。

与平行钢丝斜拉索相比,钢绞线斜拉索独特的制造、施工工艺,使得它不仅可以单根张拉,也可以单根换索,这就大大降低了后期维护保养的费用;而且,更换单根钢绞线一般情况下不用中断交通,具有很大的社会效益和经济效益。

钢绞线斜拉索由于内、外层都有护套,大大增强耐腐蚀性,增加使用寿命,被众多斜拉桥采用。

综合上述对比,本桥选择钢绞线斜拉索。

5.1.3.2 钢绞线斜拉索性能要求

本工程斜拉索选用 OVM250A 拉索体系,其由多股 PE 防护热镀锌或环氧涂层钢绞线及 HDPE 外护套组成,两端由夹片式锚具夹持。

1)环氧树脂全涂装无黏结预应力钢绞线性能

组成拉索索体的环氧树脂全涂装无黏结预应力钢绞线采用 7 丝钢丝捻制的低松弛预应力钢绞线,通过静电喷涂使每根钢丝表面形成一层熔融键结型保护层,性能满足《单丝涂覆环氧涂层预应力钢绞线》(GB/T 25823—2010)的要求。

(1)光面钢绞线

公称直径:15.2mm。

截面面积:139mm^2。

每米质量:1.101kg。

(2)机械性能

抗拉强度:≥1860MPa。

弹性模量:(1.95 ± 0.1) × 10^5/MPa。

疲劳应力幅:300MPa(上限应力 0.45f_{ptk}❶,200 万次脉冲加载)。

延伸率:≥4.5%。

疲劳试验后的静载试验:≥95% f_{ptk} 或 92% f_{ptm}❷(取较大值)。

偏斜拉伸系数:≤20%。

(3)环氧涂层

环氧涂层钢绞线各钢丝表面环氧涂层厚度应在 0.12 ~ 0.2mm,线径增加 0.72 ~ 1.2mm。

对环氧涂层进行附着性试验。经过直径为 5D(D 为钢绞线直径)的 180°弯曲试验后,环氧涂层钢绞线表面不应有裸眼可见的裂纹或松脱现象。

对环氧涂层进行耐蚀性试验。在中性盐雾试验区放置 2000h 后,环氧涂层钢绞线表面和内部的平均发锈面率应不大于 0.1%。

(4)防腐润滑脂

制作环氧树脂全涂装无黏结预应力钢绞线的防腐润滑脂应符合《无粘结预应力

---

❶ f_{ptk} = 钢绞线的抗拉强度标准值。

❷ f_{ptm} = 钢绞线的实测极限抗拉强度。

筋专用防腐润滑脂》(JG 3007—1993)中Ⅱ号油脂的技术指标,具体参数详见表5-2。

防腐润滑脂技术参数表   表5-2

项 目	单 位	质 量 指 标
工作锥入度	1/10mm	265～295
滴点	℃	≥160
含水率	%	≤0.1
钢网分油量(100℃,25h)	%	≤8.0
腐蚀试验(45号钢片,100℃,24h)	—	合格
蒸发量(99℃,22h)	%	≤2.0
低温性能(-40℃,30min)	—	合格
温热试验(45号钢片,30d)	级	≤2
盐雾试验(45号钢片,30d)	级	≤2
氧化安定性(99℃,100h):		
氧化后压力降	Pa	≤14.7×10^4
氧化后酸值	mgKOH/g	≤1.0
对套管的兼容性(65℃,40d):		
吸油率	%	≤10
拉伸强度变化率	%	≤30

(5)外层护套材料

外层护套采用双螺旋抗风雨激振的高密度聚乙烯护套管。外护管在直接受大气环境因素作用的条件下,应具有优良的化学稳定性、抗老化性能,并具有良好的综合物理机械性能。

2)拉索锚具性能

OVM250A拉索锚具按组成拉索的钢绞线根数(或锚具孔数)区分,本工程拉索的规格为OVM250A-37～OVM250A-55。

(1)结构构造

拉索锚具主要由锚板、支承筒、螺母、延长筒、密封装置、减振装置、梁端及塔端PE管连接组装而成。

(2)性能要求

为保证拉索锚具质量的稳定性和长期使用的安全性,锚具各零部件必须符合以下要求:

①锚板、支承筒及螺母均采用合金结构钢,其他零(部)件采用优质碳素钢(牌号:45)或碳钢(牌号:Q235-A),锚板、支承筒、螺母采用锻件。

②拉索锚具中的锚板、支承筒、螺母等主要受力件应逐件按《钢锻件超声波检验方法》(GB/T 6402—1991)中的 B 级要求进行超声波探伤,并按《承压设备无损检测》系列标准(NB/T 47013—2015)中的Ⅱ级要求进行磁粉探伤。

③拉索锚具各零(部)件中的金属件均要求做镀锌处理,锌层厚度为 10~20μm;锚板、支承筒及螺母镀锌后需进行脱氢处理。

④锚板、支承筒及螺母应经调质处理,表面硬度为 251~306HB。

⑤同一规格的拉索锚具的相同部件应具有互换性。

拉索锚具的锚固性能应符合以下要求:

①拉索锚具静载锚固性能应满足《预应力筋用锚具、夹具和连接器》(GB/T 14370—2015)中的Ⅰ类锚具要求,锚固效率系数≥95%,延伸率≥2%。

②在低应力状态下,拉索锚具夹片对钢绞线的夹持性能应稳定可靠。

③拉索锚具应具有优良的抗疲劳性能,在上限应力为 $0.45f_{ptk}$、疲劳应力幅为 200MPa 的条件下能通过 200 万次应力循环,拉索试件断丝率小于5%。

(3)拉索锚具锚头内钢绞线防护

拉索锚具锚头内的钢绞线防护采用分部位设置,梁端锚具采用灌注防腐润滑脂的方式进行防护,塔端锚具灌注发泡材料进行防护。

3) HDPE 外护套性能

拉索外护套采用双层双螺旋抗风雨激振的高密度聚乙烯护套管。外护管直接承受大气环境因素的作用,应具有优良的化学稳定性、抗老化性能和综合物理机械性能。外层护套采用的高密度聚乙烯材料应符合《桥梁缆索用高密度聚乙烯护套料》(CJ/T 297—2016)的要求,其具体物理力学指标见表5-3。

HDPE 外护套技术参数表　　表5-3

项 目	技术要求	项 目	技术要求
拉伸强度	≥20MPa	耐环境应力开裂性	≥1500 h
拉伸屈服强度	≥10MPa	耐热应力开裂性	>96h
断裂伸长率	≥600%	抗冲击强度	≥25kJ/m²
硬度(邵氏)	≥60	炭黑含量	2.3% ±0.3%
拉伸弹性模量	≥150 MPa	100℃、168h 空气箱老化	
软化温度		拉伸强度保留率	>85%
黑色	≥115℃	断裂伸长率保留率	>85%
彩色	≥110℃		
脆化温度	< -76℃	耐光色牢度(彩色)	≥7 级

4)需说明的问题性能

①斜拉索表面需采用抗风雨激振措施,拉索外表面采用双螺线 HDPE 管。

②本桥斜拉索除在预埋钢管内设置体内减振器外,根据施工过程中和成桥运营后拉索的振动情况,视需要采用其他抑制拉索振动的措施。

③受桥塔尺寸限制,本桥部分斜拉索需要采用特殊的大吨位拉索张拉方式,建议由专业的拉索张拉单位实施。

④OVM250A 平行钢绞线拉索体系使用寿命为 25 年。

5.1.3.3 拉索设计内力

1)合理成桥索力

斜拉索的设计以合理的成桥状态为目标。在成桥恒载作用下,主梁、桥梁内力分布均匀,线形平顺,斜拉索索力随着索长呈均匀递增,即为合理成桥状态,对应的索力即为合理成桥索力。合理的成桥索力可使梁平、塔直、索力均匀。

2)常用索力优化方法

指定结构状态的优化方法,优化目标明确,力学概念清晰,计算方便,常用于初定斜拉桥成桥状态。零位移法、刚性支承连续梁法、零支反力法、刚性索法和自动调索法等多以主梁的刚性支承连续梁状态为目标,优化目标明确,力学概念清晰,计算方便;内(应)力平衡法在此基础上将确定的主梁内力状态扩展为弯矩可行域,可计入预应力、活载、混凝土收缩徐变与温度等多种作用的影响,充分利用了材料的承载力,还可调整主梁弯矩的局部不合理,非常适用于上、下缘容许应力相同的钢主梁斜拉桥和需考虑预应力、混凝土收缩徐变等效应的预应力混凝土主梁斜拉桥的成桥索力优化。但指定结构状态的优化方法,均未兼顾桥塔的内力和变形,会出现优化所得成桥索力分布不均、桥塔水平偏位、不平衡弯矩过大等现象,尤其对于主梁边、主跨不对称的斜拉桥,还会出现主梁弯矩局部不合理的现象。因此,这类方法目前仅用于初定斜拉桥成桥状态,已很难适用于现代大跨径密索体系斜拉桥的成桥索力优化。

本设计采用内力平衡法初步确定拉索索力,然后根据主梁、主塔的弯矩以及拉索的索力情况适当优化、调整索力,以达到梁平、塔直、索力均匀的合理成桥状态。

3)合理成桥状态

合理成桥索力见图 5-19,合理成桥状态下主梁、主塔弯矩分别见图 5-20、图 5-21。

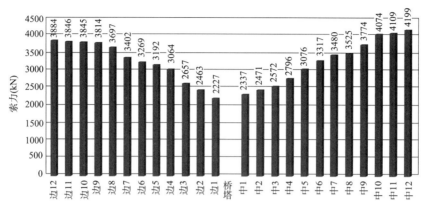

图 5-19 合理成桥索力(单位:kN)

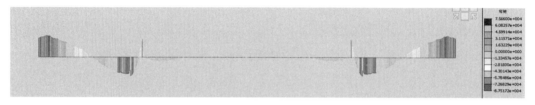

图 5-20 合理成桥状态下主梁弯矩图(单位:kN·m)

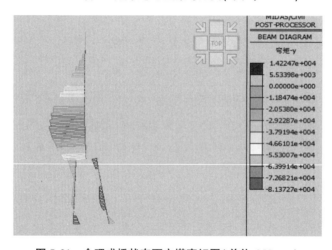

图 5-21 合理成桥状态下主塔弯矩图(单位:kN·m)

5.1.4 测力调力球型支座

5.1.4.1 支承条件

通过计算表明,若主桥在两个塔柱处与主墩固结,则温度效应显著,对主墩和塔柱受力很不利。因此,主桥采用塔梁固结、墩梁分离的支承形式。

5.1.4.2 测力调力球型支座

由于主桥采用塔梁固结、墩梁分离的支承形式,且主桥很宽,因此支座均采用测力调力球型支座。测力调力球型支座有固定(GD)、横向(HX)、纵向(ZX)和单向支座(DX)四类,根据上部结构作用力选用。

测力调力球型支座是在球型支座的基础上,集成测力功能与调高功能而成的(也可只集成测力功能或调高功能)。它主要由上座板(贴合镜面不锈钢板)、中座板(贴合镜面不锈钢板)、下座板、耐磨滑板、弹性体、测力系统(含传感器、信号处理、通信及输出组件)、调力系统(含注射、密封及填充)等组成,还包括锚固连接结构和密封防尘结构等配套构件。

测力调力球型支座能发挥普通球型支座的全部作用。此外,可以通过弹性体以及测力系统,对支座受力情况进行实时监测和数据传输,当监测到支座受力不均匀超过容许值时,可以对支座进行无级调力,以使支座的受力达到设计的合理范围内,并且更加均匀,能减少因受力不均对梁体及墩部造成的损伤,并且能实时监测是否超载。

1)技术参数

①支座技术参数应符合表5-4的要求。

支座技术参数表 表5-4

支座型号	竖向承载力(kN)	水平力(kN)	转角(rad)	温度位移(纵向/横向)(mm/mm)	测力	调力
QZ15000DX	15000	—	0.02	200/40	否	否
QZ15000DX	15000	—	0.02	200/40	否	否
TCQZ25000DX	25000	—	0.02	150/40	是	是
TCQZ55000ZX	55000	8250	0.02	150/0	是	否
TCQZ55000DX	55000	—	0.02	150/40	是	否
TCQZ25000DX	25000	—	0.02	150/40	是	是
TCQZ35000HX	35000	5250	0.02	0/40	是	是
TCQZ75000GD	75000	11250	0.02	0/0	是	否
TCQZ75000HX	75000	11250	0.02	0/40	是	否
TCQZ35000HX	35000	5250	0.02	0/40	是	是
TCQZ35000DX	35000	—	0.02	150/40	是	是
TCQZ75000ZX	75000	11250	0.02	150/0	是	否
TCQZ75000DX	75000	—	0.02	150/40	是	否
TCQZ35000DX	35000	—	0.02	150/40	是	是
TCQZ25000DX	25000	—	0.02	200/40	是	是

续上表

支座型号	竖向承载力（kN）	水平力（kN）	转角（rad）	温度位移（纵向/横向）(mm/mm)	测力	调力
TCQZ55000ZX	55000	8250	0.02	200/0	是	否
TCQZ55000DX	55000	—	0.02	200/40	是	否
TCQZ25000DX	25000	—	0.02	200/40	是	是
QZ15000DX	15000	—	0.02	250/40	否	否
QZ15000DX	15000	—	0.02	250/40	否	否

②支座适用温度范围：-25～+60℃。

③支座须进行竖向承载力试验、水平承载力试验、转动性能试验等常规试验，还须进行注射调力试验及调力后竖向承载试验，调力后的性能须满足《桥梁球型支座》(GB/T 17955—2009)要求。此外，还须进行支座传感器标定试验。

④支座的整体使用寿命不得低于50年，其调力系统须对温差变化及老化不敏感，保持长期不失效。

⑤测力系统采用太阳能供电，要求耐恶劣环境能力强，防尘防水防护等级不低于IP64，具有较好的疲劳性能，交变应力循环次数大于5000万次，可长时间在-40～85℃的工作温度下稳定工作。

⑥竖向载荷测量精度、重复性、迟滞精度：±1%F.S.❶。

⑦综合精度：±3%F.S.。

2) 材料性能

(1) 耐磨滑板及摩擦副

①支座摩擦副采用耐磨板与不锈钢板对磨方式。

②支座的耐磨滑板采用改性超高分子量聚乙烯耐磨板，除满足设计承载力与摩擦系数等常规性能要求外，还须满足100km的长期磨耗要求。

③支座用不锈钢板采用022Cr17Ni12Mo2，其化学成分及力学性能应符合《不锈钢冷轧钢板和钢带》(GB/T 3280—2015)的有关规定，钢板表面加工等级应符合4号表面的抛光精整表面组别的要求。工作表面粗糙度要求不超过0.8μm。球面不锈钢板需由平面镜面不锈钢一次拉伸成型，与铁件焊接后，与基体应密贴、无空鼓，表面须光滑、平整、无褶皱、无划痕、无二次打磨加工。

---

❶ F.S.指精度和满量程的百分比。

(2)支座润滑

支座润滑采用 5201-2 硅脂。

(3)钢件

①支座所用的主体构件采用耐候钢板 Q355NHB。当钢板厚度超过常规钢板厚度时,须采用定轧方式,其化学成分及机械性能应符合《耐候结构钢标准》(GB/T 4171—2008)的有关规定。

②支座锚固螺栓及钢套筒应采用优质碳素结构钢或合金结构钢,其化学成分及机械性能应符合《优质碳素结构钢》(GB/T 699—2015)、《合金结构钢》(GB/T 3077—2015)的有关规定。

3)制造要求

①耐磨滑板周边与衬板凹槽之间的组装间隙不得超过 0.5mm。

②机加工平面的平面度偏差取 $0.0003L$(L 为耐磨滑板的外轮廓直径)或 0.2mm 中的大者,曲面的面轮廓度公差 ΔZ 为:当 $L>670$mm 时,$\Delta Z \leqslant 0.0003L$;当 $L \leqslant 670$mm 时,$\Delta Z \leqslant 0.20$mm。

③支座的球面摩擦副均应采用镀硬铬层或镜面不锈钢板与耐磨滑板组对。不锈钢滑板与基体应密贴,不得存在褶皱等影响滑移性能的缺陷。

④不锈钢板与基层钢板采用连续氩弧焊焊接,焊缝应整齐美观,不得有毛刺等缺陷。

⑤支座钢件的表面(除镀硬铬层、不锈钢板和耐磨滑板表面外)应采用重防腐涂装体系,以满足支座长久使用要求。

⑥支座内部设置可靠的防尘密封装置,以保护支座球面摩擦副。

4)装配要求

①待装的零部件必须有质量检查部门的合格标记、主要性能的复检报告。

②应使用丙酮或酒精仔细擦净支座滑动面(镀硬铬层或不锈钢表面和耐磨滑板表面),不得夹有灰尘和杂质。使用硅脂填满耐磨滑板表面储脂坑内全部凹槽,不得夹有气孔。

③支座组装后,上、下座板应平行,平行度不得大于直径或长边的 2‰。

④成品支座组装高度(无荷载状态下)偏差:当支座竖向承载力 $\leqslant 25000$kN 时,不大于 ±3mm;当支座竖向承载力 $\geqslant 35000$kN 时,不大于 ±4mm。

⑤组装后的支座在运输、储存和安装过程中,不得任意拆卸。

5.1.5 下部结构设计

5.1.5.1 主桥主墩墩柱

为配合塔柱滴水造型,主墩墩柱与主塔在立面上保持景观整体性,在纵、横桥向均采用特殊的渐变造型,纵桥向呈U形,横桥向呈T形,桥墩造型独特。主墩墩高为20.208m,断面为箱形结构,单肢截面尺寸为10m(横向)×4m(纵向),箱壁厚度均为0.9m。为避免板墩过于呆板,墩身横桥向一面刻10cm厚的凹槽,并且墩侧面四周采用半径0.5m的圆弧倒角。

主墩墩柱采用C50混凝土,与主梁采用支座连接,墩顶水平,纵向设置2排支座,横向每排设置4个支座,墩顶支座位置采用系梁连接。主桥主墩立(侧)面图详见图5-22。

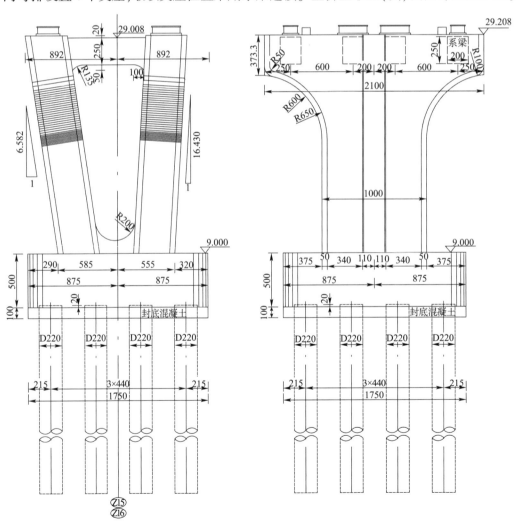

图5-22 主桥主墩立(侧)面图(尺寸单位:cm。高程单位:m)

为保证主墩外立面外观质量,必须严格控制施工质量。采取以下措施:

①墩柱采用钢模板,以保证外观质量平滑,无砂眼,边棱分明,线条圆顺。施工中,注意新、老混凝土结合面的清洗和凿毛。为使全桥颜色一致,宜选用同一厂家的水泥。

②为防止主墩墩身在分段施工过程中出现收缩裂缝,施工单位应做好温控设计,采取必要的温控措施。

③主墩为倒三角墩,为防止施工过程中发生过大变形影响外形,施工时在主墩模板上张拉纵向预应力粗钢筋。

5.1.5.2 主桥主墩承台

承台顶面高程确定原则为:

①从景观方面考虑,水中承台不露出常水位,承台埋置于常水位以下,岸上承台不露出地面。

②从安全方面考虑,承台顶面要求埋在最低通航水位以下并满足安全距离;陆地承台埋至地面以下 0.5m,保证路面结构的连续性。

③从施工难度方面考虑,承台埋置深度越深,施工难度越大,特别是水中承台的施工。

承台埋深按照以上原则确定,水中承台顶面埋置于常水位及最低通航水位以下约 1.0m。

主墩承台采用 C40 混凝土,承台尺寸为 17.5m(横向)×17.5m(纵向)×5.0m(厚度),封底混凝土厚 1.0m。为减少阻水,承台四周侧面采用半径 2.15m 的圆弧倒角。

主墩承台尺寸大,混凝土体积达 1540m^3,为保证施工质量,承台施工过程中应注意以下几点:

①采用钢套箱围堰施工。承台回填料可采用中粗砂、水泥石屑或砂性土,不得采用建筑垃圾、杂填土等。

②施工时应分段浇筑。每浇一层间隔 7~12d,下层混凝土达到 80% 强度后才能浇筑上层混凝土。浇筑下一层的混凝土前将顶面的浮浆、油污清除干净,并对先浇筑的混凝土表面进行严格的拉毛处理,以保证新、老混凝土的良好结合。承台施工时注意预埋墩身钢筋,并确保钢筋定位准确。

③冷却管采用钢管光-32-YB234-63 黑铁管,在埋设及浇筑混凝土过程中应防止堵塞、漏水和振坏。冷却管自浇筑混凝土时,通入冷水,并连续通水 14d。

5.1.5.3 主桥主墩桩基

主桥主墩承台下设 16 根直径 2.2m 嵌岩桩,桩间距为 4.4m×4.4m。桩基础与桥墩之间通过 17.5m×17.5m×5m 的承台连接。桩基持力层为微风化石灰岩层。单桩承载力为 24000kN。

5.1.5.4 主桥边墩墩柱

为了使得主、引桥下部结构的外形过渡自然，主桥边墩采用与引桥桥墩外形近似的结构造型。边墩墩高 19.514m，为上部带扩大头的花瓶形板墩，扩大头以下墩身截面尺寸为 4.5m（横向）×2.2m（纵向）。为避免板墩过于呆板，墩身横桥向一面刻 10cm 深的凹槽，桥墩四周采用半径 0.2m 的圆弧倒角。主桥过渡墩立（侧）面图详见图 5-23。

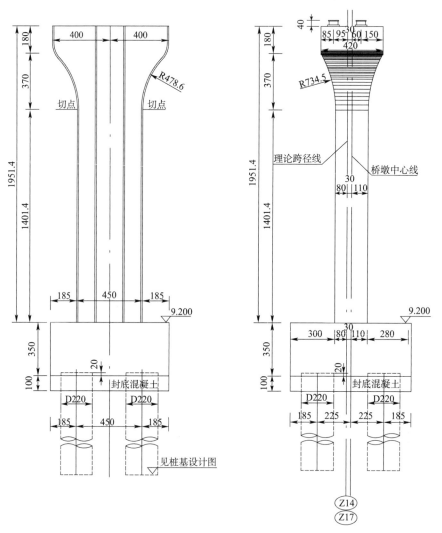

图 5-23 主桥边墩立（侧）面图（尺寸单位：cm。高程单位：m）

主桥边墩采用 C40 混凝土，与主梁采用支座连接。边墩两侧分别连接主桥边跨和引桥。墩顶水平，纵向设置 2 排支座，横向每排设置 2 个支座。由于主桥边跨和引桥支座反力相差较大,为保证恒载作用下桥墩受力合理,桥墩中心线与理论跨径线设置30cm偏心。

5.1.5.5　主桥边墩承台

边墩承台顶面埋深确定原则与主墩承台埋深确定原则相同。顶面埋置于常水位及最低通航水位以下约1.0m,承台采用C40混凝土,尺寸为8.2m(横向)×8.2m(纵向)×3.5m(厚度),封底混凝土厚1.0m。为减少阻水,承台四周侧面采用半径1.85m的圆弧倒角。边墩承台底设置4根直径2.2m嵌岩桩,桩间距为4.5m×4.5m。

5.1.5.6　主桥边墩桩基

每个承台墩下设4根直径2.2m嵌岩桩,桩间距为4.5m×4.5m。桩基持力层为微风化石灰岩层。单桩承载力为20000kN。

5.2　引桥设计

5.2.1　预应力混凝土箱梁

5.2.1.1　结构选型

从场地地质条件、施工工法、经济性等方面进行综合考虑,引桥水中部分位于非通航孔处,跨径可相对减小,可采用常规跨径(30~50m),跨径的大小主要取决于经济分孔和施工设备条件。结构形式上,可以选择预制结构,如预制小箱梁、预制T梁、钢箱梁等,也可选择现浇预应力混凝土结构。由于预制混凝土结构景观效果差,预制钢结构造价高,本工程从景观及经济要求,采用现浇混凝土结构。

桥位处溶洞较发育,宜采用较大的跨径以减少下部结构工程费用。由于跨越道路且道路两侧建筑物较密集,对桥下净空及景观有要求,宜采用较小跨径以降低梁高。综上考虑,引桥水中跨径选择50m,岸上跨径选择30m。

对于跨径在30~50m的中等跨径连续梁桥,从经济性、施工便捷性、构造简易程度等方面综合考虑,采用等高连续梁桥,梁高选用1/15~1/25倍跨径。箱梁截面采用单箱多室整体式闭口箱形截面。外侧腹板采用倾斜式,以减小桥墩的宽度和底板的宽度,且造型比直腹板更美观。

5.2.1.2　构造设计

综合考虑以上因素,引桥水中部分采用50m跨径预应力混凝土现浇连续箱梁,岸上部分采用30m跨径预应力混凝土现浇连续箱梁。

50m跨径引桥上部结构采用预应力混凝土单箱三室斜腹板连续梁,梁高2.8m,外腹板采用斜腹板,单幅桥面设单面坡。箱梁顶板宽19.25m,底板宽13.33m,挑臂长2.5m。箱梁顶板厚27cm,底板厚25cm,中腹板厚45~65cm,边腹板厚45~65cm。

30m跨径引桥上部结构采用预应力混凝土单箱双室斜腹板连续梁,梁高1.8m,外腹板采用斜腹板,桥面设单面坡。箱梁顶板宽15.2m,底板宽9.66m,挑臂长2.5m。箱梁顶板厚27cm,底板厚24cm,中腹板厚45~65cm,边腹板厚45~65cm。

引桥典型横断面如图5-24、图5-25所示。

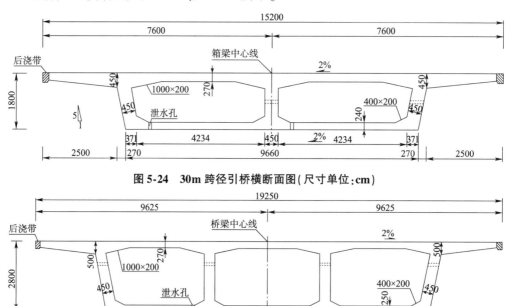

图5-24 30m跨径引桥横断面图(尺寸单位:cm)

图5-25 50m跨径引桥横断面图(尺寸单位:cm)

5.2.2 下部结构

5.2.2.1 引桥桥墩

引桥下部结构采用花瓶板墩配双桩基础。墩柱采用矩形断面,下墩柱尺寸根据上部荷载大小确定,共有2种尺寸。引桥上部结构为50(47)m跨连续箱梁,下部结构桥墩尺寸为2.0m(顺桥向)×4.5m(横桥向),详见图5-26。引桥上部结构为30m跨连续箱梁,下部结构桥墩尺寸为4.5m(顺桥向)×3.2m(横桥向),详见图5-27。为避免板墩过于呆板,墩身横桥向一面刻10cm厚的凹槽,桥墩四周采用半径0.1m的圆弧倒角。

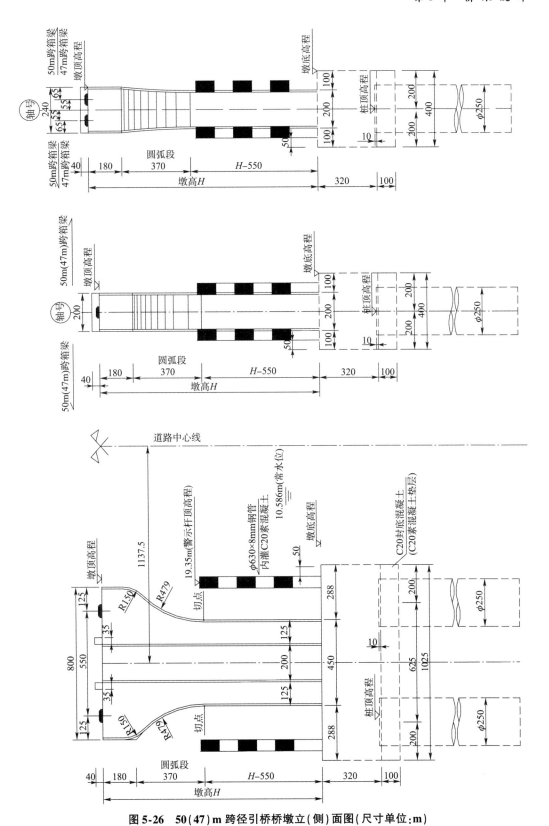

图 5-26 50(47)m 跨径引桥桥墩立(侧)面图(尺寸单位:m)

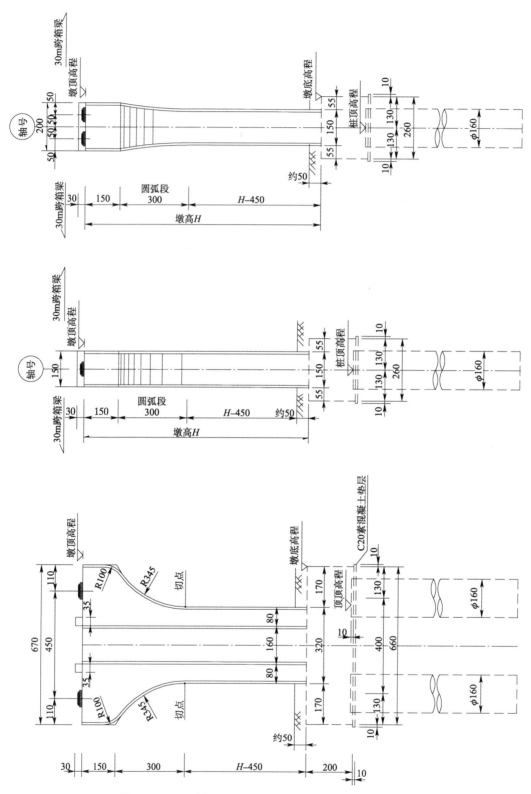

图 5-27　30m 跨径引桥桥墩立(侧)面图(尺寸单位:cm)

引桥桥墩采用 C40 混凝土,与上部结构之间均采用支座连接。交接墩墩顶扩头,满足双排支座放置要求。

5.2.2.2 引桥承台

引桥承台分为水中承台和陆地承台。承台顶面埋深主要考虑景观要求和施工难度。承台采用 C35 混凝土。

50m 跨径连续箱梁承台为水中承台,承台顶面埋置于常水位以下约 1.0m。承台尺寸为 10.25m(横向)×4.0m(纵向)×3.2m(厚度),并采用 1.0m 厚封底混凝土。承台下设置 2 根直径 2.5m 的嵌岩桩,横向桩间距为 6.25m。

30m 跨径连续箱梁承台为陆地承台,承台顶面埋置在地面以下约 0.5m。承台尺寸为 6.6m(横向)×2.6m(纵向)×2.0m(厚度),并采用 0.1m 厚素混凝土垫层。承台下设置 2 根直径 1.6m 的嵌岩桩,横向桩间距为 4.0m。

5.2.2.3 引桥桩基

引桥桥墩桩基采用 C35 水下混凝土,根据上部结构荷载大小,分为 2.5m、2.2m、1.6m 共 3 种直径,单桩承载力分别为 24000kN、20000kN、10000kN。

5.2.2.4 桥台

采用薄壁式桥台,分为左、右两幅,中间设置 2cm 宽的沉降缝。桥台高度约为 4.5m。考虑到工程项目位置岩溶地质发育,桥台桩基按照少布桩原则,采用单排大直径钻孔灌注桩基础,桩基直径 1.6m,单桩承载力为 5000kN。

台身采用 C40 混凝土,承台采用 C35 混凝土,垫层采用 C20 混凝土,桩基采用 C35 水下混凝土。台身与桩基通过承台连接。承台厚 1.8m。台后设置纵向搭板,长 10m,宽度与桥面行车道的宽度相同,厚 0.30m。在搭板与台背之间布设竖直锚栓。

台背预留 10cm 后浇带,用于安装伸缩缝,施工时注意预埋伸缩缝钢筋及搭板锚栓钢筋。桥台台背回填砂性土。台后回填土要分层碾压,分层厚度不大于 0.5m,密实度不小于 96%。桥台背墙施工应当在梁体浇筑完成、张拉钢束封锚、调直桥台背墙钢筋后进行。

5.3 桩基溶洞处理

根据地质勘查报告,场区的不良地质现象主要为岩溶。场区揭露基岩有可溶石灰岩,岩溶发育。根据钻探揭露的溶洞分布范围和相邻钻孔的揭露情况,部分地段的溶洞存在连通的可能,对桥梁桩基稳定性非常不利。因此,桩基设计、施工时应注意将桩置于稳定的具有一定持力层厚度的基岩上。针对不同类型的溶洞,桩基施工时采取不同的方法。

5.3.1 基础资料

全桥共有桩基164根,其中:直径2.5m桩基44根,直径2.2m桩基56根,直径1.6m桩基64根。0～7号墩、22～31号墩的桩基是陆地桩基,8～21号墩的桩基位于北江河中,7号、8号、22号、23号墩的桩基在北江两岸河堤的两侧,施工时对河堤的稳定有一定的影响。

岩溶地区的地质物探应以查明岩溶发育程度及地下溶洞的空间分布规律为目的。结合本工程特点,在施工图设计前开展地质详勘,根据施工图详勘报告进行桥梁基础设计。为进一步查明溶洞大小、填充及渗水情况,为溶洞处理施工提供依据,桩基施工前先进行超前钻和CT扫描。对于每根桩基,均补充一桩多孔的超前钻资料,进一步查明溶洞大小、填充及渗水情况,为溶洞预处理施工提供依据。进一步查明桥梁沿线地形、地貌、地层岩性、地质构造及不良地质现象的分布和工程地质特性,并评价桩位处各层岩土的物理力学性质,明确基础持力层深度,提供桩基设计所需的岩土技术参数。

5.3.2 溶洞影响分析

5.3.2.1 溶洞分布规律

场区揭露泥盆系天子岭组的基岩以石灰岩为主,岩溶发育,并见土洞。从揭露的溶洞分布情况可发现以下规律:

①遇灰岩的97个钻孔中,有2个遇到土洞,见洞率为2.04%;有68个遇到溶洞,见洞率为70.10%。

②土洞洞顶埋深分别为18.00m、22.50m,洞顶高程分别为-18.13m、-17.08m,土洞高度分别为2.60m、9.00m。

③溶洞洞顶埋深为15.20～90.60m,洞顶高程为-13.00～-84.46m。溶洞高度一般为0.10～22.90m,其中:洞高<1.00m的占32.79%;1.00m<洞高≤3.00m的占42.21%,洞高≥3.00m的占25.00%。

④本次钻到溶洞的68个钻孔,共揭露出308个溶洞。其中:仅揭露到1个溶洞

的有 15 个孔,占 22.06%;揭露到 2~3 层溶洞的有 21 个孔,占 30.88%;揭露到 4~5 层溶洞的有 11 个孔,占 16.18%;揭露到多于 5 层溶洞的有 21 个孔,占 30.88%。部分钻孔呈串珠状小溶洞发育。

⑤溶洞主要为全充填或无充填,少量为半充填,填充物主要为软塑~可塑状粉质黏土、松散砂,钻进时多发生微漏水~全漏水现象。

⑥钻孔揭露溶洞洞顶石灰岩多呈中、微风化状,可见不同程度溶蚀现象,顶板石灰岩厚度一般为 0.15~18.90m,其中:厚度<1.00m 的,占 41.88%;1.00m<厚度≤3.00m 的,占 39.29%;厚度>3.00m 的,占 18.83%。

根据钻探揭露的溶洞分布范围和相邻钻孔的揭露情况,部分地段的溶洞存在连通的可能,对桥梁桩基稳定性非常不利。因此,桩基设计、施工时应注意将桩置于稳定的具有一定持力层厚度的基岩上。

北江主航道线两侧,岩溶一般很发育,多呈多层、串珠状分布,其稳定基岩面一般深 53.80~72.40m,高程为 -51.11~-69.91m。尤其是钻孔 Czk9 上覆全、强风化土层厚度较大,推测为次一级小断裂。此类地带往往地下水连通性较好,岩面倾斜,岩溶发育,桩基应进入稳定基岩面一定深度,否则有造成桩底倾斜、变形、滑动的可能。

5.3.2.2 详勘孔揭示溶洞发育情况

Z15 轴(即 15 号)桩基为主塔下桥墩桩基,该轴号共有 16 根直径 2.2m 的钻孔灌注桩。详勘地质钻孔揭示的 Z15 轴溶洞发育规律为:见洞率高,多呈串珠状发育,主要分布在高程 -20~-60m 范围(除 Z15-1、Z15-5),单个溶洞高度达 10~20m,溶洞内多为全充填或无充填。Z15 轴详勘孔揭示溶洞最深至 -71.31m,详见图 5-28。

5.3.2.3 超前钻布置情况

本工程场区地质条件复杂,桥梁桩基段基岩为石灰岩,岩溶十分发育,基岩面起伏大。为更好地查明各桩位的岩溶发育情况,确保桩基的稳定性,在施工阶段进行逐桩超前钻探的同时,还对 Z15 轴纵、横向 8 个剖面进行跨孔 CT 扫描,多方面了解地质情况。

结合已有详勘地质钻孔资料,对全线桩基布置了超前钻孔。Z15 轴桩基超前钻布置情况见图 5-29。

超前钻地质钻孔揭示的 Z15 轴溶洞发育规律为:见洞率高,多呈串珠状发育,主要分布在 -20~-65m 高程范围,单个溶洞高度达 10~20m,溶洞内多为全充填或无充填,详见图 5-30。

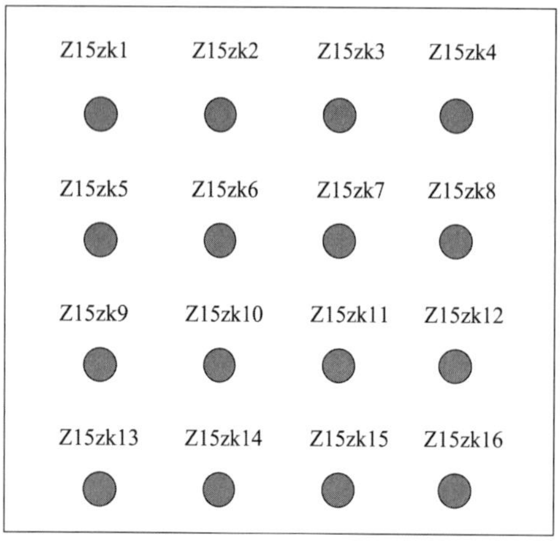

a) 溶洞揭示情况(溶洞位于-45~-50m范围)

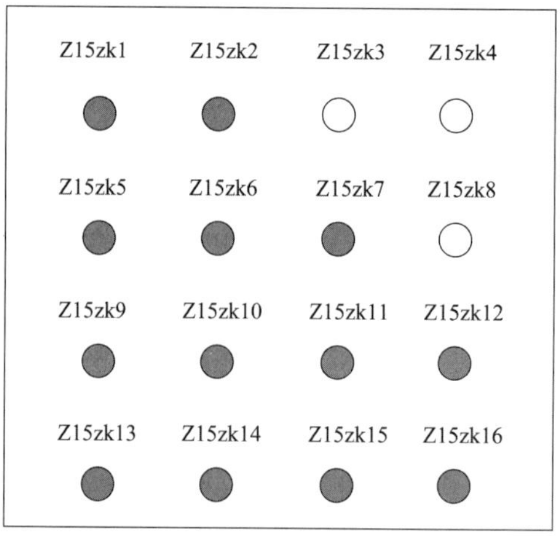

b) 溶洞揭示情况(溶洞位于-50~-55m范围)

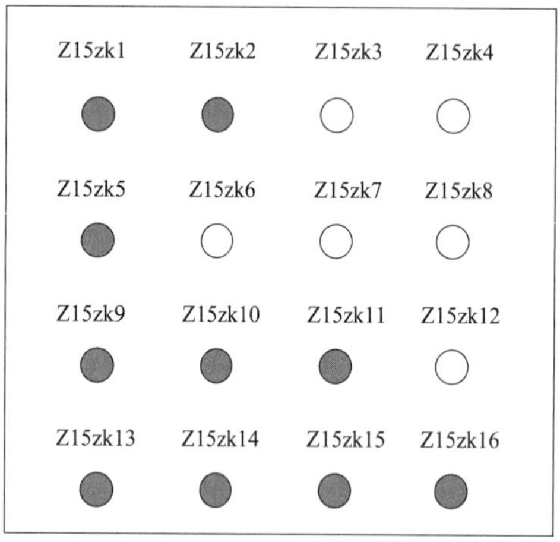

c) 溶洞揭示情况(溶洞位于-55~-60m范围)

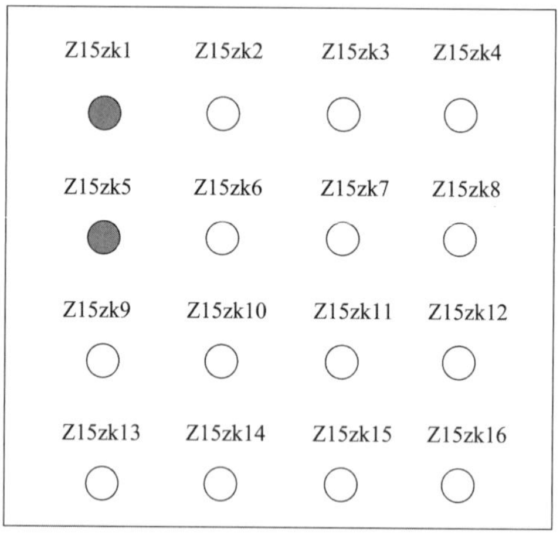

d) 溶洞揭示情况(溶洞位于-60~-65m范围)

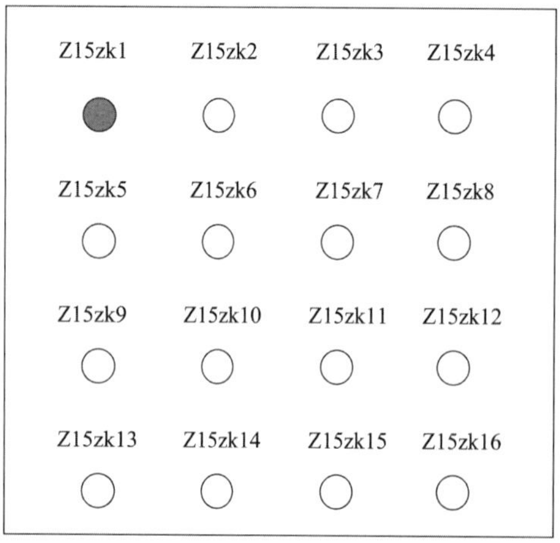

e) 溶洞揭示情况(溶洞位于-65~-70m范围)

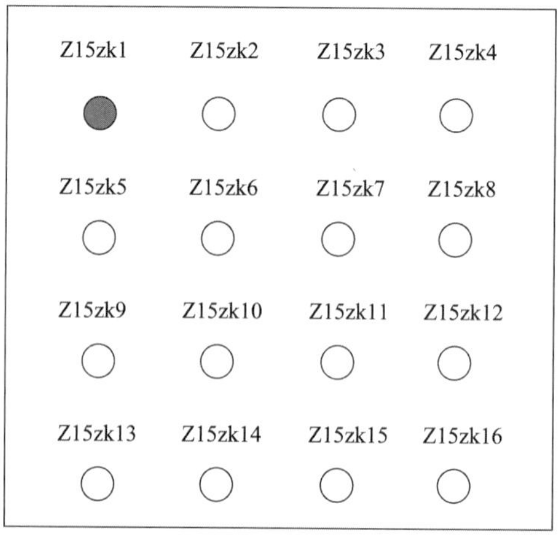

f) 溶洞揭示情况(溶洞位于-70~-75m范围)

图 5-28　详勘孔揭示溶洞发育情况

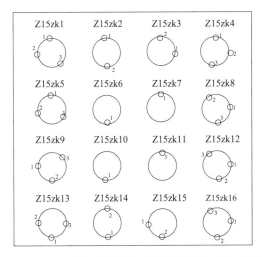

图 5-29 Z15 轴桩基超前钻布置情况（共布置 36 孔）

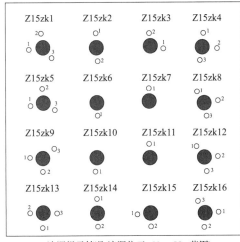

a) 溶洞揭示情况(溶洞位于-50~-55m范围)

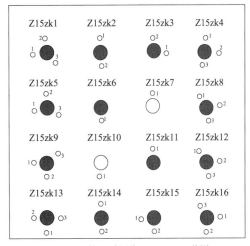

b) 溶洞揭示情况(溶洞位于-55~-60m范围)

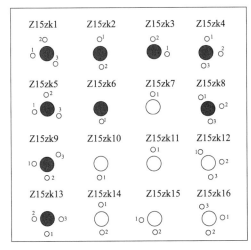

c) 溶洞揭示情况(溶洞位于-60~-65m范围)

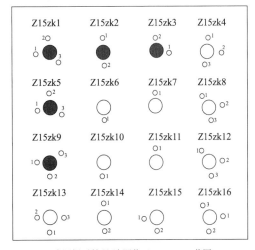

d) 溶洞揭示情况(溶洞位于-65~-70m范围)

图 5-30

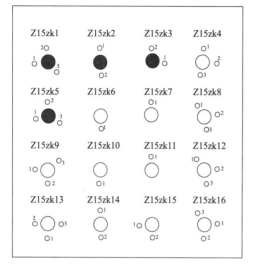

e) 溶洞揭示情况(溶洞位于-70~-75m范围)

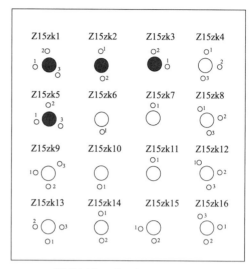

f) 溶洞揭示情况(溶洞位于-75~-80m范围)

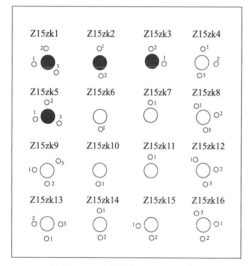

g) 溶洞揭示情况(溶洞位于-80~-85m范围)

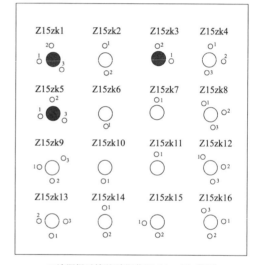

h) 溶洞揭示情况(溶洞位于-85~-95m范围)

图 5-30 超前钻孔揭示溶洞发育情况

沿 Z15 轴纵、横向共布置了 8 个剖面,进行跨孔 CT 扫描,CT 扫描孔深基本在 -70m 左右,详见图 5-31。

5.3.2.4 详勘、超前钻以及 CT 扫描资料对比分析

通过详勘、超前钻以及 CT 扫描资料对比,发现:

①Z15 轴承台西北侧桩基 Z15-1、Z15-2、Z15-3、Z15-5、Z15-8、Z15-13 详勘同超前钻地质情况出入较大,超前钻揭示的溶洞埋深较深。

②Z15 轴承台东南侧桩基 Z15-11、Z15-12、Z15-14、Z15-15、Z15-16 详勘同超前钻地质情况较为吻合。

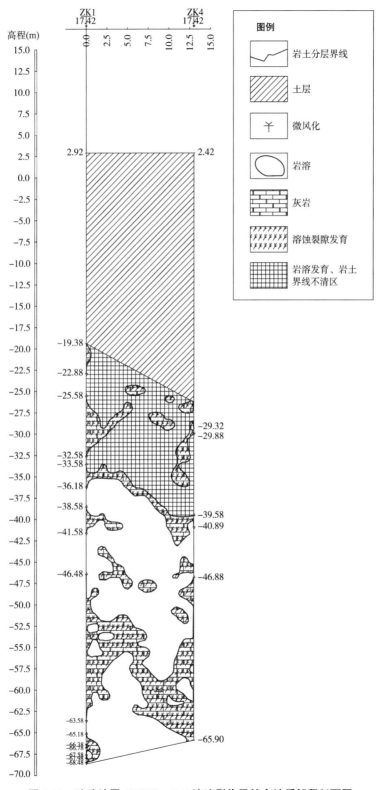

图 5-31 跨孔地震 CT(Z1～Z4) 波速影像及综合地质解释剖面图

综上所述,参考详勘、超前钻和 CT 扫描资料,Z15 轴承台西北侧溶洞发育较深、较复杂,地质情况变化较大,东南侧地质情况及溶洞相对稳定(溶洞底面高程在 -60m 以上);Z15-4、Z15-7、Z15-9、Z15-10 大致为两区域岩溶发育的分界线。

5.3.2.5 复杂溶洞地区桩基设计原则

依据以上资料,针对 Z15 轴主墩桩基提出了特殊溶洞处理的设计方案,并明确了复杂溶洞地区桩基设计原则:

①要求将超前钻单管钻孔取芯工艺改为双管钻孔取芯工艺,以保证对中、强风化或填充物的取芯完整率;要求尽量参考详勘柱状图成果,进行充分的对比分析和科学定性,必要时应主动与详勘、设计单位进行沟通、探讨,保证超前钻成果的客观与准确性。

②桩底嵌入原状微风化石灰岩的厚度不小于 1m(或 1 倍桩径)。桩下持力层如连续且较厚,对于桩长较短,可适当考虑 2 倍桩径,岩石饱和抗压强度不小于 30MPa。

③鉴于 Z15 轴各桩间以及各桩自身钻孔间的溶洞地质差异均较大、岩面变化也较快,以只参考自身桩基的详勘、超前钻孔,不参考周围邻桩资料为原则设计各桩底高程。同时,桩底持力层要求为连续原状微风化岩,且厚度按不小于 $3d$(d 为桩径)确定桩底高程(图 5-32)。

④根据 Z15 轴的溶洞整体发育情况,为保证成桩的质量与安全,要求施工单位对于存在埋深相对较深、尺寸较大溶洞的桩基,应在相邻桩基施工之前先完成该桩溶洞的预处理,再进行相邻桩基的预处理与冲孔。建议先行完成溶洞预处理的桩基编号有 Z15-3、Z15-5、Z15-2、Z15-13。

⑤要求 Z15-2、Z15-3、Z15-5 桩在桩基施工前的预处理中,利用其中一个预处理孔钻至 -120m 处。要求按超前钻勘察孔的要求进行取芯、留样、拍照,按比例绘制柱状图,尽早提供给设计单位,以摸查该区域岩溶发育状况。

⑥按照桩基设计原则施工,桩基终孔后,将原声测管替换成 6 条直径 12.7cm 的钢管(图 5-33),既可以用于声测,又可为后续持力层取芯提供条件,节约钻孔时间。如果在钻进过程中,在持力层的位置出现溶洞,就直接利用预留的孔道对持力层内的溶洞进行双液旋喷注浆,以达到桩底持力层的要求。

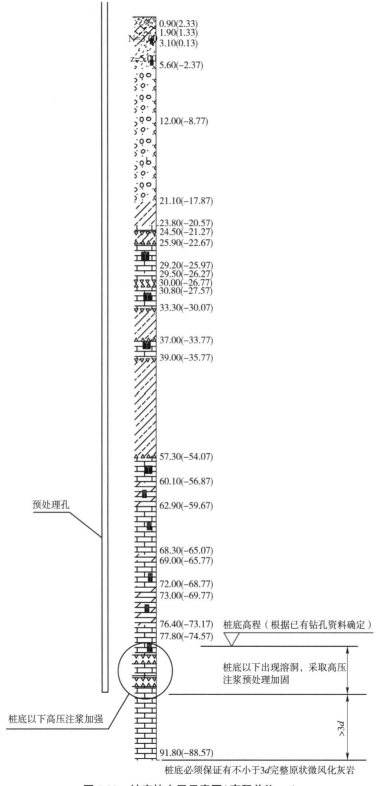

图 5-32 桩底持力层示意图(高程单位:m)

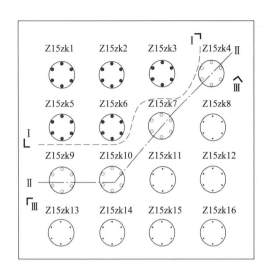

图 5-33　Z15 轴桩基声测管布置示意图

5.3.3　溶洞处理施工措施

现有地质勘探资料显示,本工程桥位处溶洞发育,多为 1～11 层不同高度的溶洞,部分钻孔呈串珠状小溶洞发育,溶洞主要为全充填或无充填,少量为半充填,填充物主要为软塑～可塑状粉质黏土,钻进时多发生微漏水～全漏水现象,钻孔揭露洞顶石灰岩多呈微风化状,可见不同程度溶蚀现象,顶板厚度一般为 0.2～14.4m。桥位处地层自上而下大部分主要由粉质黏土层、砂层、卵石层、风化程度不同的石灰岩组成。

溶洞桩基施工过程中易出现卡锤、斜孔偏孔、塌孔、漏浆、埋锤等危害,一旦出现上述意外情况,将给施工带来巨大的安全、质量、进度隐患。本项目以地质详勘、超前钻和地质勘测 CT 成像技术的结果为依据,进行逐桩设计,并提出几种处理措施:

①覆盖层高压旋喷帷幕:主要采用单管旋喷注浆法进行施工,即利用旋喷钻机成孔后,将特制的单管及喷射器下到孔底(基岩面),然后利用高压脉冲泵把水泥浆液从喷射器喷出,形成高压射流,通过高压射流将土体切割、搅动,同时旋转、提升喷杆,使土体同水泥浆均匀混合,经凝固后形成圆柱状固结体,即旋喷桩。将每根旋喷桩顺桩周并排而紧密地胶结在一起,形成桩周帷幕。

②溶洞内压浆固结:对于有填充且钻进过程中漏水的溶洞,为防止施工过程中漏浆,利用钻机把安装在注浆管底部侧面的单喷嘴置入土层预定设计深度后,利用高压泥浆泵把浆液从喷嘴中喷射出去,形成高压喷射流,冲击破坏岩土体,同时借助注浆管的旋转和提升,使浆液同从土体崩落(切割)下来的土粒、砂粒搅拌混合,经凝固后,

便在岩土体中形成水泥、砂、土体混合的一定强度的固结体。

③溶洞内灌注混凝土:对于高度小于10m的无填充溶洞,采用地质钻钻穿溶洞顶板后,利用输送泵向孔内灌注小石子混凝土,直至填满整个溶洞。当混凝土无法将溶洞填满时,改用双液旋喷注浆处理。

④双液旋喷注浆:采用水泥净浆与水玻璃混合液从下至上旋喷注浆,使空洞紧密充填高强度的水泥浆固结体。采用双液注浆的目的是,按一定比例掺入水玻璃,缩短水泥浆的凝固时间,降低水泥浆液在空洞内的流动速度,使水泥浆能在可控制的范围内高效固结,利于溶洞的充填,极大地提高了溶洞的处理效率。

⑤钢护筒跟进:河床底有约5m厚的淤泥、中砂和黏土层,为防止施工中发生塌孔,采用内钢护筒穿过中砂层,避免混凝土灌注过程中出现意外。

⑥反复充填:桩基预处理后,实际成桩过程中仍可能出现漏浆现象。实际施工过程中,如遇漏浆,需在溶洞范围内反复抛填黄泥、片石等材料,不断用钻机冲击密实,直至将溶洞填满。

根据本工程不同的施工环境,全桥溶洞桩基分水中桩基、北江河堤两侧桩基和重要结构物周边桩基三种。

5.3.3.1 水中桩基

根据详勘资料,10~21号墩的桩基均存在溶洞(主桥桥位处溶洞发育尤其明显)。为确保水上施工平台安全,降低桩基施工风险,水中桩基溶洞处理采用覆盖层高压旋喷帷幕、溶洞内压浆固结、溶洞内灌注混凝土、双液旋喷注浆、钢护筒跟进、反复充填等方法。对于土洞,全部采用钢护筒穿透后再施工。水中桩基溶洞处理措施详见表5-5。

水中桩基溶洞处理措施　　　　　　　　　表5-5

溶洞类别	溶洞高度h(m)	处理措施
半填充及无填充溶洞	$h \leq 10$	钢护筒跟进+覆盖层高压旋喷帷幕+溶洞内压浆固结+反复充填
	$h > 10$	钢护筒跟进+覆盖层高压旋喷帷幕+溶洞内灌注混凝土+双液旋喷注浆
全填充溶洞	$h \leq 10$	钢护筒跟进+覆盖层高压旋喷帷幕+溶洞内压浆固结+反复充填
	$h > 10$	钢护筒跟进+覆盖层高压旋喷帷幕+溶洞内灌注混凝土+双液旋喷注浆

5.3.3.2 北江河堤两侧桩基

7号、8号墩桩基础在北江北岸河堤两侧,21号、22号墩桩基础在北江南岸河堤两侧。覆盖层以粗砂、卵石层为主,且有堤坝车辆行走引起的振动与侧压力的影响。在施工中,若出现漏浆等突发事件,极易导致孔壁不稳,引起塌孔、埋钻等事故。若河堤两侧溶洞连通,一旦桩基施工出现意外,甚至可能影响到河堤的安全。为安全起见,河堤两侧的桩基均采用覆盖层高压旋喷帷幕、溶洞内灌注混凝土、双液旋喷注浆、反复充填的方法进行处理。对于土洞,全部采用钢护筒穿透后再施工。河堤两侧桩基溶洞处理措施详见表5-6。

北江河堤两侧桩基溶洞处理措施　　　　表5-6

溶洞类别	溶洞高度 $h(m)$	处理措施
半填充及无填充溶洞	$h \leqslant 4$	钢护筒跟进 + 覆盖层高压旋喷帷幕 + 溶洞内压浆固结 + 反复充填
	$h > 4$	钢护筒跟进 + 覆盖层高压旋喷帷幕 + 溶洞内灌注混凝土 + 双液旋喷注浆
全填充溶洞	$h \leqslant 4$	钢护筒跟进 + 覆盖层高压旋喷帷幕 + 溶洞内压浆固结 + 反复充填
	$h > 4$	钢护筒跟进 + 覆盖层高压旋喷帷幕 + 溶洞内灌注混凝土 + 双液旋喷注浆

5.3.3.3 重要结构物周边桩基

0~6号墩位于北岸村庄内,周边民房林立;24~31号墩位于两个大型楼盘之间。为确保施工安全,保证不对周边房屋造成影响,这些墩的溶洞处理采用覆盖层高压旋喷帷幕注浆、溶洞内压浆固结、反复充填、溶洞内灌注混凝土、双液旋喷注浆、钢护筒跟进等方法。对于土洞,全部采用钢护筒穿透后再施工。重要结构物周边桩基溶洞处理措施详见表5-7。

重要结构物周边桩基溶洞处理措施　　　　表5-7

溶洞类别	溶洞高度 $h(m)$	处理措施
半填充及无填充溶洞	$h \leqslant 6$	钢护筒跟进 + 覆盖层高压旋喷帷幕 + 溶洞内压浆固结 + 反复充填
	$h > 6$	钢护筒跟进 + 覆盖层高压旋喷帷幕 + 溶洞内灌注混凝土 + 双液旋喷注浆

续上表

溶洞类别	溶洞高度 $h(m)$	处 理 措 施
全填充溶洞	$h \leq 6$	钢护筒跟进 + 覆盖层高压旋喷帷幕 + 溶洞内压浆固结 + 反复充填
	$h > 6$	钢护筒跟进 + 覆盖层高压旋喷帷幕 + 溶洞内灌注混凝土 + 双液旋喷注浆

5.3.3.4 桩底后处理措施

考虑到部分承台桩底地质情况复杂,溶洞发育,见洞率高,多呈串珠状发育,很难保证桩底持力层(即原状微风化基岩)厚度满足3倍桩径的要求,需考虑在桩基冲孔前对桩身以下溶洞进行高压注浆加强处理。设计采用双液高压旋喷注浆工艺进行处理,使桩底形成密实、充盈、连续且强度在30MPa以上的厚度不小于3倍桩径的传力层。

1) 注浆钻孔布设

桩基终孔后,将原声测管替换成6条直径12.7cm的钢管,既可以用于声测,又可以为后续的持力层取芯提供条件,节约钻孔时间。在钻进过程中,如果在持力层的位置出现溶洞,就直接利用预留的孔道对持力层内的溶洞进行双液旋喷注浆,以达到桩底持力层的要求。

2) 注浆孔钻进

利用XY-1钻机,采用$\phi 91mm$钻具通过预留管直接下放至孔底,钻穿溶洞并进入溶洞底板0.2~0.5m。如存在多层溶洞,则先处理最上面的溶洞,上层溶洞处理完成后,钻进至下一个溶洞并进行处理。

3) 补浆处理

旋喷注浆结束后,应及时进行孔口补浆,消除浆液回缩,在终凝前将钻杆拔出。

4) 检验

如遇到溶洞,采用双液旋喷注浆后,在桩基的中间位置进行钻探取芯,检验持力层溶洞的处理效果。如在溶洞处取出完整的双液固结体并且可以达到持力层的强度,即视为处理合格;反之,应对持力层内的溶洞再次进行双液旋喷注浆处理。

5.3.3.5 后续超前钻施工工艺要求

①原则上,同一轴双承台下的详勘、超前钻及CT扫描均已完成,提交资料给设计单位,并由设计单位确定和提供桩底高程后,方能进行桩基的施工和终孔。

②为尽量保证成桩质量和结构安全,设计单位根据同一承台下各条桩基的详勘、超前钻资料(不同岩层,尤其是溶洞情况)进行综合分析和具体计算,并动态、及时地提供确定后的各桩底最终高程,以指导现场施工。

③原则上,对于无详勘资料的各桩基,应先实施详勘再进行超前钻。超前钻的深度、岩土定性与分层等应参照和结合详勘的大致分布。原则上,对于与详勘命名及力学指标不同的岩土层,尤其是中风化、微风化持力层,必须按相关规范要求进行有代表性的取样和抗压试验,综合、科学、合理地出具试验报告以及相关岩性特征、力学参数等,并最终以正式文件提供给设计单位。超前钻单位应与详勘单位开展技术衔接和充分的沟通工作,并及时将成果提交给设计单位,以尽早地确定桩底高程。

④为满足设计需求,超前钻应打至设计单位暂定桩底高程以下足够深度:对于中风化持力岩,原则上要求打至暂定桩底高程以下不小于 $6d$(d 为桩径,下同)深度;对于微风化持力岩,原则上要求打至暂定桩底高程以下不小于 $5d$ 深度;应保证桩底暂定高程以下全断面(各钻孔均满足)有不小于 $3d$ 的连续微风化岩层。

⑤根据周围桩基的详勘、超前钻及地质勘测 CT 成像的成果,如果预判详勘孔深度太浅,应独立控制超前钻应达深度,为设计揭示出可靠的持力岩层;如果详勘孔够深,超前钻孔深应满足上述第③、④项要求。同一承台下的各超前钻孔深应尽量接近。

⑥对于摩擦桩,桩底沉渣厚度不大于 15cm;对于嵌岩桩,桩底沉渣厚度不大于 5cm。

⑦超前钻单管钻孔取芯工艺改为双管钻孔取芯工艺,以保证对中、强风化或填充物的取芯完整率。要求尽量参考详勘柱状图成果,进行充分的对比分析和科学定性,必要时应主动与详勘、设计单位进行沟通、探讨,保证超前钻成果的客观与准确性。

⑧根据溶洞整体发育情况,为保证成桩的质量与安全,要求施工单位科学统筹安排桩基施工的先后顺序,在跳桩施工的基础上,尽量先预处理溶洞埋藏深、尺寸大的桩基,再对相邻桩基进行钻桩施工。

5.4 桥梁附属工程

5.4.1 防撞护栏

防撞墙形式的选择对桥梁安全、美观、耐用性等方面具有较大的影响。考虑到本工程为城市桥梁,对景观有特殊要求,防撞墙应与桥梁形式、桥梁周围的自然景观相协调,起到美化桥梁建筑的作用。

主桥为整体式单索面斜拉桥,主桥除 0 号块为混凝土结构外,均采用钢箱梁结构,因此主桥采用钢结构防撞护栏,具有减轻荷载、施工便捷、景观优美等优点。引桥为分离式现浇混凝土箱梁,考虑结构施工的便捷性,同时与景观照明相结合,选用组合式防撞墙,即由钢筋混凝土墙式护栏和钢扶手组合而成,照明灯具预埋在钢扶手内,具有减轻自重、造型轻巧、外观美观等优点。引道防撞墙选型与引桥相同。

5.4.2 桥面防水

桥面防水层采用桥梁专用的聚氨酯防水材料,其主要成分为高分子合成的氨基甲酸酯,是二液反应型的液态化合物。将 A、B 两液均匀混合后,经化学反应,数小时后即硫化成富有弹性的整体无缝橡胶防水层。该涂料的涂膜防水层具有橡胶弹性,能在一定范围内适应基层的开裂,对于各种容易发生变形的部位,经特殊工艺施工后,都能形成良好的柔性防水层,防水性能好,延伸性强,黏结力强,耐候、耐腐蚀、耐老化性能好,可采用冷施工,工艺简便,维修方便。

5.4.3 桥面铺装

主桥分为 0 号块混凝土梁段以及钢箱梁段,混凝土梁段行车道范围桥面铺装采用 3cm 细粒式进口改性沥青玛琋脂(SMA-10)+5cm 中粒式改性沥青混凝土(AC-20C),非机动车道范围桥面铺装采用 3cm 细粒式改性沥青(AC-10C)+5cm 中粒式改性沥青混凝土(AC-20C)。为减少钢桥桥面病害,钢箱梁段行车道及非机动车道范围桥面采用了新型的组合桥面技术,并应用了新材料,具体铺装形式为:3cm 细粒式进口改性沥青玛琋脂(SMA-10)+4.5~5.4cm 超高韧性混凝土(STC)。

引桥桥面铺装采用 4cm 细粒式进口改性沥青玛琋脂(SMA-13)+ 6cm 中粒式改性沥青混凝土(AC-20)。

SMA 是目前应用较广的一种路面结构层,能保证沥青路面具有良好的使用性能。尽管初期投资有所增加,但使用寿命可延长 30%~40%,总体上将产生较大的经济效益,在许多工程中实施情况良好。考虑到主桥钢箱梁采用的 STC 结构层粒径很小,为保证 SAM 与 STC 黏结紧密,主桥段选用粒径较小的 SMA-10 作为 STC 的面层,引桥段采用粒径较大的 SMA-13。

5.4.4 桥上及引道排水

5.4.4.1 排水方式

本项目上跨北江,跨江段长度达到 1.062km,主桥半幅宽度为 21.5m,跨江段引桥半幅宽度为 20.1m。北江属于水源保护区,不能直接将桥上的雨污水排入北江内。按传统桥梁排水方法,需设置至少 2 根 DN300 的纵向通长 PVC(聚氯乙烯)排水管才能满足排水需要,但是这样非常影响桥梁的美观。因此,设计了一套专门的桥梁排水系统,能够同时兼顾排水和景观的要求。

5.4.4.2 排水构造

1)跨江段桥面排水

综合考虑景观、排水效率等因素,放弃采用桥梁外挂圆管的传统排水方式,而采用在桥梁人行道基座外侧挂设纵向通长矩形开口不锈钢水箱的形式,见图 5-34、图 5-35。矩形钢水箱外尺寸为 50cm×40cm,厚度为 6mm。在防撞墙、人行道底座间隔 5m 开设 20cm×7.5cm 的过水孔,通过预埋在人行道最外侧基座内的排水管将桥面雨污水排入纵向矩形钢水箱内。在岸上第一个桥墩处,在矩形钢水箱底部通过 2 根 DN300 的 PVC 排水管接入市政排水系统。

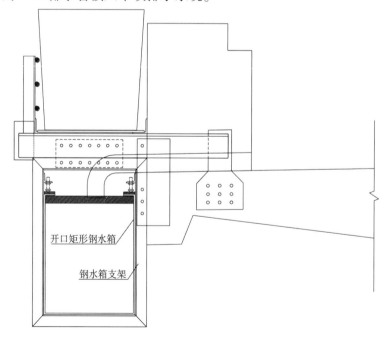

图 5-34 矩形钢水箱构造示意图

第5章 桥梁设计

2）岸上段桥面排水

岸上段桥面排水采用常用的桥面排水形式，即在桥墩处设置泄水孔，通过竖向排水管接入市政排水系统。

在主桥两端地面各设置 1 座 600m³ 的事故应急处理池，见图 5-36。当车辆发生事故、危险品洒落桥面时，应急处理池可以收集桥面冲洗水。

图 5-35 矩形钢水箱实景图

图 5-36 应急处理池施工图

5.4.5 伸缩缝

根据清远地区气候及本工程桥梁分跨情况，每联箱梁间设 1 道伸缩缝。伸缩缝采用经久、耐用、防滑、易于维修和更换的材料以及构造形式，本工程采用 80 型、160 型、320 型梳齿板式伸缩缝，其伸缩缝面层板为梳齿形防滑槽钢板，是左右伸出桥面板间隙处相互啮合的支承式构造，优点有：

①伸缩缝结构刚度较大，可承受较大的水平变位，伸缩量较大。

②伸缩缝的建筑高度低,在梁体内只需预留5cm高槽口,对上部梁体结构削弱较小,且大大方便了设计和施工。

③采用梳齿板式伸缩装置,汽车行驶平稳、舒适、不跳车、无噪声。

5.4.6 人行道

本项目仅在跨江段桥梁设置人行道,人行道宽度为4.05~6.05m。由于人行道下部空间要用作桥面排水,考虑耐久性等因素,人行道结构采用混凝土结构。

人行道共设置4道底座,其中,靠近非机动车道侧底座高出桥面40cm,人行道结构层为8cm厚C30混凝土预制板+3cm厚M15水泥砂浆抹面+2.5cm厚花岗岩。人行道构造见图5-37。为方便排水,人行道向内侧设置1%横坡。人行道实景见图5-38。

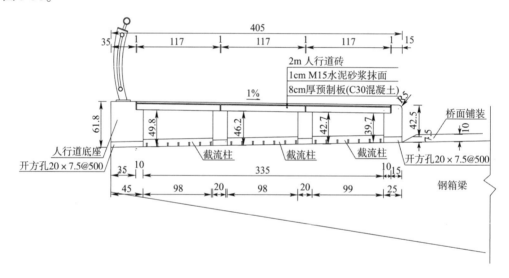

图5-37 人行道构造图(尺寸单位:cm)

图5-38 人行道实景图

第6章 桥梁施工

6.1 桥梁施工方案

6.1.1 总体施工步骤

6.1.1.1 跨江主桥施工步骤

跨江主桥施工步骤为：①施工准备→②施工平台施工→③基础施工→④边墩施工，主塔下塔柱支架法施工→⑤搭支架现浇桥塔处主梁0号节段，临时固结→⑥爬模法施工桥面以上塔柱→⑦对称悬臂吊装钢主梁，依次挂设并张拉斜拉索，依次施工至B9、M9号索→⑧安装边跨钢梁，主桥边跨合拢，拆除边跨支架，浇筑引桥混凝土主梁→⑨悬臂吊装中跨钢梁，挂设并张拉B10～B12、M10～M12斜拉索，拆除桥面吊机并架设中跨合龙吊架，安装中跨钢梁→⑩拆除支架，调整索力，桥面系、附属工程施工→⑪荷载试验，竣工通车。

6.1.1.2 引桥施工步骤

引桥上、下部结构均采用现浇方式施工。施工步骤为：①道路软基处理→②台后路基填土→③桩基→④承台→⑤桥梁墩台→⑥支架现浇引桥主梁→⑦附属工程施工。

6.1.2 桩基施工

有溶洞的桩基必须进行预处理，完成后再进行桩基的冲孔施工；且在施工过程中，需要特别注意控制泥浆指标和冲孔速度，在护筒脚、接近溶洞顶等关键位置要缓慢冲进，及时观测水头及渣样，若发现漏浆，及时补浆，防止出现塌孔。

本桥基桩均采用钻（冲）孔灌注桩，靠近堤防背水坡的桥墩基桩采用回旋钻施工，避免锤击、振动等对堤身产生不利的影响。

基桩终孔原则为：桩底嵌入原状微风化石灰岩的厚度不小于1m（或1倍桩径）；桩下持力层如果连续且较厚，对于较短的桩长，可适当考虑2倍桩径；岩石饱和抗压强度不小于30MPa。终孔前，需采取勘察措施，确定桩底以下完整基岩厚度不小于3

倍桩径,并经相关各方确认后方可终孔。桩基施工详见图6-1。

图6-1 桩基施工图

为了确保桩基的质量,施工时预埋检测管。基桩设有钢质声测检测管,施工时严格按照有关标准检验基桩质量;不符合要求时,研究处理方案,报监理单位处理。

6.1.3 承台施工

6.1.3.1 主墩承台

主墩承台采用有底钢套箱施工方法。有底钢套箱采用精轧钢反吊系统,同步下放到设计高程,套箱内设置钢管内撑。封底采用二次封底方法,浇筑封底混凝土,在混凝土达到强度要求后抽水,施工牛腿并浇筑二次封底混凝土,完成二次转换。

主墩承台体量较大,施工时分段浇筑。每浇一层,间隔7~12d,且下层混凝土达到设计强度的80%后才能浇筑上层混凝土。浇筑下一层的混凝土前,将顶面的浮浆、油污清除干净,并对先浇筑的混凝土表面进行严格的拉毛处理,以保证新、老混凝土的良好结合。承台施工时,预埋墩身钢筋,并确保钢筋定位准确。

承台冷却管采用钢管光-32-YB234-63黑铁管,在埋设及浇筑混凝土过程中防止堵塞、漏水和振坏。冷却管自浇筑混凝土时通入冷水,并连续通水14d。

6.1.3.2 引桥承台

对于引桥承台位于水中的部分,选择有底钢套箱施工方法。对于岸上承台,选择直接开挖,并及时做好基坑防护,底板采用混凝土封底,现场绑扎钢筋,直接安装模板后浇筑混凝土。

6.1.4 桥墩施工

水中桥墩较高,墩身采用翻模施工,岸上桥墩采用搭设支架法施工。

为防止墩身在分段施工过程中出现收缩裂缝,施工单位做好温控设计,采取必要的温控措施:在材料方面,反复优化配合比;在工艺方面,尽量降低集料的入模温度,缩短节段之间的混凝土龄期差,特别是承台与墩底第一节段之间的混凝土龄期差(建议承台与墩底第一节段之间的混凝土龄期差不大于5d),并加强混凝土养生。

墩柱采用钢模板,以保证外观平滑、无砂眼、边棱分明、线条圆顺。施工中,注意新老混凝土接合面的清洗和凿毛。为使全桥颜色一致,选用同一厂家的水泥。

主墩为倒三角墩,为防止施工过程中发生过大变形,在主墩模板上张拉纵向预应力粗钢筋。主墩施工过程详见图6-2。

a) 主墩外模定位　　b) 主墩内模　　c) 主墩钢筋

d) 支座定位孔　　e) 墩顶钢筋

图6-2　主墩施工

6.1.5 主桥上部结构施工

本桥主塔突破了国内斜拉桥的常规造型,大半径曲线的塔柱较以前直线形塔柱施工难度大。索塔及钢箱梁、斜拉索的安装是本桥的关键,本设计考虑的施工方法是:搭设索塔支架,分段浇筑索塔至塔顶,分节段吊装钢箱梁,张拉斜拉索。

6.1.5.1 主塔施工

主塔施工中,须注意如下要点:

①严格控制塔柱倾斜度、高程及各断面尺寸。塔柱倾斜度的误差不大于塔高的 $H/2000$(H 为塔高),轴线偏位允许偏差为 ±10mm,断面尺寸允许偏差为 ±20mm,塔顶高程允许偏差为 ±10mm,斜拉索锚固点高程允许偏差为 ±10mm,斜拉索锚具轴线允许偏差为 ±5mm。

②塔柱采用 C55 高性能混凝土。在施工前进行混凝土配合比试验、弹性模量试验及浇筑工艺研究,合理选择混凝土坍落度等设计参数,以保证泵送混凝土的流动性、和易性及缓凝、早强等性能。结构预应力张拉前,养生时间不少于 7d,混凝土强度不低于设计强度的 90%。对塔变形进行有效监控。塔壁较厚处及实心段,应采取降低水化热的措施,注意保温和养生,防止因水化热过高而使塔柱开裂。尽量缩短塔柱起步段混凝土与主梁 0 号块混凝土之间的龄期差。

③索塔采用爬升模板逐段连续施工,施工模板应保证足够的刚度,严禁采用对拉螺杆固定模板,确保塔柱混凝土外观质量。索塔分节段施工,每段混凝土浇筑高度宜控制在 4.5m 以内,且每次衔接的处理应力求整齐、清洁。

④塔柱施工时,预埋人行爬梯、排水系统、防雷系统、景观照明、塔内照明、电力管线孔、交通监控器等各种预埋件及预埋钢筋。对塔冠处隔板上表面进行抹面处理,以利排水。

⑤各种施工用的预埋件,在索塔施工完毕后均应割除、磨平并满足索塔整体景观的要求。

⑥为确保塔柱截面尺寸和斜拉索管道定位正确,采用劲性骨架等措施确保施工精度。在混凝土浇筑过程中,应当控制塔柱变形。

⑦塔柱竖向永久预应力钢束采用 15-12 钢绞线,预应力钢束为单端张拉,上端为张拉端,下端为固定端。在塔柱施工时,注意预埋竖向预应力管道。施工至索塔水平施工缝处穿束,待钢束张拉完毕再继续向上施工桥塔。

⑧环向预应力钢筋采用Φˢ15.2高强度低松弛钢绞线,单端交错张拉,采用二次张拉工艺。主塔混凝土强度达到设计强度的90%且龄期不小于7d后方可张拉钢束。钢束张拉必须在主塔两侧对称、同时进行。

⑨预应力二次张拉锚固体系实现过程:第一次按夹片式锚具通用张拉施工方法整束张拉并锚固;第二次用H形支承角支承千斤顶,采用连接器与张拉杆相连,将锚环整体拉起,张拉至设计张拉力,拧紧外圈支承螺母,消除第一次张拉钢束产生的锚具回缩值,且第二次张拉滞后第一次张拉3个施工节段。

⑩为了避免切断塔柱的竖向钢筋,环向预应力采用深埋锚工艺(即锚垫板拴接一段套筒),按套筒设计要求对锚垫板螺栓孔进行攻丝,套筒顶缘不能伸出塔柱表面,距塔柱外侧表面的距离为5.4cm。施工塔柱时,预先用泡沫塑料封堵套筒,严禁施工时混凝土进入套筒内。预应力张拉时,应使用特制的支架在塔柱外壁进行张拉。

⑪索塔各部的施工缝均应进行凿毛、除油、清洗处理,以保证新老混凝土的结合质量。索塔各部外露面均不应有蜂窝、麻面、收缩裂缝,索塔各部混凝土颜色应保持一致,表面应光洁、无油污。确保混凝土振捣密实。

⑫施工期间,应与气象部门保持联系,不得在大风、大雨天气施工,以保证混凝土质量及施工安全。

⑬塔柱施工时,应随时观测塔柱的变形,并进行相应调整,以保证塔柱的倾斜度及几何形状符合设计要求。

主塔施工过程见图6-3。

a)主塔节段施工

b)拉索施工

c)主塔施工远景

图6-3 主塔施工图

6.1.5.2 预应力混凝土主梁施工

主梁采用钢箱梁与混凝土相结合的混合梁。主塔中心轴线顺桥向两侧共22.1m范围采用预应力混凝土箱梁(0号块),其余部分为闭口钢箱梁,钢箱梁与混凝土梁段采用钢-混结合段连接。

0号块支架施工位于水中,支架搭拆难度较大,施工注意事项如下:

①浇筑0号梁段前,应对临时支架进行预压,预压重量为0号节段重量的1.2倍。

②浇筑混凝土之前,必须检查所有预埋件和预留孔是否齐全,如防撞栏、伸缩缝锚筋、纵/横向排水系统、透气孔、预留孔道等各种预埋件。

③严格控制各梁段的断面尺寸,梁高、箱宽、桥面厚度误差应符合《公路桥涵施工技术规范》(JTG/T F50—2011)的要求。细部尺寸误差不得大于该部尺寸的1%,梁段自重误差应在 $-3\% \sim 3\%$ 范围内。

④注意相邻节段主梁立模高程,防止前后节段连接不圆顺而成折线形,防止与主梁设计线形不符。

⑤每段施工接缝前,应凿除混凝土表面浮浆,露出混凝土新鲜面,并凿成锯齿状,保证新老混凝土接合面的混凝土粘接可靠。

⑥混凝土梁与钢梁结合段,钢梁顶、底板伸入混凝土梁内,此处钢结构件、钢筋及管道较多,是结构内力传递的关键部位,应确保混凝土浇筑密实,振捣到位,严禁出现露筋、漏振等缺陷。

⑦待混凝土强度达到设计强度的90%以上、弹性模量达到设计要求的90%以上,且满足不小于7d龄期要求后,方可张拉预应力钢绞线。

6.1.5.3 钢箱梁的制作

钢箱梁沿桥纵向分成47个节段,标准节段长8m。节段须在主拼台座上预拼装,预拼装不得少于5个梁段,按设计线形以及梁段间的预留间隙(还需考虑焊接收缩量)使相邻梁段的连接面相匹配,然后施焊组装焊缝。施焊完成后,对梁段进行编号,将前4个梁段运至堆放场地堆放,留下最后一个梁段,与接下来的4个梁段进行预拼装。梁段预拼装顺序与吊装顺序相同,吊装时不允许调换梁段号。

钢箱梁的制作需注意如下要点:

①每个节段内各构件采用焊接连接。原则上,焊接接头应与基材等强度、等韧性,为此应严格控制线能量的输入。投产前,须根据结构中不同的接头形式进行焊接工艺试验,经评定通过后方可生产。

②焊缝在焊接前的预热温度,由箱梁制造单位通过焊接性能试验和焊接工艺评定确定。对接焊缝应当焊透。焊后还应对焊缝进行打磨,以保证焊缝的抗疲劳性能。

应对全部焊缝做超声波探伤,并抽取全部焊缝总长的 10%～15% 进行 X 射线检查;角焊缝均应做超声波探伤。X 射线检查的焊缝要求达到一级标准,超声波探伤的角焊缝要求达到二级标准。

③除桥梁中线处外,桥面板的纵、横向焊缝应互相错开,避免焊缝十字交叉。

④顶板与底板的拼接应采用带陶瓷衬垫的单面焊双面成型工艺,以保证焊缝熔透。

⑤锚拉板与锚管、箱梁桥面板,以及该处的箱梁桥面板与外腹板的连接等都是至关重要的传力焊缝,在制造过程中须按规定预热,点固焊不开裂,焊缝全熔透,有一定的加强高,并尽量减小焊接变形。经过严格的探伤检查,方可认定合格。

⑥U 形肋须在开坡口后与桥面板焊接,融透深度不小于 0.8 倍的 U 肋板厚,并且不得焊穿。

⑦焊接作业时,应尽量避免仰焊操作。

⑧梁段制作完成后,应将钢箱梁所有外露钢板(包括顶板、腹板、底板等)切边倒 2mm 圆角,气体切边倒 0.5mm 圆角。

6.1.5.4　钢箱梁的堆放及运输

在梁段制造、存放、运输过程中,应注意防止板件变形,保证端口形状及尺寸。在梁段存放、运输过程中,应注意保证平稳。

梁段应单层堆放,在边腹板与横隔板的交点处设支腿支承,且应使各支点受力均匀,不允许出现翘板情况。梁体与临时支撑间应设置平面尺寸不小于 500mm×500mm、厚度不小于 150mm 的木板。堆放场地的地基不允许出现不均匀沉降。

在梁段堆放、运输过程中,均应用特制临时构件(如橡胶块)将梁端 U 肋端部封闭,以防雨水等侵入。该临时构件在梁体对接时取掉。

6.1.5.5　钢箱梁的架设

采用四吊点提升的吊装方法。为避免各吊点吊重和起吊速度不均匀,应慢速起动卷扬机,使各起重钢索逐渐受力,经反复调整,使其均匀受力,以保证提升过程中梁段的平稳。在梁段即将吊离驳船时,应防止由于梁段位置偏移而产生的横摆。为此,吊装每个梁段前,应使用经纬仪等测量仪器准确标定梁段的位置并进行吊具定位试验,定位调整后方能进行梁段起吊。

梁段吊至设计位置后,与前一梁段临时连接,在温度合适的时段,精确调整焊缝间隙,调平板件错边,间断焊接定位马板。根据工艺规程,先焊接周边板横向焊缝,进行无损探伤,合格后连接纵向嵌补段。检验合格后,对焊缝进行必要的打磨,完成梁段的工地连接。

架设梁段时,应在日出前稳定的温度时段、风速较小时确定梁段高程,并考虑温度的影响。至预定位置后,迅速将临时匹配件连接起来,然后进行焊缝施工作业。所有焊缝质量检验合格后,方可张拉斜拉索。张拉到位后,放松吊机。

施工控制的原则以高程和斜拉索索力双控,各施工控制节段高程误差不应大于±20mm,横向相对误差不宜大于±5mm,各施工控制节段的斜拉索索力误差不宜大于±2.5%。当实测值与设计值相差较大时,应查明原因,与设计单位确定补救办法。

所有的张拉斜拉索用千斤顶必须配备相应的测力传感器,以控制千斤顶的张拉力。每张拉2对斜拉索,应对测力传感器标定一次,以确保测力的准确性。

钢箱梁施工见图6-4。

a)钢箱梁吊装

b)桥面对接焊

c)临时检查车

d)主桥合拢前

e)主桥钢箱梁

图6-4 钢箱梁施工图

6.1.5.6 STC(超高韧性混凝土)施工

1)一般规定

超高性能轻型组合桥面结构的施工主要有两种方法:

①方法一:先完成钢梁架设,完成STC层现浇和养护施工,然后铺筑铺装层。

②方法二:在场内制作完成钢梁节段后,在钢面板上浇筑和养护STC层,将梁段

运至现场进行拼装,并完成节段间现浇STC层的浇筑和养护,待全桥合拢后,铺筑铺装层。

接缝的设置应符合以下规定:

①采用施工方法一时:需根据工程规模和施工能力确定STC层的摊铺施工单元,一般以桥跨为一个摊铺区域;一般以桥跨的伸缩缝为横向施工缝;当桥宽大于15m,摊铺时需要设置纵向施工缝,一般以桥面中线为施工缝。

②采用施工方法二时:宜以钢梁的自然节段为STC层的摊铺施工单元,接缝应设置在两横隔板间的跨中区域。

2)施工准备

①按施工组织计划,组织施工设备、试验仪器进场,并做好安装、调试及标定工作。

②按材料使用计划,组织材料进场,并做好试验、检验及复检工作。

③根据设计要求、工程经验和原材料性能指标,按拟定初始配合比进行试配、调整及检验,得出施工配合比。

④按工程用量、进度计划等提前预拌干混料,且应按下列规定储存:

——原材料、袋装干混料应储存于干燥、通风、防潮、不受雨淋的场所,并应按品种、批号分别堆放,不得混堆、混用,且应先存先用。

——散装干混料储存于散装筒仓中,不得混存、混用。

——在散装干混料储存及使用过程中,当对质量的均匀性有疑问或争议时,应按产品技术要求的有关规定进行检验。

3)除锈,焊接栓钉,防腐涂装

桥面铺装施工前,应先清洗桥面。钢板表面如果有锐边、飞溅、不光滑焊缝及边缘破裂等缺陷,应先用工具打磨。除锈前,应清除桥面的油、油脂、盐分及其他污垢,使用高压清洗机喷射清洁的水,直至钢板洁净、干燥。清洗完桥面后,应对全桥锈蚀、污染状况进行检查。

桥面钢板的喷砂除锈施工应符合下列规定:

①现场喷砂除锈应采用全自动无尘喷砂设备,严禁二次污染。

②应采用部分带棱角的磨料,比例应按粗糙度要求、钢板表面状况通过试验确定。

③大气相对湿度不宜大于85%,并应保持通风,严禁雨淋。

④应控制好除锈强度,不得产生坑洞,并应减少对原桥面钢板的损伤。

⑤喷砂除锈完成后,应立即检查钢板的清洁度和粗糙度。

喷砂除锈完成后,应及时焊接栓钉,并应符合下列规定:

①应按栓钉的布置位置在钢桥面板上画线定位。定位时,应先定位出普通位置点,再定位出加密位置点,避免栓钉位于焊缝位置处。

②应采用电弧螺柱焊机焊接栓钉。焊接时,应控制焊接时间,确保焊接质量。

③焊接完成后,应清除定位时设置的墨线、焊渣和杂物,并应在钢桥面板上涂刷一层丙酮。

④栓钉焊接完后要进行敲击检查,防止漏焊现象。

栓钉施工完成后,应及时施工防腐层。防腐层宜采用环氧富锌、无机硅酸富锌、电弧喷铝等涂层,施工应符合下列规定:

①各种材料成分配比应准确,拌和应均匀。

②注意防潮,严禁雨淋。

③固化后应检测涂层厚度,达到养生期后开始下一工序施工。

④应保持施工现场的清洁。

4)铺筑施工

钢筋网铺设应符合下列规定:

①铺设钢筋网前,应根据设计图纸对钢筋网进行纵向、横向定位,并应摆放好钢筋垫块。

②应先铺设纵向钢筋,再铺设横向钢筋。

③钢筋的搭接长度应符合构造要求的相关规定,不得随意变动。

④钢筋位置与栓钉布置有冲突时,可适当调整钢筋位置。

⑤应采用镀锌钢丝绑扎钢筋网。绑扎完毕后,扎丝末端应朝向钢面板。

超高韧性混凝土宜采用干混料集中湿拌或现场加水拌和,并应符合下列规定:

①拌和前,应检查搅拌设备状态,并应严格按施工配合比进行拌和。

②设备搅拌能力应大于现场摊铺能力。设备计量偏差应小于±2%。使用前,计量设备应归零。应定期校准计量设备。

③应通过试验确定投料顺序、数量及分段搅拌时间等工艺参数。

④应采用具有计量系统的强制式搅拌设备拌和,搅拌时间不宜少于8min。

⑤搅拌结束后,应及时清洗搅拌设备。

超高韧性混凝土运输宜采用混凝土搅拌车。采用混凝土搅拌运输车运输时,应符合下列规定:

①混凝土搅拌车的性能必须良好,其运输能力应大于现场摊铺能力。

②接料前,应排净混凝土搅拌车罐内积水。

③在运输途中及等候卸料时,应保持混凝土搅拌车罐体正常转速,不得停转。

④卸料前,混凝土搅拌车罐体宜快速旋转搅拌至少20s之后再卸料。卸料后,应及时采用清水清洗干净。

⑤施工现场车辆出入口处应设置交通安全指挥人员。施工现场道路应顺畅。夜间施工时,应有良好的照明。

场内输送布料宜采用管道泵送、专用布料机或手推车,并应符合下列规定:

①作业前,应仔细检查设备状态,并应空转运行,且应使设备处于湿润状态。

②专用布料机布料时,可采用地泵或手推车进行送料。

③无专用布料机时,应采用车泵送料,并应移动泵管,确保布料均匀。

④手推车送料时,应均匀布料,宜采用人工布料。

采用管道泵送布料时,应符合下列规定:

①宜根据混凝土供应、摊铺设备、场内外条件等划分泵送布料区域及布料顺序。

②宜采用由远而近方式布料,采用多根泵管同时布料时,其布料速度宜保持一致。

③泵送布料应保持连续;如果供料不及时,应采取间歇泵送布料方式。

④泵送布料完成后,应及时按要求进行输送泵和管道的清洗工作。

超高韧性混凝土摊铺振捣应能使模板内各部位混凝土摊铺平整、振捣密实,宜采用专用摊铺机或振平梁摊铺。必要时,可采用平板振动器进行辅助振捣,并应符合下列规定:

①摊铺前,应检查设备状态,且应使设备处于湿润状态。

②摊铺前,应根据摊铺厚度、坍落度大小,确定摊铺速度和振捣频率。

③摊铺前,应根据摊铺厚度立模并固定,宜采用角钢或工字钢作为侧向模板。

④控制好摊铺厚度,应派专业人员进行检查并及时反馈。

⑤控制好摊铺速度,应根据布料进度调整,保证连续摊铺作业。

超高韧性混凝土养护包括摊铺后的保湿养护和终凝后的高温蒸汽养护。

超高韧性混凝土摊铺完成后,应及时采用养生薄膜进行保湿养护,并应符合下列规定：

①养生薄膜应搭接铺设，搭接位置宜采用方木或砂粒覆盖，搭接宽度应大于20cm。

②覆盖养生薄膜时，不宜损坏超高韧性混凝土，宜搭设架子覆盖养生薄膜。

③保湿养护过程中，应加大巡查力度，发现有缺水部位时，应及时补水。

④超高韧性混凝土终凝后（一般为48h），应撤除养生薄膜并及时开始高温蒸汽养护。

高温蒸汽养护宜通过搭设蒸汽锅炉、蒸汽管道和蒸汽养护棚实现，并应符合下列规定：

①养护前，应根据养护体积计算蒸汽锅炉功率、架子和保温棚的规格、数量。

②养护前，应根据现场条件和养护要求确定架子搭设、锅炉布置及养护方案。

③养护过程中的温度和湿度调控宜通过传感器调整蒸汽量的大小实现。

④养护温度达到80℃、养护时间不应少于72h，或养护温度达到90℃、养护时间不少于48h。

高温蒸汽养护结束后，应撤除养护设备并清扫干净。对明显凹凸不平部位，应采用打磨机打磨，并应按要求采用刻槽机刻槽。

面层铺装前，应喷洒黏层油，黏层油宜采用改性乳化沥青。

铺装层的施工应按现行行业标准《公路沥青路面施工技术规范》(JTG F40)的要求实施。

6.1.6 引桥上部结构施工

现浇箱梁采用满堂支架现浇施工（图6-5）。施工注意事项如下：

①每次搭起整孔支架，应严格控制支架的沉降。浇筑混凝土前，对支架进行预压，以减少非弹性变形并确保支架的承载能力，预压时间不少于3d。支架预压应划分成若干预压单元，如腹板、横梁、底板、悬臂等预压单元，预压重量不小于支架承受的混凝土结构恒载与模板重量之和的1.1倍，约为支架承受的混凝土结构恒载的1.2倍。

②当采用落地支架时，应在搭架前对地基进行严格处理，确保地基承载力满足施工阶段受力要求，并设置必要的隔水、排水设施，避免基础被水浸泡。

③混凝土拌和物入模前，含气量应控制在3.0%~4.5%，模板及钢筋温度宜在

5~35℃,箱梁混凝土拌和物入模温度宜在5~30℃。拆模时,梁体混凝土芯部与表层、箱内与箱外、表层与环境温度差均不宜大于15℃。气温急剧变化时不宜拆模。

④分层浇筑时,按两次浇筑完成。为避免两次浇筑混凝土因收缩差引起开裂,分层面宜选择在腹板高度的1/3~2/3,两次浇筑的混凝土龄期差应控制在10d内,有条件时应尽量缩短两次浇筑的混凝土龄期差。接缝应经凿毛处理,并且在高压水枪冲洗干净后方可进行后续施工。

⑤预应力钢束张拉严格按设计单位提供的张拉顺序和张拉控制应力进行。施加预应力采用张拉吨位和引伸量双控。预应力钢束张拉完后,孔道内应尽早压浆。

图6-5 引桥现浇梁钢筋施工

6.1.7 附属工程施工

6.1.7.1 桥梁护栏

在梁体支架拆除以后、桥跨处于自承重的状态下进行桥梁护栏施工。采用定型钢模板,以保证成型圆顺。护栏端头及与侧石相接时应设置过渡段。

桥梁护栏浇筑应质量优良、尺寸准确、表面平整、线条圆顺。混凝土浇筑前,应查阅排水、照明、交通、监控、隔音屏等相关图纸,按要求预埋有关构件。

6.1.7.2 伸缩缝

应在上部主体结构施工前采购伸缩缝装置,以核查梁端伸缩缝槽口的尺寸是否满足设计要求;如果不满足,可及时调整。

安装伸缩缝时,按实际温度调整其间隙,在厂家指导下安装。伸缩装置两侧预留槽混凝土强度满足设计要求前,不得开放交通。

桥梁附属工程施工见图6-6。

图6-6 附属工程施工图

6.2 桥梁施工监控

6.2.1 监控的目的

监控的目的是通过在施工过程中对桥梁结构进行实时监测,收集监控参数,并根据监测结果对设计的施工过程进行相应的调整,使桥梁建成时最大限度接近设计目标状态。

施工控制的目标是:

①使线形平顺,并符合设计和规范要求。

②分析各种偏差的原因及其后果,同时修正这些偏差对成桥目标的影响,使施工过程中的每一阶段及成桥后结构的荷载效应(即塔、梁、索的内力、应力)符合规范和设计要求,确保施工安全和成桥质量。

6.2.2 监控的原则

斜拉桥成桥线形符合设计要求、主梁应力在安全范围之内,是施工控制的基本原则。施工控制主要是通过对施工过程的实时监控,实时调整、修正所有影响成桥目标实现的因素,保证桥梁施工过程安全和设计成桥状态目标的实现,确保成桥后结构受力和线形满足设计要求。

在斜拉桥的整个施工过程中,对主梁的高程、应力和拉索的索力实施双项控制;主梁施工阶段,以控制高程为主,兼顾索力;主梁合拢后,以控制索力为主。

6.2.2.1 受力要求

反映斜拉桥受力的因素有主梁、塔(墩)和索三大部分的截面内力(或应力)。通常,起控制作用的是主梁的上、下缘应力。

在恒载已定的情况下,成桥索力是影响主梁正应力的主要因素,成桥索力微小的变化都会对其产生较大的影响。而主梁的应力同主梁截面轴力、弯矩有关,因为轴力的影响较小且变化不大,所以弯矩是主梁中起控制作用的因素。

塔的情况与梁类似,只是索力对塔的影响没有那么敏感,塔中应力通常容易得到满足。索力要满足最大、最小索力要求,最大索力要求即钢丝强度要求,最小索力要求即拉索垂度要求。

6.2.2.2 线形要求

线形主要是指主梁的整体高程和局部平顺性要求。成桥后(通常是长期变形稳定后),主梁的高程要满足上述两方面的设计高程要求。待上部结构施工方案确定后,通过仿真计算各施工阶段的累计挠度等,确定主桥施工期间的预拱度,以便成桥时主桥线形满足设计文件要求。

6.2.2.3 主塔偏位要求

首先,裸塔阶段需满足设计和公路工程质量评定要求。其次,施工中和成桥后的不对称荷载、索力、局部温度等引起的塔的偏位,应同时满足设计和相关规范的要求。

1)主塔施工期间主塔偏位控制措施

在施工中,对主塔每个节段当前施工坐标位置和混凝土浇筑后的坐标位置进行校核,完成主塔施工期间每个节段和塔柱整体的垂直度和倾斜度的校核。除校核每节段的垂直度、倾斜度外,对塔柱整体的垂直度和倾斜度进行校核、统计,避免误差累积。

在上部结构施工方案确定后,根据计算确定主塔压缩量及上塔柱各施工节段压缩量等,最终确定主塔的预抬高量。

2)上部结构施工期间主塔偏位控制措施

在上部结构施工期间,跟踪观测主塔偏位并通过调整索力最终确定主塔偏位。主塔施工结束后,在主塔顶部预设棱镜。上部结构施工时,对各节段施工时的主塔垂直度进行跟踪观测,以便及时调整,以满足设计和相关规范的要求。

在上部结构施工方案确定后,确定张拉索力,通过索力的调整,最终确定成桥时主塔的偏位。成桥状态主塔的误差控制、施工质量标准还应满足有关标准的规定。

3)主梁平面位置要求

主梁平面位置要求主要指节段主梁的实际桥轴线与理论桥轴线值的偏差应符合设计和公路工程质量评定等的要求。

6.2.3　监控的思路及方法

6.2.3.1　监控的总体思路

根据桥梁的结构特点和施工方法,施工控制在初期主要采用自适应控制的思路,后期采取反馈控制方法。

其基本原理是:监控初期,当测量到的结构状态与模型计算结果不符时,将误差输入参数辨识算法中,调节计算模型的参数,使模型的输出结果与实际测量到的结果一致,得到修正的计算模型参数后,重新计算各施工阶段的理想状态,经过几个工况的反复辨识后,计算模型就基本与实际结构一致;在此基础上,可以对施工状态进行更好的控制;监控后期,根据反馈的实测数据和监控误差范围进行必要的调整计算和分析。经过自适应过程,计算程序与实际施工过程比较吻合,因而可以达到线形控制的目的。

6.2.3.2　监控的一般方法

本桥的施工控制原则是以线形控制为主,并确保在容许误差范围以内,索力、主梁轴线、塔柱偏位等多元目标的控制结果符合设计及有关标准的规定。以线形控制为主,是指当主梁刚度较小时,斜拉索索力的微小变化将引起悬臂端高程的较大变化,斜拉索张拉时,应以测量高程进行控制;当主梁刚度较大时(悬臂长度较短,或主梁与桥墩连接后),斜拉索的索力即使有较大的变化,悬臂端高程变化仍较小,应根据高程的实测情况,对索力做适当的调整。

对于主梁和塔(墩)内力(或应力)的调整,最直接而有效的方法是调整索力。由于较小的索力变化就会在主梁中引起较大的内力(或应力)的变化,而索力本身又有一定的变化宽容度(即最大、最小索力确定的索力允许变化范围),因此,索力可作为成桥目标中的调控手段。

对于主梁线形的调整,调整高程是最直接的方法。将参数误差以及索力调整引起的主梁高程的变化通过高程的调整予以修正。成桥后的整体线形调整主要采用全桥调索的方案。

索力调整和高程的调整分两步完成。先进行索力调整,目标主要是梁、塔截面的弯矩,还可加入已建梁段的主梁高程。主梁弯矩控制截面可选择各施工梁段的典型截面(一般为受拉索锚固点局部应力影响较小处);塔的控制截面可只选塔底以及截面变化处等控制位置;主梁高程控制点可选择施工节段的前端点。在斜拉索索力张拉阶段后,根据索力控制结果再适当调整主梁高程,可通过调整主梁截面上、下缘焊缝宽度的方法加以控制。

6.2.3.3 监控的精度要求

通过对桥梁施工中的主梁高程、拉索索力、主塔应力、关键截面温度和应力等进行跟踪测量,掌握施工中结构的受力情况,对事故起到预警作用,以保证施工过程中的安全。最终目标是使成桥后各测点的内力、线形同设计值的误差均控制在规范规定和设计要求的范围之内。

施工控制采取以高程为主,高程与索力双控。该桥各个项目的控制精度如下:

1)索力的控制精度

张拉时,每阶段施工中间过程索力的误差为5%,最后一次张拉索力误差为2.5%。

成桥后,索力偏差(即已施工完成的斜拉索实测索力与理论值的差)多数控制在5%左右。

2)主梁线形控制精度

梁顶高程控制精度为:

①钢箱梁各施工控制节段高程偏差不大于+10mm,累计偏差不大于+20mm;钢箱梁横桥向各对称点高程偏差不大于10mm。

②成桥后,高程偏差小于 $L/10000$(L 为桥梁跨径)。

轴线偏位控制精度为:

①施工期间为 5mm。

②合拢后边跨不大于 10mm,次边跨、中跨不大于 $L/20000$(L 为桥梁跨径)。

③安装高程偏差为 5mm。

3)主塔控制精度

主塔控制精度为:

①轴线偏差为 ±10mm。

②倾斜度偏差为塔高的 1/3000,且不大于 30mm。

③塔顶高程偏差为 ±10mm。

第7章 工程技术经济分析

7.1 工程投资控制原则

工程投资控制是项目建设管理的重要目标,在项目建设全程中起着十分重要的作用。工程设计单位的投资控制主要包含项目建议书、可行性研究报告、初步设计概算、施工图预算以及工程变更等阶段。上述阶段需要设计单位投入专业、经验、责任的工程造价技术人员,参与项目设计的各个阶段,全过程跟进。

7.2 方案(可研)估算控制

工程方案(可研)估算的投资控制主要体现在深入领会设计方案、参与编制工程设计及施工方案、调查主要工料机价格、收集清远市内大型跨江桥梁工程设计及概预算资料,对工程投资规模进行准确的把握。

7.3 初步设计概算及施工图预算控制

本工程初步设计概算及施工图预算编制依据主要有:
①《公路工程基本建设项目概算预算编制办法》(JTG B06—2007)。
②《公路工程概算定额》(JTG/T B06-01—2007)。
③《公路工程预算定额》(JTG/T B06-02—2007)。
④《公路工程机械台班费用定额》(JTG/T B06-03—2007)。
⑤广东省交通运输厅《关于印发广东省执行交通部〈公路基本建设工程概算预算编制办法〉补充规定的通知》(粤交基〔2008〕548号)。
⑥广东省交通运输厅《关于调整我省交通基本建设工程造价编制有关费用计列规定的通知》(粤交基〔2009〕210号)。
⑦广东省交通运输厅《关于调整我省公路工程概算预算人工工日单价的通知》

(粤交基函〔2010〕1915号)。

⑧广东省交通运输厅《关于调整我省公路建设及养护工程概算预算税金计算标准的通知》(粤交基〔2011〕1464号)。

⑨交通运输部《关于公布公路工程基本建设项目概算预算编制办法局部修订的公告》(交通运输部公告2011年第83号)。

初步设计概算材料单价主要参考《清远市公路工程材料信息价(2015年4月份)》及《广东省交通建设工程主要外购材料信息价(2015年3月份)》,其中钢筋、钢绞线、型钢、钢板和钢护筒的单价根据开工前3年(即2013—2015年)的综合平均价计取。

施工图预算材料单价主要执行《广东省交通建设工程材料信息价(2016年1月)》、清远市《关于公布清远市2015年第4期交通建设工程主要材料信息价的通知》(清交函〔2016〕29号)。

根据《关于清远市洲心大桥(K1+760—K3+632.262)初步设计的批复》(清市交复函〔2015〕51号),本工程初步设计概算送审总造价为103249.6131万元(其中,建安费72057.2162万元),审查后核定该工程总造价为99433.849万元(其中,建安费68391.8419万元),核减3815.7641万元(其中,建安费核减3665.3743万元),审查后概算总造价相对送审概算总造价减少约3.7%。

本工程施工图设计预算总金额为98226.15万元,其中,建筑安装工程费71961.16万元,施工图预算在初步设计总投资范围内。

7.4 本工程概、预算编制的重点及难点

7.4.1 临时工程

为了使概、预算更合理,项目建设业主提出了精细化设计要求。在设计文件中,对临时工程(包括但不限于临时汽车便道、施工钢便桥、临电接入、下水码头、河道疏浚、钢箱梁拼装场、承包人驻地建设、拌和站、交通疏导)平面布置、设计线路、建设规模、使用工期等均做出了相应的规范和要求。工程造价人员严格遵循工程设计数量、概预算定额编制规定,尽量做到造价与工程建设方案相统一。

7.4.2 桥梁工程溶洞处理

对本工程造价影响较大的为溶洞处理。本工程基岩均为石灰岩,岩溶发育。在

本工程初步设计概算阶段,由于没有深入设计,列支"不可预见溶洞处理费"4000万元。

据钻孔揭示,本工程基岩多为1~11层不同高度的溶洞,部分钻孔呈串珠状小溶洞发育,溶洞主要为全充填或无充填,少量为半充填,填充物主要为软塑~可塑状粉质黏土,钻进时多发生微漏水~全漏水现象,钻孔揭露洞顶石灰岩多呈微风化状,可见不同程度的溶蚀现象,顶板厚度一般为0.2~14.4m。

预算阶段,通过与业主、设计对接,逐桩进行设计。地质钻探资料揭示的溶洞按大小分为三类:小溶洞(高度不大于3m)、中溶洞(高度3~10m)、大溶洞(高度大于10m)。对于小溶洞,采用充填封闭法填充溶洞:若溶洞内无填充物,则填充碎石砂、片石黄泥;若有填充物,则注浆、注水玻璃。对于中溶洞,采用覆盖层单层钢护筒跟进施工。对于大溶洞,采用多层钢护筒等方式进行处理。

从施工过程情况来看,本工程对溶洞采用预处理的方法,变被动为主动,桩基施工前先进行超前钻和地质勘测CT[①]成像技术,进一步查明溶洞大小、填充及渗水情况,为溶洞处理施工提供依据,进而对不同环境(水中、岸上、河堤上)的桩基采取不同的处理方法。最终,溶洞处理费用与预算金额基本相当,未发生变更费用。结果表明,本工程溶洞处理方案合理有效,对合理控制工程投资发挥了巨大的作用。

7.4.3　水中措施及主塔施工处理

主塔总高度为93m,双塔间距为218m,塔身高度相当于近30层楼,技术含量高;塔身采用水滴流线形,施工难度大,模板需要定制;在施工过程中,水下暗潮涌动,桥墩遇到多个连续水底溶洞,施工安全风险大。

造价编制过程中,无法直接量化技术、难度、风险因素,但计算措施费用时应该考虑这些因素影响。例如,塔身施工一般按10d/节段,本项目按15d/节段,最终,主墩双主塔工程历时11个月顺利建成封顶,本项目造价人员按12个月工期进行计算,与实际工期非常接近,编制的造价文件对造价控制非常成功。

7.5　工程变更投资控制

由于本工程概算及预算编制较合理,未出现大规模的施工变更。对于施工期间

---

① CT:计算机X射线层析。

的设计变更,严格以合同为依据编制变更预算。与施工图预算、工程量清单进行仔细核对,坚决避免重算、漏算现象的发生。

  建立健全投资控制体系是投资可控的前提条件。清远市建设行政主管部门建立了一套完整的投资管理流程,使得项目在立项、方案、设计、施工、结算的各个环节都有法可依、有据可循。专业、高效的建设团队对项目建设本身的安全、质量、进度、投资控制目标的实现起到了十分关键作用。清远洲心大桥在这方面的经验具有一定的推广价值。

第8章 工程设计协调与质量管理

8.1 工程设计协调

8.1.1 工程设计协调原则

1）全过程的服务

针对本工程专业面广、同时采用两套技术标准、技术创新多、结构复杂的特点,广州市政总院实行全过程服务,从方案比选、初步设计开始,直至施工图设计和设计后期工作(包括技术交底、施工配合、设计变更、工程竣工验收、参加试车、设计回访及总结等)。

2）组织落实

根据工程特点和技术要求,广州市政总院主管领导总抓,生产院总体负责实施和协调,总工程师严格技术、质量审核和把关。根据项目的进度要求,确保所有技术人员到位,特别是所提供的主要技术人员(即项目总负责人、设计负责人、专业负责人、审核、审定人员)的到位。同时,成立专门的设计项目组,集合各专业最优秀设计人员,全身心投入设计工作,并确保设计队伍的稳定性和连续性。根据专业向参建各方详细交代设计意图、设计内容,提出施工质量要求、注意事项,认真听取建设单位、施工单位对设计的具体意见,并予以细致分析、耐心解释或明确答复。

通过编制和执行《设计过程控制程序》,确保产品从设计策划至交付后服务全过程的质量得到控制,以满足规定的要求。

3）有效的现场配合

根据工程所需,指派设计代表常驻现场,随时向参建各方解释设计图纸,处理施工过程中与设计有关的技术问题,并做好建设单位和施工单位的参谋,保障工程质量,确保工程顺利进行。

为了保障工程建设正常进行,勘察设计单位意识到协助甲方管理对工程建设的重要性,自觉树立主观协调能动理念,这是开展项目管理、保障工程建设安全推进且不返工不重修的关键要素。

做好图纸交底和会审工作。参建各方需全面了解设计文件和施工方案,这样才能在工作当中对出现的各种问题、各种难点做到心中有数,利于对症下药,从而有效跟进工程。图纸交底可提前消除隐患,减少图纸中出现的差错,添补图纸中的遗漏部分,避免返工所造成的浪费。

勘察设计人员在管理过程中应有针对性,切忌随意指挥、盲目协调,应根据现场情况进行客观分析,变通应对。一方面,盲目拒绝修改变更设计会使问题更加严重,激化矛盾;另一方面,随意修改变更设计可能会弄巧成拙,造成工程投资加大,留下安全隐患。

为保证工程能够如期、高效,有必要为工程建设创造和谐、安全的施工环境,为参建各方的工作人员营造和谐、安全的工作氛围。工程建设涉及面广,参建单位多,建设时间长,为了减少外界干扰,应该重视施工现场协调,保障工程建设顺畅、工程质量达标、施工进度正常。

工程实施过程中,由主管领导带队,项目负责人、各专业负责人赴现场进行设计回访,督促设计代表,现场解决疑难重大技术问题;与建设单位、监理单位、施工单位座谈,征求对设计工作的意见,以指导后续服务,提高勘察与设计质量。

广州市政总院后期服务人员在工程实践中,及时为建设单位和施工单位解决道路、桥梁、给排水、交通组织、绿化景观等专业遇到的困难,均得到了有关单位的一致好评。

8.1.2 与各相关单位的协调措施

8.1.2.1 与建设单位的协调

了解建设单位在各阶段对设计的要求,在施工配合阶段的现场变化、制约因素和处理方案。

协调接口以项目负责人、设计代表为主。参加各类协调会以专业负责人为主,会前做好资料、设计提案的准备工作。重要技术研讨、决策应通知项目主管总工参加。

与建设单位的协调需做好如下两点:

1)弄清业主的需求

设计方应首先了解清楚业主意图,尽量满足业主的需要。业主最关心的是造价控制、进度要求。如果涉及安全风险、大量增加投资或者违反有关规范的强制性条文等,应明确告知业主,取得业主的理解或者是书面意见。广州市政总院在项目推进及配合过程中,理解业主需求,遇到分歧及问题时及时加以解决,保证了工程的顺利实施。

2）加强沟通

设计方应积极主动与业主沟通,不能简单地认为只要埋头把图画好就可以。与业主的有效沟通,可以避免走弯路,避免浪费。

8.1.2.2　与政府主管部门及其他公共设施管理运行单位的协调

本工程规模大,涉及专业多。影响本工程的行业管理部门有规划、交通、给排水、照明、电力、电信、水利、航道、园林、环保等,还有当地市级、区级政府。在工程设计的各个阶段,特别是前期阶段,与这些部门保持密切联系与沟通,做好协调工作,有利于项目的总体布署、实施计划、建设标准、投资控制、报批评审等工作,为项目的顺利实施创造条件,避免项目进入招标实施阶段后,各相关部门提出对工程方案的修改意见,造成工程设计方案的调整,从而对本工程的工期、投资等方面造成影响。

在设计过程中,广州市政总院积极主动地与政府主管部门进行联系,沟通设计方案;如果碰到需多部门协商的情况,则在建设单位的主持下举行协调会议,解决设计中的关键问题,做到事前会审、过程控制,确保设计文件的质量与进度。

8.1.2.3　与施工单位、监理单位的协调

与施工单位、监理单位的协调工作包含以下内容:施工过程中的技术释疑、交底、图纸会审,设计方案的调整,对设计效果产生影响的施工工艺的更改,重大施工方案的评审,质量验收标准的确定。

施工前,明确施工过程中提交现场情况资料的深度要求,以及需经监理验证其准确性的要求。施工中的设计调整,均按院内质量管理程序操作。除现场设计代表外,设计人员在关键施工工序时,应到场配合施工。项目负责人、设计代表、专业负责人应与参建单位保持密切联系,了解建设单位对工程进展情况的意见。

8.1.2.4　内部各专业设计间的协调

工程设计是由各专业的设计经有机组合、互相渗透而成的一个整体。设计图纸是工程项目参与各方明确自身职责、开展本职工作的重要依据。施工图图纸设计质量在很大程度上决定着项目所能达到的高度。当前,设计行业常出现因部门间、专业

间协调不够、相互推诿而导致的设计失误或不足,不仅对设计工作造成影响,还容易留下安全隐患。

广州市政总院重视图纸设计过程中各专业之间的协调,采用定期召开内部设计沟通会、设计图纸会签等手段,实现了各专业设计的协调统一和完美结合。

8.2 工程质量控制

8.2.1 设计质量保证计划

本工程全面推行"三控制"工作方案。"三控制"(投资目标控制、质量目标控制、进度目标控制)的服务质量管理思路,为使设计工作能达到既定目标提供有效的组织管理保障。

8.2.1.1 投资控制计划

认真调查、分析技术经济指标,大力提倡优化设计。在设计前期加强同业主技术人员的技术交流,利用广州市政总院所掌握的先进的道路、桥梁、给排水、景观设计技术,确定设计目标,加强设计过程中的投资控制,实行限额设计。在准确可靠的经济指标的基础上,由专家组对设计方案进行优化,使最终的设计方案经济合理、技术可行,取得最佳经济效益。

勘测资料的完整、准确直接影响设计质量的优劣,对投资控制具有重大影响。在勘测过程中,广州市政总院加强技术力量配备,严抓技术指导及审查工作,密切配合勘察工作的进行。

工程各阶段设计文件的编制达到国家规定的深度要求,深化技术论证,合理使用建设资金,使投资估算对工程总造价起到实际控制作用。精心设计,周密安排,使环境保护和安全生产符合国家有关规定。

加强设计变更管理工作,严格执行质量管理体系标准的设计更改流程。

8.2.1.2 质量控制计划

勘察设计质量是施工管理的重点,关乎工程建设项目的使用年限及安全,必须谨慎对待。根据本项目特点和重点、难点技术问题,广州市政总院有针对性地加强设计阶段的过程控制:

①在项目实施的各个阶段,均编制设计大纲,阐述项目概况、业主要求,明确设计依据,提出各专业的设计原则和设计控制进度,报各级总工程师审批。

②根据批准的设计大纲开展具体的设计作业,在设计作业中实行全过程的质量控制,在设计接口、设计输入、设计输出、设计评审、设计验证、设计确认和设计变更等方面均按照质量管理体系标准的要求执行。

③对关键工序设计单独的过程控制流程,以确保质量体系的有效性。

④对于在设计过程中出现的质量问题,通过设计校审和验证,及时予以解决;对于在设计交付以后发现的质量问题,及时返工或更改,并采取相应的纠正和预防措施,对各项措施的实施效果进行验证。

⑤对从事与设计质量有关工作的人员进行必要的培训,使各级设计人员明确职责,具备相应资质和技能,保证设计质量得到有效的控制。

8.2.1.3 进度控制计划

按照项目对各设计单元进行编号,由有关专业设计组对各设计单元图纸的工作量和所需的辅助工作量进行估算。

项目组对项目重大问题进行统一组织、协调。根据进度要求及工作量,安排设计工作中各专业的工作顺序、各个设计专业的进度计划,编制设计周期图,保证按时提供图纸。

在项目负责人的领导和监督下,实施进度和质量计划,并对设计工作实行全面技术经济责任制,任务、工期和责任都落实到人;定期编制设计进度情况的报告,并按规定印发给有关单位和部门,供业主和有关方面了解设计进展状况。定期监测设计进度,将设计完成值与计划值相比较,分析产生的偏差值,找出原因,提出进度修订计划,使进度始终在计划的控制之内。

工程设计严格执行校审制度,保证设计质量。校审程序共四级,即自校、校核、审核、审定。在质量保证体系作业文件中,各级校审人员的职责均有详细规定,并且具有明确的操作流程。

采用各种方式与业主保持即时沟通联系,确保设计按计划顺利实施,结合外业勘测进行现场设计。

加强配合施工,做好设计后期服务。设计文件完成后,及时在原设计人员中抽调人员成立配合施工服务小组,保证专业齐备、人员得力、队伍稳定、服务到位,做好设计回访工作。

8.2.2 设计服务举措

8.2.2.1 控制项目投资的基本原则

控制项目投资的关键在于设计。广州市政总院从组织、技术、经济等多方面采取措施。建立一支由项目总工程师带领的精干高效的设计队伍,明确各专业人员的职能分工,强化各专业技术人员控制投资的意识,以确保设计质量和工期。重视初步设计阶段方案的选择,深入研究技术领域节约投资的可能性,在符合"安全、可靠、经济、适用"原则和"估算不超概算、概算不超预算、预算不超决算"原则的前提下,采用新技术以降低工程投资;严格执行设计标准、设计规范,最终用技术和经济相结合的手段,在设计的各个阶段,通过各专业设计人员的密切协作,达到技术先进条件下的经济合理、在经济合理基础上的技术先进,实现投资控制和限额设计的目的。

8.2.2.2 控制工程规模的举措

1) 实行项目的限额设计

以项目可行性研究报告所批复的建设规模、建设内容、建设标准为依据,在投资估算限额范围内进行工程设计,以提高投资的经济效益。

2) 优化设计方案

初步设计方案完成后,组织专家利用价值工程原理进行设计优化,从安全、功能、标准和经济等方面全面权衡,确定一个较合理的设计方案,使最终设计方案既科学又经济。

3) 严密编制概预算

设计阶段概算及施工图预算要求全面准确,力求不漏项、不留口,并要考虑各种价格浮动因素。加强设计阶段的概预算审核,确保设计阶段概算和施工图预算科学准确。

8.2.2.3 减少设计变更的举措

要对工程投资进行控制,减少设计方案的调整是重要的一环。精心设计是减少设计调整的关键措施之一,而设计输入是精心设计的前提。因此,前期的地质、管线等资料的收集调查,与相关管理部门的沟通协商,勘测质量的把控等,直接影响后续的设计变更。只有做到前期充分调研,掌握第一手的详细准确的设计资料,才能更大限度地避免或减少设计变更。

内部质量管理又是精心设计的关键。针对本设计项目,广州市政总院制定了切实可行的质量控制流程。项目开始时,广州市政总院总工程师对参加项目的全体人员进行指导,共同讨论项目的相关技术问题,明确设计目标,确定各专业需要完成的设计任务。然后,设计人员在广州市政总院总工程师和设计负责人的领导下进行设计,提出初步设计成果,经项目负责人汇总,报广州市政总院副总工程师、总工程师。最后,经资深咨询专家优化、业主认可后,得到最终设计成果。此外,在项目的各阶段,广州市政总院技术质量部会同总工程师进行中间检查和指导。

主动为业主就本项目中需对外联系、协调策划等方面的工作做好咨询服务。根据时间进度计划,确定调研、资料收集、编制原则、各工种专业交接、编制出版等各节点的时间目标,分阶段向业主汇报,在业主的统一协调下加强合作,共同研究解决工程勘察设计及施工配合中出现的各种问题,保证勘察按时、高质量完成。

对提交的成果资料无偿提供跟踪服务,直至工程结束。为施工单位提供技术咨询服务,安排工程勘察、设计研讨会,系统、全面地介绍工程勘察、设计情况,帮助施工单位解决施工中出现的各种勘察设计问题,保障施工的安全与质量。参加相关施工交底会议,为施工单位积极提供技术支持。按规定参与各类验收等工作。

外业勘察、测量工作涉及市政、交通、绿化等各方面,配合建设单位做好关系协调工作。在地下管网探测方面,与电信、供电、煤气、自来水等部门密切配合,并做好管线探测工作,保证管线的安全。

认真听取建设单位、施工单位、监理单位对勘察设计的具体意见,经研究确实需优化改进的,及时、认真地改进及完善;对于必须坚持的,予以细致分析,耐心解释或明确答复。

8.2.3　勘察质量管理

8.2.3.1　工程测量质量管理

高质量、高精度的测绘成果是广州市政总院对本项目生产工作的主要追求目标。项目实施过程中,建立项目责任制,并按照"二级检查、一级验收"制度严把质量关。一级检查为过程检查,在作业组、现场监控人员全面自检、互检的基础上,由测绘中心的检查员进行;二级检查由院级检查人员在一级检查的基础上进行。检查验收工作在二级检查合格后由业主单位组织实施。相关检查工作严格按规范要求实施。

8.2.3.2 物探(管线探测)质量管理

地下管线探测投入的仪器设备均经过校验或者比对,且在合格期内。对于各种不同的管线,均采用了较为先进且有效的探测技术手段。开展现场探测之前,选取有代表性的管线做了试验,取得了合理的探测参数。测量时,误差控制在管线精度要求的范围内。另外,广州市政总院质量检查人员采取不定期跟踪作业的方式,对各作业组各项作业进行全面细致的检查,避免将问题带入成果,保证成果资料的可靠性。通过以上措施,保证了管线探测的结果真实可靠。

8.2.3.3 岩土工程勘察质量管理

岩土工程勘察过程中,广州市政总院严格执行三体系❶要求,加强作业过程管理,保障岩土工程勘察质量的同时,严格按照规范要求布置勘察工作量,根据各工程类型和岩土复杂程度确定钻孔位置与分布。严格现场监控,做到了每个钻孔从定位、孔口高程、钻探过程质量抽查到终孔时各项记录的检查验收,所获勘察资料系统、完整,原位测试、取样以及室内测试数据等均符合规范和技术标准的要求。

8.2.3.4 勘察质量管理总结

本项目执行全面质量管理,贯彻"预防为主、防检结合"的质量管理理念,重视质量管理工作力度,落实"事前重于事中、事中重于事后"的原则,把质量管理工作落实在预防控制和生产一线。本项目质量管理工作关键点设置在事前预防控制、事中过程控制和事后服务控制环节,并根据各环节特点制定相应的管理办法。

1)事前预防控制(质量策划)

依托广州市政总院多年来形成的良好企业质量文化氛围,在现行质量管理体系运行良好的基础上,根据本项目特点,制定本项目质量管理配套措施:

①**质量培训制度**:巩固提高作业人员的质量意识,召开质量管理专题会议,落实各项质量计划和具体技术要求,让作业员了解各自的职责范畴并掌握具体的质量要求和技术指标。

②**质量交底制度**:在作业前及生产过程中,各部门质量负责人对工程所涉及的质量检查标准、质量要求、关键工序控制等向作业员进行交底并保存记录。

③**质量检查制度**:质检部在项目负责人的领导之下,负责对项目生产过程质量进

---

❶ "三体系"指《质量管理体系》(GB/T 19001)、《环境管理体系》(GB/T 24001)、《职业健康安全管理体系》(GB/T 28001)。本项目实施过程中,以当时的最新版本为准。

行全程严格控制,坚持实行"过程监控、成果二检"制度。

④**质量信息管理**:建立质量管理信息台账,记录每项质量问题产生的原因、影响范围、整改措施、经验教训、主要责任人等信息。

⑤**质量事故责任追究制度**:当出现不合格工序时,做到"三个不放过",即原因未查清不放过、责任未明确不放过、措施未落实不放过,并采取必要的措施,总结相关经验,防止同类问题再发生。

为确保本项目质量总体目标(成果合格率100%,优良率80%,无重大客户投诉事件)的实现,将质量管理的重点和关键环节设置在质量策划环节,全面、细致、有计划、系统地对质量管理进行策划,制定相应的管理措施并严格执行,是本项目全面质量管理的核心思想。质量策划应将质量目标分解为项目管理执行有力顺畅、技术攻坚及时有效、生产作业细致准确、质量检查如实有效,并指定各环节主要责任人,将具体质量要求和技术指标落实到每个作业员。在进场作业前,编制工作大纲,明确各质量环节间的过程、资源、接口、配合和数据标准,作业员、检查员等所有人员应严格执行大纲要求。

2)事中过程控制(质量控制)

生产过程是质量形成的重要阶段,要发挥工序控制的作用,同时重视过程监控制度,推行生产质量一次合格制度。建立生产过程上下工序间的交接和确认制度,发挥生产过程独立监控职能,并对成果实行"二级检查、一级验收"制度。

①勘察大纲:作业前编制工作大纲,经产品要求评审后送业主审批。作业期间,严格按照执行大纲,不得随意调整。

②外业钻探工作:勘察质量很大程度上取决于现场第一手资料的准确获得,因此外业钻探工作过程要求严格控制质量,钻探定位准确,钻进符合规定,记录及时,取(送)样和原位测试规范,钻探完成后核对孔深,确认符合要求后方可终孔。

③室内试验工作:试验前核对仪器检验记录,禁止未通过年检的仪器进入试验过程;试验工作严格执行试验要求和送样单要求;试验完成后进行检查校核。

④内业成果:内业成果按照三级校审进行控制,项目负责及各级校审分别对勘察成果承担相应质量责任。

3)事后服务控制(质量跟踪)

建立专门的质量检查机构,负责日常的质量管理工作。建立质量信息台账,分析各种质量问题产生的原因并提出改进办法,对质量难题进行技术攻坚。

当发生质量事故时,全面介入质量问题处理工作,系统核查原测成果,找出问题的真正原因;同时,组织有关技术力量对现场进行复核抽查,调查、分析质量事故对各方造成的影响,积极与有关单位进行协商,尽量将问题造成的影响和损失降至最低。事故处理完毕,应及时组织相关人员进行技术分析,找出预防质量事故再次发生的办法和措施,并严格执行。同时,主动与受质量事故影响的单位进行必要的沟通、解释,争取信任与支持。质量跟踪服务到位是各项质量活动的有效保障,是本项目成功的保证。

第9章 施工期间技术服务

9.1 现场技术服务

在本项目施工过程中,广州市政总院指定由原设计人马专职服务现场施工,及时处理施工过程出现的问题,为方案实施提供意见,为工程变更提供及时的技术支持,为工程施工赢得时间并保证施工进度。同时,严格执行了变更图纸的设计、校对、审核三环节控制,加快审批流程,有效控制质量,有序完成任务,做到了在第一时间赶赴施工现场,协同业主、监理和施工单位共同研究解决施工中出现的问题,及时出图,提交项目管理处。

1)主动作为

施工过程中,不定时陪同监理巡查工地,及时指出现场错误的做法。参与施工方案的讨论,从设计角度提出相应的参考意见。参与本项目相关的试验研究,为桥面铺装 STC 提出技术意见。

2)积极投入

广州市政总院全力配合项目管理处在本项目施工期间做好设计跟踪服务,先后派驻 3 名常驻设计代表,设计团队全体成员参与设计后续服务组,提供各个专业的对口技术服务。广州市政总院总工亲自挂帅,直接投入该项目后续服务中,保障出图效率。

3)及时出图

设计代表在现场提供优质的施工服务工作,按时提交现场要求补充的大样图、设计细节补充图纸。

9.2 变更设计质量控制

9.2.1 变更原则

在坚持对工程负责精神和严谨科学态度的前提下,在不降低设计标准和确保工程质量的前提下,在减少造价、优化用地、加快施工进度、保护生态环境等方面有显著效果时,可考虑变更设计。

9.2.2 变更设计工作要求

1) 及时性

对于设计勘误类的变更,及时完成并及早通知现场监理、施工的技术负责人,避免施工单位仍然按原图纸施工。尤其是施工现场常常存在多工艺、多工种的平行作业,各方分别持有相关工种的图纸,在未收到变更之前(但实际已经发出),认为原图纸依然是合法施工依据,这在工期紧迫的工程尤为常见。

2) 迫切性

施工往往工期紧张、多专业平行作业,设计单位应抓紧调查现场情况、反馈处理意见,避免延误工期,防止随着施工进展产生技术难度更大的变更,或使变更失去时效性。

3) 正确性

在现场复杂、多变的环境中,许多信息要反复取证、求证,要核实现场数据的正确性,要保证现场实施的正确性,保证施工按设计变更的最终成果得以实施。

4) 可行性

变更设计需考虑现场环境、机械与工期的可实施性、技术可靠性及经济合理性。

5) 程序性

正式变更设计文件必须在全部完成并且取得相关责任方的书面确认文件后,方可提交。

6) 合规性

设计变更通知中,除了应列明有关书面文件名称、编号外,应简述变更的缘由、提出方、是否经监理核实、协调会议的参与方、协调内容、变更部位、范围、变更内容,以便清晰反映变更事项的来龙去脉。变更通知是设计文件的一部分,应接受工程结算、审计审核,避免追索时查找依据困难。

9.2.3 主要变更

本项目的主要变更内容如下:

①由于地质勘查资料与实际地质情况有所出入,桥墩桩基不能按施工图中的高程终桩,根据实际地质资料,调整桩长,以保证桩基承载能力。

②为缩短工期,保证本工程能按预定工期完成,经业主、监理、施工、设计四方协商同意,变更引桥预应力张拉顺序。

第10章 主要研究课题与创新成果

10.1 概 述

作为清远市新中轴、新地标的景观跨江大桥，洲心大桥是重要的基础设施，也是重大的民生工程。本项目具有以下特点及设计难点：

1）山水城市，景观要求高

清远是中国著名的旅游城市，大桥位于中心城区新中轴，处于沿江地带，景观要求高。

2）需要满足"双标"，技术等级高

本工程道路等级为一级公路兼城市主干道，设计应同时符合公路工程、市政工程的相关标准的规定，选择合理的参数，合理布置断面，营造安全、舒适、便捷的交通环境。

3）复杂岩溶地区，基础设计、施工难度大

本工程场区内地质条件复杂，岩面起伏剧烈、强弱夹杂、岩溶发育，岩溶现象主要表现为大小溶洞发育，并且在竖向发育成连续串珠状，对桩基础的设计、施工构成重大挑战。

4）43m超宽幅钢箱断面单索面斜拉桥，受力复杂

本工程主桥采用塔梁固结、墩梁分离的超宽幅钢箱断面单索面斜拉桥，结构体系受力、超宽幅钢混结合段受力及结构构造措施复杂，解决钢桥面疲劳裂纹、铺装易损坏问题并且实现多支座协同均匀受力是设计的难题。

5）水源保护区，环保措施严格

桥位北江段为水源保护区。位于水源保护区范围的跨江河桥梁桥面雨水不可直接排入江河，需采取严格的环保措施。施工时需采用除泥船，确保水源保护区不受影响。

6）大悬臂梁行人舒适性研究

本工程在43m超宽悬臂断面两端各设置4~6m宽的人行道，需采取措施解决大

悬臂梁行人舒适度的问题。

针对上述问题,本工程通过设计和科研的紧密结合,对一系列关键技术进行深入研究,并使研究成果直接应用于大桥的设计和施工中,确保了大桥设计和施工的顺利进行,并达到了较高的设计水平。概括地讲,开展的研究可归类为以下 8 个课题:

①主桥桥梁景观和结构方案优化研究。
②单索面斜拉桥超宽断面钢箱梁剪力滞效应研究。
③钢-STC 轻型组合桥面技术研究。
④跨水域桥梁排水系统关键技术研究。
⑤串珠状岩溶区超长嵌岩桩连续持力层营造方法研究。
⑥分级连续测力调力球型支座及集群控制体系技术研究。
⑦抗风及行车与行人舒适性研究。
⑧主桥桥墩防撞设计研究。

10.2 课题一:主桥桥梁景观和结构方案优化研究

当前,桥梁景观设计存在一些误区:一是桥梁景观"包装"式的设计方法,桥梁设计与景观设计脱节;二是桥梁景观"伪桥型"设计,盲目追求"时代感",违背桥梁设计基本原则。

本研究以洲心大桥为工程背景,探讨斜拉桥主体构件和外延概念的桥梁景观设计,探索出一套针对斜拉桥景观的设计方法,为同类型桥梁的景观设计提供参考。

10.2.1 桥梁景观设计的总体原则

桥梁周围的自然景色和桥梁建筑的人文造景,形成"景"。"观"则指看和认识,即从不同的视点评析桥梁建筑自身的形态及与周围环境的关系,以及桥梁带给人们的形态和感受。主桥是大桥视觉的焦点,是大桥总体形象的决定性因素,优美、经典的桥梁都具有以下特点:

①简洁明快、轻巧纤细。
②桥梁是单方向延伸的结构,整体形态连续流畅、轻盈优美。
③桥型受力明确,结构均衡稳定。
④结构体系、体量、形态与周围的自然环境相协调,改善和丰富环境。

现代的中大型桥梁发展趋势不再是"为了景观而做景观",避免多余的、结构不需要的繁复变化。

为了使洲心大桥人文景观在美观、大方、整洁的前提下,凸显洲心大桥的文化特色,体现清远市的本土文化及地方特色,本桥人文景观以"桥接两岸,通达自然"为设计主题,"让世界走进清远,让清远走向世界",在桥梁景观的三位一体上展现清远的城市气质和国际旅游城市风采。构成桥梁景观的实际因素很多,包括人文因素和非人文因素,因此在实际工作要全面考虑,综合估算,才能设计出符合实际要求的合理景观。设计上有必要从更宽阔的维度,包括空间景观、环境景观、人文景观等多方面,对洲心大桥进行景观学研究。

10.2.1.1 桥梁的空间景观

桥梁的空间景观是指桥梁与周围环境相结合而形成的空间环境。桥梁与周围环境相结合,形成了桥上、桥下、桥头和桥侧空间,并且利用这些空间对桥梁进行景观处理,形成空间景观。根据桥梁景观的相关概念,对清远洲心大桥空间景观进行研究。

10.2.1.2 桥梁的环境景观

桥梁的环境景观不仅包括审美意义上的景观效果,还包括桥梁及桥梁以外的生态环境。桥梁景观与环境的关系十分密切,好的桥梁景观与环境的关系应当协调。特别是随着时代的发展和人们生活质量的提高,人们对环境的要求也越来越高。一座桥既有功能结构的作用,又是处于整个环境中的艺术品;一座工程浩大、造型优美、雄伟壮观的桥梁,既显示出一个国家的先进技术与生产力水平,更反映出时代精神和人们的创造力。

对于桥梁与环境的处理,可以遵守一定的规律。桥梁景观应当与周围环境融合,针对环境条件和桥梁规模,处理方式可以有所不同:对于特大桥梁,因其本身规模宏大,可能会成为环境的主要景观,应把桥梁本身视为环境主体进行美学处理;如果桥梁规模不大,且当地环境景观业已形成时,则不宜再突出桥梁,以免影响与环境的协调。通常,可以采用适当的处理手段,如材料的选择、表面的质感以及色彩的运用等,使桥梁与环境融为一体,自然和谐。

10.2.1.3 桥梁的人文景观

桥梁与其他类型的建筑具有共通的美学属性,能反映地方与社会的人文内涵。在进行桥梁建筑时,有意识地将人文内涵融合到桥梁当中,并以合适的造型加以体现,能提升桥梁的景观品质,使其真正成为地区标志性建筑。

建筑是一种文化现象,反映人类文化意识是它的一种功能。因为建筑是由人创造出来的,其形象受创作者意识的影响,必然会映衬出创作者所处地域和社会的人文环境。而建筑一旦成为文化的载体,它就被赋予了人文内涵。同样,桥梁也是一种建筑,每一座桥梁都蕴涵着深厚的文化积淀。人类对于桥梁的情感寄托是其他类型的建筑所无法相比的。桥梁蕴含的人文内涵更加明显。桥梁作为一道独特的人文景观,不仅展示连接、贯通的自然景观,而且成为感情世界的纽带,是追求美好生活和理想境界的载体。

桥文化虽然是城市景观众多构景因素中的一员,却蕴涵着深刻的文化积累,反映出高超的设计理念、独特的造景手法和完整的设计理法。

10.2.2 主体构件的桥梁景观设计

10.2.2.1 整体布置的美学形态

本项目路线总长 1.872km,其中桥梁长 1.512km。桥梁平面位于整体式路基段内,平面线形为直线→半径 1500m 的圆曲线→直线→缓和曲线。主桥位于直线段内,桥面纵坡对称布置,纵面位于 +3.0%、-3.0% 的纵坡上。完全对称布置的平纵线形,为大桥的整体造型设计提供了更优越的条件。

桥跨布置为 6×30m+8×50m+(100m+218m+100m)+3×50m+2×47m+9×30m。桥址处水面开阔,北岸以村落、农田为主,南岸为矮层洋房,均无高耸的建筑构造物。斜拉桥方案在技术成熟度、施工难易度、景观效果等方面均具有优势。本项目主桥选用斜拉桥方案,实现协调与统一、稳定与动态的美学形态。两岸引桥均采用预应力混凝土现浇箱梁,主梁梁高在伸缩缝处变高处理,跨径布置由中间往外逐渐减小,引桥有规律的变化和有秩序的重复,体现主从与重点、韵律与节奏的有机结合和美学形态。桥跨以跨中位置对称布置,对称的造型统一感好,规律性强,使人产生庄严整齐的美感。

一般,桥的边、中跨合理而均衡的跨度比为 1:2:1。洲心大桥的边、中跨比例为 0.46,主梁高 4m,采用大悬臂倒梯形断面,其比例和尺度符合美学比例。

10.2.2.2 主梁景观设计

主梁是行车和行人直接感知的承重结构。桥梁美学设计的重点是主梁形态纤细、轻巧、流畅。在方案设计阶段,对主梁结构形式提出了2个比选方案。推荐方案主梁为大悬臂钢箱梁,桥宽43m,梁高4.0m,单箱3室+12m大悬臂,梁底宽22m,见图10-1;比选方案主梁为预应力混凝土箱梁,桥宽43m,梁高5m,单箱5室,梁底宽33.6m,如图10-2所示。

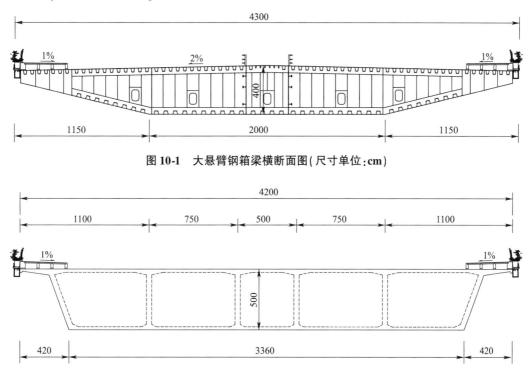

图10-1 大悬臂钢箱梁横断面图(尺寸单位:cm)

图10-2 预应力混凝土箱梁横断面图(尺寸单位:cm)

钢箱梁具有施工周期短、周转次数多、施工安全可靠、外形轻盈、景观效果好等特点,建成后线形标准高,社会效益优。经过经济、技术标准比选,并充分考虑社会效益、环保、工期、泄洪、地形地貌、景观效果等综合因素,最终采用大悬臂钢箱梁为主桥主梁结构形式。

10.2.2.3 主塔及拉索景观设计

主塔是斜拉桥主体构件要素,在力学上起着重要作用,其高耸挺拔的风姿引人注目,起着象征和标志作用,是景观设计中最重要的因素之一。拉索不仅是斜拉桥的主要构件,也是桥梁景观的重要因素,与桥塔构成简洁、稳定的几何体系,体现了斜拉桥的刚劲感、生命感、充实感和稳定感。洲心大桥采用扇形布置的拉索,产生优美的节奏与韵律,体现出阴阳统一、虚实相生的哲学思想。推荐方案主塔为水滴流线形,见图10-3a),主塔自重轻,现场作业模板、钢筋量较小,单索面布置,拉索有48对。比选方案主塔为 Q 形主塔,见图 10-3b),主塔自重大,现场作业模板、钢筋量较大,双索面布置,拉索有 80 对。

a)水滴流线形主塔

b)Q形主塔

图 10-3　水滴流线形与 Q 形主塔对比图

因水滴流线形主塔具有施工周期短、外形轻盈、主题创意巧妙等特点,结合经济、技术标准比选,充分考虑社会效益、环保、工期、景观效果等综合因素后,采用水滴流线形主塔为主桥主塔结构形式。

10.2.2.4　主墩景观设计

桥墩必须具备安全可靠地传递和承受压力以及防撞等功能。桥墩景观设计可通过造型独特、结构轻巧、线形优美、比例协调来表现序列韵律美。桥墩景观设计中,除考虑功能、经济、施工、技术、管理等因素外,还需考虑与主桥结构形式的搭配及与周边环境的协调。为了使桥墩看上去轻盈、纤细、有味,本项目对桥墩方案进行了比选,见图 10-4,在设计中采取措施对桥墩方案进行优化:

①桥墩表面增加纵向装饰线条,形成凸出部分,增加光影效果,使桥墩表面实体面积减小,减轻桥墩体积的笨重感,改善单调表面。

②改变桥墩断面形状,棱角处用圆弧过渡,使墩角过渡自然,显得轻盈活泼;考虑防撞设计,将工字形桥墩优化为 T 形桥墩,降低施工难度。

③采用通透式桥墩,通过系杆连接桥墩上部的开口,使得桥墩外形更加轻盈活泼,增强整体韵律感,减轻桥墩的重量。

主桥桥墩结构形式的选取,应从施工难易程度、施工工期控制、工程投资、防撞设计、与主桥结构形式的搭配、景观效果等方面进行考虑。最终,采用 T 形桥墩为主桥桥墩结构形式。

图 10-4　桥墩造型方案比选图

10.2.3　桥梁景观外延设计

10.2.3.1　桥面系景观设计

清远是珠三角北缘门户城市。随着"广清一体化"的逐步推进，广州、清远将实现共同发展、共同繁荣。洲心大桥横跨北江，地处清远市中心，是清远的"龙脉"所在，是连接北江南北两岸的重要通道和交通枢纽，更是清远市的新地标、新中轴，是连接人和自然的重要通道。

准确把握清远市的人文精神，将其融入桥梁文化之中，集景观性、象征性、文化性和统一性于一体，创造出符合清远地域特色的桥梁景观，是桥梁设计中需要考虑的问题。

人文景观设计在很大程度上影响着观者对一个空间的印象、了解和感受。它具有从社会层面多角度表现公共空间文化属性的作用，不仅体现项目本身的文化内涵，更体现一个城市的文化内涵。为了凸显洲心大桥的文化特色，体现清远市的本土文化及地方特色，同时与世界接轨，以"桥接两岸，通达自然"作为设计主题，对洲心大桥人文景观装饰设计进行了提升。

1) 设计原则

①与大桥整体设计主题——"山水清远"相契合。

②以简洁、耐看的形式，与雄伟、现代的水滴流线形桥塔相呼应。

③展现"山水清远、福地清远、生态清远"的理念,使气势恢宏的桥梁融入自然元素,展现"人与自然和谐共生"的美好愿景。

2)文化分析

(1)中国传统文化

清远是广东省面积最大的地级市,有着悠久的历史和文化底蕴。提取中国传统文化元素样式(包括"福"文化、十二生肖、清远凤城文化、中国古典纹样元素),运用于洲心大桥中,打造具有地方特色、中国特色的景观桥梁。

(2)国际文化

洲心大桥除了是全新的连接两岸的重要通道和交通枢纽外,更是清远市的新地标。为体现"让世界走进清远,让清远走向世界"的思想,借鉴国际上的星座文化和爱文化,展现清远城市气魄和国际旅游城市风采。

(3)清远生态文化

清远是一座充满魅力的生态城市,洲心大桥是连接人和自然的重要通道。在桥梁造型设计上,将提取的清远的山、清远的水作为设计元素,展现"山水清远"的建设理念。

洲心大桥景观设计元素提取图如图 10-5 所示。

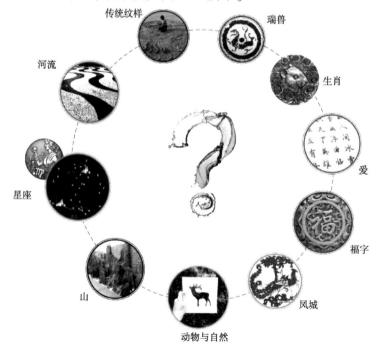

图 10-5 文化元素提取

3)桥面系设计

桥梁桥面系主要由桥面、灯光、栏杆及其他附属设施组成,对桥面行人起到安全保护和引导作用,是桥梁的重要组成部分,也是人们走近桥梁时所接触到的重要空间。通过不同的造型方案、色彩方案的组合,将桥上行程的单调感受降到最低,确保行人在桥上行走时的愉悦心情和美妙感觉,同时保证行人的安全。

方案的灵感来源于清远的山川河流,将清远的"山水"进行艺术性的加工处理,运用到栏杆与人行道铺设造型上,展现"人与自然和谐共生"的理念。同时,融合十二星座、"福"字的美好寓意,打造一座融合清远山水生态文化、具备清远福地理念、国际元素构想的现代化桥梁。

(1)栏杆

清远有着连绵不断的山峰。群山重重叠叠,像波涛起伏的大海一样,雄伟壮观。提取山峰连绵不绝的形态特征,运用到人行道栏杆设计上,见图10-6,与气势宏伟的桥梁相呼应,让人感叹清远"好山好水好风光"。

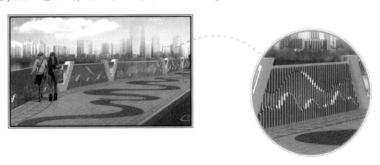

图 10-6　栏杆方案效果图

栏杆上灯具设置V形的花岗岩灯座,见图10-7。V代表"Victory(胜利)",上部宽位可用作宣传灯箱,在节庆日可用作宣传栏,平日还可作为广告牌。

图 10-7　V形灯箱效果图

(2) 铺装

铺装的设计中,将河流、"福"字、星座等元素进行融合。铺装整体造型方面,勾画北江的形态,与栏杆的山体造型相呼应,见图10-8。沿河流点缀大小不一的地灯,如同江上绿岛。到了夜间,地灯亮起,犹如天上星河中的星星。星河是牛郎、织女相会的地方。洲心大桥连接两岸,横跨北江,如同牛郎、织女相会的爱的鹊桥,将两岸联系起来。

图10-8 铺装效果图

在较大的地灯玻璃面板上雕刻"福"字。"福"意为诸事皆吉,寓意是人们踩着福步、福至心灵、福慧双修,体现"福地清远"的理念。

此外,结合国外十二星座的星谱形式布置地灯。通过大小地灯来展现十二星座星谱,每个星谱的地灯上标出星谱的名字,美观的同时兼具科普功能。

(3) 花基立面

花基立面以简洁的形式为主,一侧采用十二生肖为主题浮雕,另一侧采用十二星座为主题浮雕,见图10-9,展现中西方文化的融合。

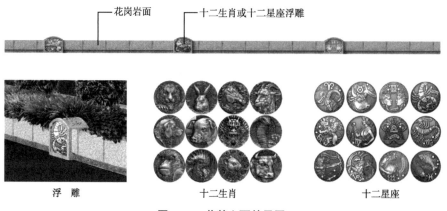

图10-9 花基立面效果图

桥面系整体效果如图 10-10 所示。

图 10-10　桥面系整体效果图

10.2.3.2　夜景照明设计

除了桥梁的本体景观设计、复合景观设计外,还应注重桥梁灯光夜景观。桥梁灯光夜景观与桥梁交通照明有本质区别。可以说,桥梁夜景观是照明技术与桥梁艺术的有机结合,是社会物质文明达到一定高度后,对城市景观多样化需求的必然要求,也是社会物质文明与精神文明建设的综合体现。桥梁灯光夜景拓展了桥梁的景观表达,全天候展示桥梁魅力,是桥梁自我展现在时间上的延伸。

桥梁在白天具有极高的欣赏性。通过夜景的进一步美化,展现与白天截然不同的独特景象,给人们创造夜晚休闲、娱乐的环境,丰富人们的夜生活。桥梁的夜景照明不仅能美化环境,生动展示城市景观,还能突出桥梁的特征,对展示城市所取得的成就、发展旅游事业、促进经济发展都将起到重要的作用。

在设计桥梁夜间照明时,应在对周边环境、夜景环境进行充分调查的基础上,结合桥梁所处地域的经济、历史、文化背景以及其桥型特点,结合交通照明功能的需要,确定桥梁夜景照明的基本定位。

洲心大桥夜景照明设计以"彩凤齐鸣"为设计主题,提取七彩、凤凰、动感、水等作为设计元素,通过七彩的灯光,实现"彩凤"的设计理念;通过灯光和桥眼、桥索的完美结合,将两只彩色凤凰完美呈现出来(图 10-11、图 10-12)。

10.2.3.3　色彩涂装设计

桥梁色彩是影响桥梁景观效果的重要因素之一,是桥梁景观的重要组成部分,是桥梁外观形象及桥梁个性的直接表现。色彩对大桥的鲜明度、文化性及独特性等起着至关重要的作用。合理、科学的色彩应与桥位处的整体景观相协调。桥梁色彩包括桥面处结构体的色彩,如箱梁的底面、侧面色彩和斜拉桥的主塔色彩等。桥梁色彩设计要使桥梁结构色彩与环境协调,充分展示大桥的雄姿。

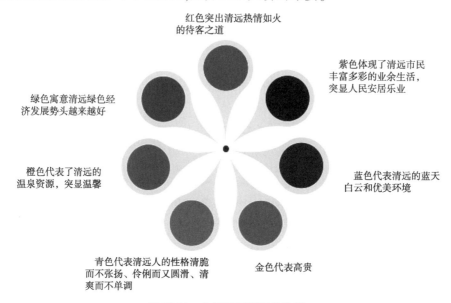

图10-11 七彩凤凰颜色的选择

图10-12 夜景照明实景图

在对当地的文化、气候特征、建设环境、风俗习惯等进行充分调查和分析的基础上,以"突出大桥结构特色、创造标志性人文景观"为指导原则,进行了不同的色彩方案设计,见图10-13。

图10-13 桥塔色彩方案

红色象征热情、活泼、张扬,代表吉祥、乐观、喜庆之意及清远人民热情如火的待客之道。

蓝色象征宁静、自由、清新,代表清远这座城市的蓝天白云和优美的自然环境。

黄色象征灿烂、辉煌,犹如太阳的光辉,象征着照亮黑暗的智慧之光。

白色象征清爽、无暇、简单,代表纯洁、轻松、喜悦,能与大桥亮化照明完美配合。

洲心大桥位于清远市中心区域,桥位处河面宽度为800m,两岸拥有大量的房屋建筑和公共设施,背景轮廓参差不齐,环境较为复杂。桥梁主体色彩的选用应从桥型和周围景观出发,考虑附近建筑物的风格、环境等。宜以融和、消失为主,桥梁宜朴素,减轻压抑感,使用较朴素、柔和、淡雅的中间色和材质固有色,形成相似色间的平衡,达到主色调与配色统一和谐。

经比选,确定主塔主墩采用白色,见图10-14。因为白色最易于与其他色彩相配,能与周边环境融为一体;白色可以反射光线,能与大桥亮化照明完美配合,能充分营造出"凤舞北江"之主题。为了避免纯白色桥塔过于单调和呆板,通过在桥塔侧面凹槽面涂刷浅灰色来对整体造型进行提升。

图 10-14　优化后桥塔色彩方案

10.2.4　小结

随着清远市城市建设的发展,人们对桥梁美学的要求也越来越高,桥梁景观设计也越来越重要。结构选型设计是桥梁工程的灵魂。设计时,除了功能和安全性外,要创新桥型,主体结构要有独特的艺术造型,力求创造出优美、协调的桥梁结构。洲心大桥的桥梁景观设计不仅兼顾外形美与功能美,还注重色彩涂装、夜景照明、桥面系景观及桥梁小品景观设计,以人为本,建成具有城市文化特色的桥梁,并与人文、自然环境相协调。

10.3　课题二:单索面斜拉桥超宽断面钢箱梁剪力滞效应研究

10.3.1　扁平钢箱梁构造及受力特性

扁平钢箱梁因抗风性能优秀、断面轻巧美观、适合工厂预制、现场拼装施工速度快等优点受到广大桥梁设计者的青睐,特别是在现代拉索结构桥梁建设领域。但扁平宽幅钢箱梁的剪力滞效应明显。分析扁平宽幅钢箱梁的剪力滞效应,对桥梁安全性能至关重要。

10.3.1.1 扁平钢箱梁的构造

扁平钢箱梁由顶板、底板、边斜腹板、中腹板及横隔板焊接而成。为了提高主梁的抗风性能,提升主梁的景观效果,一般在主梁外侧设置三角形风嘴。由于箱梁的顶板、底板的宽度与板厚之比较大,必须通过设置纵、横向加劲肋以防止钢箱梁的局部失稳。箱梁顶板由于需要承受较大的车轮荷载,通常采用抗弯惯性矩较大的U形闭口加劲肋,底板可采用I形或者倒L形加劲肋。在斜拉桥中,由于箱梁需要承受较大的轴线荷载,底板有时也采用U形加劲肋。箱梁横隔板可控制箱梁的畸变及横向弯曲变形;箱梁纵隔板可提高箱梁的纵向刚度。此外,通过调整纵向隔板间距,可以改善箱梁的纵、横向受力状况。纵、横隔板可采用实腹式和桁架式两种构造形式,实腹式横隔板具有抵抗畸变能力强、整体性好的优点,但其通透性相对较差。

10.3.1.2 扁平钢箱梁的受力特性

扁平钢箱梁凭借良好的抗风性能及景观效果,被广泛应用于大跨度拉索结构。设计大跨桥梁时,为减小二期恒载重量,通常仅在钢箱梁上设置一层较薄的磨耗层,故钢箱梁顶板呈正交异性板的特性。

作为桥面板,钢桥面板不仅需直接承受车轮荷载作用,而且还需要作为主梁的一部分参与主梁受力,其受力特性十分复杂。分析钢箱梁顶板受力时,为了方便,一般将其分为三个基本体系进行研究。

结构体系Ⅰ:由顶板和纵肋组成的结构系,可以看成主梁的一个组成部分,参与主梁的共同受力。结构体系Ⅰ也被称为主梁体系。

结构体系Ⅱ:由顶板和纵肋、横肋组成的结构系,将箱梁顶板看作纵、横肋上翼缘的一部分。结构体系Ⅱ起到了桥面系结构的作用,把桥面系的荷载传递到主梁和刚度较大的横梁。结构体系Ⅱ也被称为桥面体系。

结构体系Ⅲ:把设置在肋上的顶板看成各向同性的连续板,直接承受车轮荷载,将车轮荷载传递至肋板上。结构体系Ⅲ也被称为盖板体系。

在荷载作用下,钢桥面板任何一点上的内力均由上述三个基本体系的内力叠加而成。当顶板的轮重逐渐加大时,顶板的弯曲应力便逐步地进入薄膜应力状态,平板的承载力变得比一次弯曲理论求出的计算值大得多。所以,在计算钢桥面板时,结构体系Ⅲ的应力一般可以忽略不计。

由于薄壁钢箱梁已不满足变形的平截面假定,对于结构体系Ⅰ与结构体系Ⅱ,计算时不能采用简单的初等梁理论,需解决的主要问题是如何确定钢板剪力滞效应。

10.3.1.3 剪力滞效应

梁弯曲初等理论的基本假定是满足变形平截面假定理论,无须考虑剪切变形对纵向位移的影响,因此弯曲正应力沿着梁宽度方向是均匀的。事实上,箱梁弯曲时,横向力通过肋板传递给翼缘。考虑剪切变形的影响,距离肋板越近位置处的剪应力越大,距离肋板越远位置处的剪应力越小,即翼缘的剪切变形沿宽度分布是不均匀的。由于翼缘剪切变形的不均匀性,宽翼缘箱形截面梁受对称垂直作用时,其上、下翼缘的正应力沿宽度方向的分布是不均匀的,这种现象被称剪力滞效应。

若忽略剪力滞的影响,就有可能使得设计应力小于钢箱梁板件中的真实应力,导致构件或结构发生破坏。1969—1971年,在Austria、Britain、Australia、Germany接连出现4次钢箱梁破坏和丧失稳定性的事故。没有考虑钢箱梁的剪力滞效应是这几起事故的一个重要原因。我国也出现过不少类似事故,比如招宝山大桥、乐从大桥和佛陈大桥在施工过程中出现裂缝,事后分析发现设计和施工阶段没有考虑箱梁剪力滞效应是一个重要因素。因此,研究剪力滞效应是有必要的。

10.3.2 箱梁剪力滞效应研究

箱梁剪力滞效应的研究在我国起步较晚,许多方面的问题还处在理论研究阶段,理论推导中与实际不符的假定影响了应用和计算精度。

此外,当前国内外对于剪力滞问题的研究大部分是面向混凝土箱梁的,且多以简支梁、悬臂梁、连续梁等简单受力体系为研究对象,截面形式也以单箱单室居多。

对于单索面超宽箱梁而言,剪力滞效应问题有如下特殊性:

①斜拉索的拉索水平分力对主梁产生强大的轴向压力,因而斜拉桥的法向应力为弯曲应力和轴向应力之和,而不是单纯的弯曲应力。对于斜拉桥而言,主梁除了要承担部分竖向荷载,还要承担由斜拉索传来的巨大轴向力,斜拉索通过主梁拉索锚固部位将拉索巨大的集中荷载传递给主梁,在锚固点附近产生较大的局部应力,然后逐渐扩散至整个截面。在靠近锚固点附近的一段区域内,轴向荷载在主梁的传递过程中存在严重的剪力滞效应,空间应力的不均匀现象十分严重。

②拉索对主梁提供多点弹性支承,与一般的梁式桥的内力分布有较大差异。

③主梁通常采用密布的横隔梁结构,对剪力滞产生较大的影响。

考虑上述影响因素,计算清远市洲心大桥在成桥后的剪力滞系数分布情况。主

要研究内容如下:

①采用大型有限元计算程序Midas/FEA,建立有限元模型,分析主梁的剪力滞系数。

②分析拉索轴向力在钢箱梁横断面上的传递角度。

10.3.3 箱梁剪力滞情况分析

采用大型有限元软件Midas/FEA对洲心大桥建立全桥实体-板壳单元有限元模型。其中,0号块主梁及桥塔采用实体单元模拟,拉索采用桁架单元模拟,钢箱梁采用板单元模拟。全桥共48个桁架单元、555782个板单元及597743实体单元,节点共计637014个,其模型如图10-15所示。

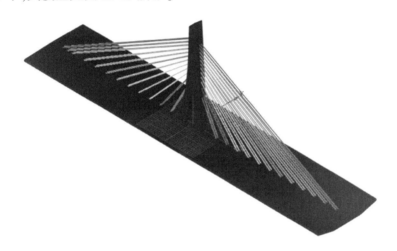

图10-15 洲心大桥全桥实体模型

本次分析主要考虑成桥状态下钢箱梁的应力分布情况,考虑的荷载包括自重、二期及斜拉索张拉力及压重。

中跨钢箱梁顶板成桥状态下纵桥向正应力分布图见图10-16,图例中的"14.4"表示计算断面距钢-混结合段的距离为14.4m,其余类推。可以看出,成桥状态下钢箱梁顶板处于全截面受压状态,钢箱梁中箱室顶板应力变化较为剧烈,其他位置的正应力相对较为均匀,应力处于$-10 \sim -20$MPa。

在中箱范围内,跨中至钢-混结合段纵桥向压应力增大,而其余部分纵桥向正应力变化趋势正好相反,即由跨中至钢-混结合段纵桥向正应力逐渐减小。经分析,该现象的原因为斜拉桥主梁剪力滞的独特性,对于中箱室而言,斜拉索拉力的水平分力对主梁起着轴向预应力作用,故出现由跨中至钢-混结合段依次增大的情况。

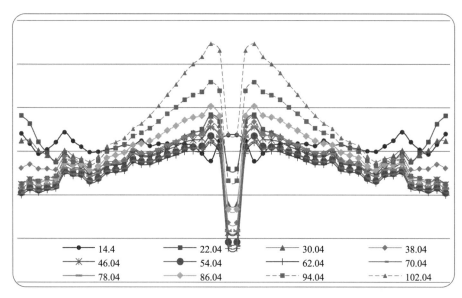

图 10-16　中跨钢箱梁顶板成桥状态下纵桥向正应力分布图(单位:MPa)

中跨钢箱梁底板成桥状态下纵桥向正应力分布图详见图 10-17,纵桥向正应力变化幅度不大,整体分布也较均匀。跨中部分区域呈现受拉状态,其余均处于受压状态;且由跨中至根部,箱梁下底板的纵向压应力逐渐增大。

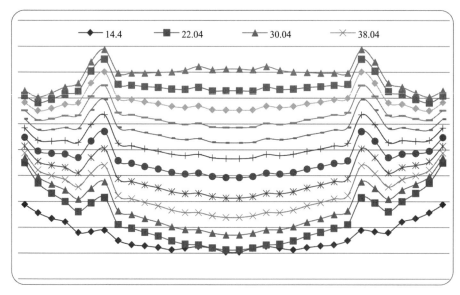

图 10-17　中跨钢箱梁底板成桥状态下纵桥向正应力分布图(单位:MPa)

钢箱梁顶、底板对应的剪力滞系数图分别见图 10-18、图 10-19。箱梁顶板剪力滞系数基本为 0.6~1.6,各研究断面的剪力滞系数均呈现相似的分布规律。中箱室和悬臂翼缘处的剪力滞系数相对较大。

由图 10-19 可以看出，除跨中 4 个断面外，主梁的下底面剪力滞系数沿顺桥向也呈现相似的分布规律。各断面主梁的剪力滞系数沿桥横向的变化不大，整体分布较均匀，其剪力滞系数均小于 1.3。中跨 4 个断面的纵桥向应力较小，基本位于零应力状态线附近，故计算所得的剪力滞系数变化较大。

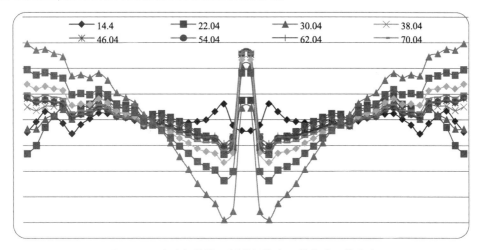

图 10-18　中跨钢箱梁顶板成桥状态下剪力滞系数分布

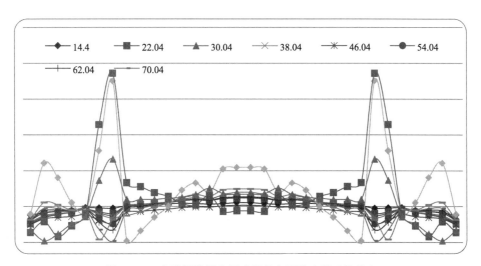

图 10-19　中跨钢箱梁底板成桥状态下剪力滞系数分布

10.3.4　拉索轴向力的传递角

对于斜拉桥主梁而言，主梁除了承担竖向荷载外，还需承担斜拉索传来的巨大轴向荷载，轴向荷载在锚固点附近产生较大的局部应力，随后逐渐扩散至整个箱梁断面,即斜拉索轴向力在主梁的传递过程中存在严重的剪力滞效应。

采用 Midas/FEA 建立有限元模型,将钢箱梁一端固结,在远离固结端的锚箱上施加一水平荷载以研究斜拉桥轴向荷载在钢箱梁中的传递规律。依次选取距荷载作用断面 19.91m、27.91m、35.91m、43.91m、51.91m、55.885m、59.91m 的 7 个断面作为研究对象。其应力传递情况见图 10-20。由图可知,靠近水平荷载作用点处的应力很大,随着距离的增大,轴向荷载在整个断面上的应力水平趋于均衡。水平荷载在各研究断面上的最大剪力滞系数依次为 1.8、1.42、1.21、1.10、1.05、1.06、1.03。距作用点 59.91m 处断面最大应力与最小应力的差值约占断面均值应力的 5%,可认为水平轴向力传递至该断面时已趋于均衡,则可得该钢箱梁在水平轴向荷载作用下的传递角约为 38.6°。

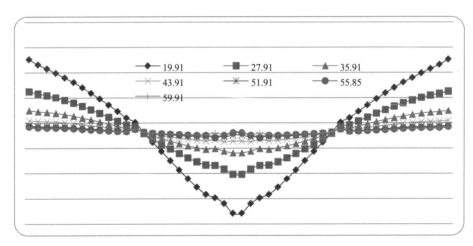

图 10-20 轴向力作用下钢箱梁顶板纵桥向正应力分布图(单位:MPa)

10.3.5 研究结论

经分析,可得出以下结论:

①通过对洲心大桥成桥状态下钢箱梁的应力分析可知,除斜拉索锚固点附近应力变化较大外,其余截面应力分布较为均匀;顶板剪力滞系数为 0.6~1.3,底板剪力滞系数为 0.6~1.3,斜拉索附近的剪力滞系数可按 1.6 计算;对于钢箱梁,剪力滞系数取 1.6,结构计算应偏于安全。

②分析主梁在成桥阶段的剪力滞效应可知,沿纵桥向各个梁段截面,剪力滞系数均呈现相似的分布规律,主梁的顶、底板剪力滞系数沿纵向和横向的变化不大。

③通过对水平轴向荷载作用下钢箱梁应力传递的分析可知:靠近荷载作用点断

面的应力分布很不均匀;随着距离的增大,整个断面上的应力趋于均衡。经计算,水平轴向荷载大约按 38.6°的传递角沿纵桥向扩散。

10.4　课题三:钢-超高韧性混凝土轻型组合桥面技术研究

本项研究通过静力分析,实现 STC 层横向受力空间分析、钢-STC 轻型组合桥面详细受力分析、钢箱梁在横隔板和 U 肋腹板等疲劳细节位置的抗疲劳性能分析,研究施工及成桥阶段最不利荷载作用下超宽幅钢箱梁关键部位的应力状态,检验结构设计的合理性及安全度,很好地解决了钢桥面的疲劳开裂病害问题。

10.4.1　桥面铺装方案

国内外的钢桥面铺装一般采用沥青混凝土体系。桥面铺装方案主要有以下四大类:
①以德国、日本为代表的高温拌和浇注式沥青混凝土方案。
②以英国为代表的碾压式沥青玛琋脂混凝土方案。
③德国和日本等国采用的改性沥青 SMA 方案。
④以美国为代表的环氧沥青混凝土方案。
上述钢桥面铺装应用后一段时间后,易出现铺装本身破坏失效及钢梁疲劳开裂的情况。在高温下,上述铺装的弯拉强度会急剧下降,铺装破坏及钢桥面板疲劳开裂进一步加剧。

10.4.2　钢桥面铺装破坏原因

10.4.2.1　纵、横向裂缝破坏

车轮荷载作用下,加劲肋顶部产生负弯矩导致纵向裂缝的产生,见图 10-21;同样,车轮荷载作用在横隔板顶部,也会产生负弯矩,导致横向裂缝的产生。

10.4.2.2　脱层及推移破坏

铺装与钢板间结合强度不足,高温下抗剪切推移变形能力不足,钢板表面不平整,桥面系结构刚度低(铺装与钢板间结合强度不足),会导致脱层及推移破坏(图 10-22)。

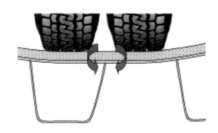

图 10-21　车轮荷载作用下加劲肋顶部产生负弯矩

图 10-22　钢桥面铺装层脱层及推移破坏

10.4.2.3　坑槽破坏

坑槽破坏(图 10-23)是一种比较明显的过程化破坏,其过程为:"发丝"状裂缝→中期的网状裂缝→局部承荷能力急剧下降→末期坑槽→坑槽不断扩大。

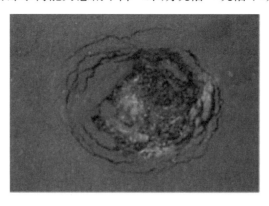

图 10-23　坑槽破坏

10.4.2.4　车辙破坏

车辙是车轮永久压痕。轮迹处铺装层厚度减小,削弱了面层及路面结构的整体强度,从而诱发其他病害。

10.4.3 钢桥面板疲劳开裂

正交异性钢桥面板问世以来,凭借自重轻、承载能力强、施工周期短等优点在国内外大跨径桥梁中得到广泛的应用。但是,正交异性钢桥面铺装大多采用环氧沥青混凝土、改性沥青混凝土等柔性铺装,在轮载作用下局部变形和应力集中较为突出,在反复荷载作用下,局部钢桥面细节出现较高的疲劳应力,使钢桥面萌生很多疲劳裂纹。而且,在气温高的夏天,往往导致铺装层软化,进一步导致铺装层车辙、开裂、脱层等病害,这将影响行车的舒适性,增大车辆对桥面板的冲击作用,并导致雨水渗入钢桥面,诱发桥梁锈蚀。我国第一座特大悬索桥——虎门大桥,于1997年建成,2007年检测时发现有严重的箱体钢结构开裂问题;其铺装层更是在建成1年半之后就出现不同程度的推移和车辙,3年后出现纵向裂缝。国内部分桥梁钢桥面铺装破坏失效情况见表10-1。

国内部分桥梁钢桥面铺装破坏失效情况　　　　表10-1

桥　名	建成年	铺　装　类　型	主要破坏形式
广东肇庆马房大桥	1984	60mm 橡胶沥青混凝土	开裂、坑槽
湖北宜昌西陵大桥	1996	60mm 改性密集配沥青混凝土	开裂、车辙、推挤
香港青马桥	1997	50mm 浇注式沥青混凝土	局部鼓包、脱层
广东虎门大桥	1997	55~60mm 单层改性 SMA	疲劳开裂、车辙
江苏无锡江阴大桥	1999	50mm 浇注式沥青混凝土	疲劳开裂、车辙
福建厦门海沧大桥	1999	30mm SMA-13 + 35mm SMA-10	疲劳开裂、车辙
重庆鹅公岩大桥	2000	60mm 改性级配沥青混凝土	油斑、光面的轮迹带
湖北武汉白沙洲大桥	2000	30mm SMA-13B + 50mm SMA-13A	疲劳开裂、车辙、脱层
江苏南京长江二桥	2000	52mm 环氧沥青混凝土	疲劳裂缝

国内外大量工程实践表明,传统正交异性桥面结构普遍存在钢桥面板疲劳破坏、铺装层开裂、车辙拥包、推挤等病害。钢桥面板疲劳开裂主要有:桥面板开裂、桥面板与纵肋焊缝开裂、纵肋与隔板焊接开裂、隔板开裂、纵肋接头开裂。

为解决正交异性钢桥面板疲劳裂纹和铺装易损坏这一难题,采用组合铺装桥面形式:在钢桥面板上铺50mm厚左右的超高性能混凝土,其上再铺装上面层,具体如图10-24所示。不同于其他种类的桥面铺装,UHPC(超高性能混凝土)可以和钢桥面协同受力。由于 UHPC 具有弹性模量高、抗拉强度高、抗压强度高、延性强、耐久性好等优良特性,所以可以认为UHPC是一种性能介于高强混凝土和钢之间的材料。因而,可以认为UHPC增加了钢桥面的厚度。目前,已有大量研究表明,这种钢-STC轻型组合桥面板能大幅度提高桥面刚度,有效减小钢桥面结构的应力及变形,改善面层的受力状况,从而基本消除钢桥面疲劳开裂及铺装层开裂等风险。

钢-STC轻型组合桥面板已经应用于天津海河大桥、虎门大桥、汕头礐石大桥、株洲枫溪大桥、杭瑞高速洞庭湖大桥等20余座国内桥梁的钢桥面铺装。

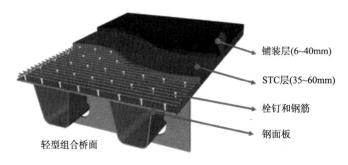

图10-24 钢-STC轻型组合桥面板结构

10.4.4 钢-STC轻型组合桥面板设计

洲心大桥主桥采用钢箱梁,标准断面最大横向宽度43m,是超宽断面的单索面体系。主桥跨径组合为100m+218m+100m,梁高4m,超宽的单索面横断面给钢梁带来较大横向应力及横向变形。同时,钢桥面容易出现上述提到的常见病害。本项目设计中,为了提高桥梁的耐久性能,采用钢-STC轻型组合桥面板结构。

本桥钢箱梁桥面板采用正交异性钢板,钢箱梁材料为Q345qC,桥面板钢板标准厚度为16mm,桥面U形肋厚度为8mm,U肋高度为300mm,U肋横桥向标准间距为600mm,横隔板厚度为14mm,间距为4m。桥面板上加铺薄层STC组合桥面结构,之上再覆盖30mm厚磨耗层[细粒式改性沥青玛琋脂(SMA-10)]。

STC是在活性粉末混凝土基础上进行改进,并进行密实配筋。STC抗压强度大于120MPa,抗拉强度大于40MPa,弹性模量为42 GPa,是钢桥面上的永久结构层,能满足重载大交通条件下的应力和变形要求。STC的抗拉强度远高于RPC(Reactive Powder Concrete,活性粉末混凝土)的抗拉强度(9~11MPa),开裂前的极限拉应变超过9×10^{-4},故得名"超高韧性混凝土"。将薄层STC与钢桥面形成轻型组合结构,见图10-25,使得STC不仅充当主铺装层,还能与钢面板协同受力,从而减小钢桥面板局部变形及应力幅值。利用STC超高的抗拉、抗裂、抗折强度以及超强的耐久性等显著特点,使用剪力钉与桥梁上部的钢板固定,再利用密集配筋、湿养、高温蒸养等措施提高桥面结构层的刚度与耐久性,改善钢桥面和铺装层的应力状态,降低钢结构疲劳破坏的可能,实现组合结构层100年免维护。

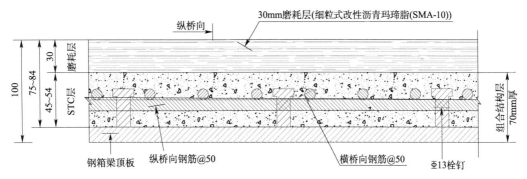

图 10-25　钢-STC 轻型组合桥面横桥向布置图(尺寸单位:mm)

本桥轻型组合桥面有以下几个受力特点:

①采用的钢-STC 轻型组合桥面有超宽幅(43m)、横隔板间距大(4m)、钢箱梁顶板厚度为适应 STC 桥面而设计为 14mm 等特点,它实际的受力性能是否满足要求是确保超宽幅钢箱梁结构安全的关键。

②STC 层施工一般在钢箱梁、桥面系防撞护栏、人行道板等恒载施加完毕后进行。因而,STC 层并不参与前期的恒载受力,主要承受后期的活载(汽车荷载、人群荷载)。

③本桥为双塔单索面混合梁斜拉桥。在横向偏载情况下,超宽幅钢-STC 轻型组合桥面横向悬臂大的结构特点使钢-STC 层承受较大的拉应力。又由于梁高 4m,STC 板厚 5cm,根据平截面假定,整个梁截面的变形曲率较小,STC 层上、下缘应力差较小,致使 STC 层受力状态近似于轴拉;而 STC 层的轴拉设计值远远小于弯拉设计值,需通过有限元横向受力分析研究 STC 层的横向受力状态。

因此,针对本桥 STC 层的受力特点,有必要进行精细的有限元分析及模型试验,对钢顶板疲劳细节受力性能进行研究,探讨在反复荷载作用下 STC 层能否显著降低钢顶板的疲劳应力和 STC 层的抗弯疲劳性能能否满足清远洲心大桥的要求。

10.4.5　模型试验

10.4.5.1　研究思路

为更深地理解钢-STC 桥面板在大悬臂状态下的受力性能,在湖南大学"桥梁与隧道工程国家重点实验室"开展了大型模型试验。试验充分模拟大悬臂的状态,并尽可能地增大梁高,模拟STC层近似轴拉受力。试验模型的顶板、U肋的尺寸与实桥相同。试验步骤分为预压、浇筑STC层并高温养生、卸载预压力、正式加载,充分模拟实桥配重预压的过程。

10.4.5.2 模型概述

1)模型设计

为了充分模拟实桥STC层的受力性能,试验模型共长7m,其中悬臂部分长4.5m。为了研究梁高变化对STC层近似轴拉到弯拉受力状态的影响,试验模型悬臂部分采用了变截面。试验模型立面图见图10-26。试验模型关键截面见图10-27。试验模型三维图见图10-28。

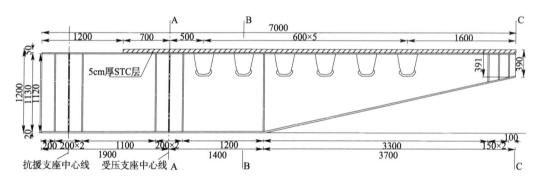

图10-26 试验模型立面图(尺寸单位:mm)

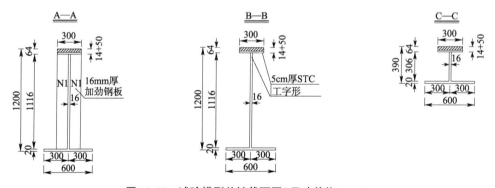

图10-27 试验模型关键截面图(尺寸单位:mm)

试验模型制作过程为:预制钢梁模型,进行预压试验,浇筑STC层。STC层构造如图10-29所示。

为了保证试验结果的可用性,STC层剪力钉和钢筋网的布置与实桥完全相同,钢顶板和U肋采用Q345钢材,STC采用预拌料,不带端钩长直型钢纤维体积含量为

3%,长度为13mm,直径为0.2mm。具体的材料参数见表10-2、表10-3。

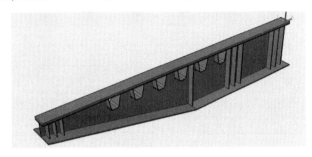

图 10-28 试验模型三维图

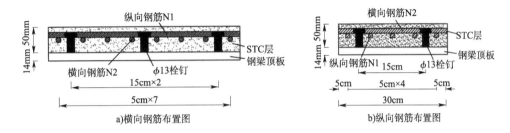

图 10-29 试验模型 STC 层配筋图

试验模型钢筋基本参数 表 10-2

纵向筋直径	纵向筋根数	横向钢筋直径	横向钢筋间距	钢筋等级	钢筋用量
10mm	5	10mm	50mm	HRB400	41kg

试验模型 STC 及钢板基本参数 表 10-3

STC 等级	STC 体积	钢板等级	钢板用量
STC22	$0.087m^3$	Q345	2101kg

2)模型制作

大悬臂试验模型的制作工序如下:

①钢梁制作。钢梁部分分为钢顶板、U 肋、腹板、钢底板和加劲钢板。钢梁制作中,各钢板连接处采用熔透焊接,如图 10-30 所示。

图 10-30 钢梁制作

②焊接栓钉和轧制钢筋。采用直径 13mm 的栓钉,对称布置于 U 肋和钢腹板两侧,且间隔 50mm 均匀分布在钢顶板上;采用直径为 10mm 的钢筋,间距为 50cm,纵横交叉均匀布置,见图 10-31。

图 10-31　栓钉焊接和钢筋绑扎

③STC 材料制备。在钢梁预压配重之后,浇筑 STC,见图 10-32。STC 材料采用预拌料,拌和时只需将预拌料及水按比例倒入搅拌机拌和即可。同时,浇筑材料性能试验试件,试验所用钢纤维为长直型,钢纤维长 13mm,直径为 0.2mm,体积掺量为 3.0%。

图 10-32　STC 浇筑

④STC 养护。STC 浇筑 2d 后脱模,开始高温蒸汽养护。养护温度控制在 95～100℃,养护时间控制在 48h。养护结束后关闭蒸汽器,并让 STC 缓慢降温至室温。养护过程见图 10-33。

图 10-33　STC 自然养护和蒸汽养护

3）试验加载及量测方案

本次试验主要进行钢-STC 组合板的受拉（近似轴拉到弯拉的过渡过程）试验研究。试验模型有 2 个支撑，末端通过特制反力梁用 8 根精轧螺纹钢锚固在地槽上，梁中间支座为用橡胶板垫块支撑的可转动的铰接支座。在悬臂末端，采用液压千斤顶逐级施加静力荷载。整个试验支座模型类似于平衡翘板，见图 10-34。

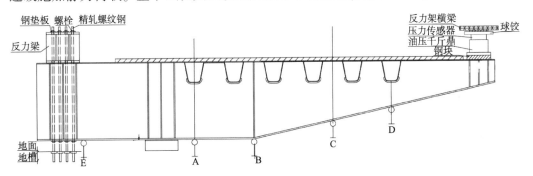

图 10-34　试验加载示意图

试验中，主要测量 STC 层各个截面的开裂情况，确定不同梁高情况下 STC 层的开裂荷载、初裂应变以及初裂名义应力。根据试验步骤和测试内容，确定测点布置为：

①在悬臂端根部、变截面处、悬臂端部设百分表，测量其挠度；在固结支座处设置横梁，监测地槽的变形，保证试验安全顺利地进行。

②在预压试验前（未浇筑 STC 层），在钢顶板表面贴置应变片，以此判断预压时钢顶板的应力水平。

③在正式加载前，STC 层表面每间隔 15cm 布置应变片，以便精确测量各个截面的应变和应力水平。

测点布置如图 10-35、图 10-36 所示。

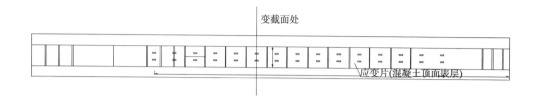

图 10-35 钢顶板表面量测方案

图 10-36 STC 层表面量测方案

10.4.5.3 材料性能试验及结果

1) 立方体抗压强度及弹性模量试验

立方体抗压强度及弹性模量试验装置如图 10-37 所示。抗压强度试验采用 100mm×100mm×100mm 的立方体试件,弹性模量试验采用 100mm×100mm×300mm 的棱柱体试件。

a)立方体抗压强度试验　　　　b)弹性模量试验

图 10-37 试验装置

根据《活性粉末混凝土》(GB/T 31387—2015)的相关规定,试验加载速率均为 1.2~1.4MPa/s。在弹性模量试验中,采用环形钢支架架设千分表,测量试验过程中棱柱体的变形。

试验结束后试件形态见图 10-38。

a)立方体抗压强度试验　　　　　　　b)弹性模量试验

图 10-38　试验结束后试件形态

2)抗折试验

四点弯曲试件为 100mm×100mm×400mm 的棱柱体,加载装置为电液伺服压力机,采用钢制辅助支架和试件顶端的角钢来架设千分表,用于测量加载过程中试件跨中截面的挠度,试验装置见图 10-39。

图 10-39　四点弯曲试验图

四点弯曲试验是一种间接获取材料弯拉强度的方法。根据材料力学中等截面梁在受弯作用下截面正应力的计算方法,可推出矩形四点弯曲梁跨中截面底部拉应力值 σ_{bt},计算公式为：

$$\sigma_{bt} = \frac{FL}{bh^2} \tag{10-1}$$

式中:F、L、b、h——分别为弯拉试件的荷载、净跨径、截面宽度和截面高度。

Carpinteri 和 Chiaia 对结构尺寸的研究表明,弯曲过程中的应力梯度使得抗折试验的结果高于直接抗拉强度值,计算的弯拉线性强度不能够反应此时的实际应力,需要对实验结果进行折减,以减小尺寸效应带来的影响。修正公式如下:

$$f_{ct} = \sigma_{bt} \cdot \frac{ah^{0.7}}{1+ah^{0.7}} \tag{10-2}$$

式中:f_{ct}——修正后的等效弯拉强度;

σ_{bt}——线性弯拉强度值;

a——尺寸效应折减系数,取 0.08;

h——试件高度,单位为 mm。

3)材料性能试验结果

试验结果见表 10-4、表 10-5。

抗压强度、弹性模量试验结果　　　　　　　　　　　　表 10-4

材料类型	立方体抗压强度(MPa)	弹性模量(GPa)	初裂点等效强度(MPa)
STC22	158.9	50.2	10.7

UHPC 抗折试验结果　　　　　　　　　　　　表 10-5

材料类型	弯曲初裂点				弯曲极限点
	荷载(kN)	位移(mm)	强度(MPa)	等效强度(MPa)	强度(MPa)
STC22	53.2	0.076	16.0	10.7	35.1

抗弯强度按照式(10-1)计算得到,等效强度按照式(10-2)折减得到。试验得到 UHPC 的轴拉强度为 10.7MPa,抗折强度为 35.1MPa,立方体抗压强度为 158.9MPa,弹性模量为 50.2GPa。

10.4.5.4　试验过程及结果

为了模拟配重预压过程,浇筑 STC 层前,在悬臂端用千斤顶逐级施加 45kN 的力,并测量钢顶板的应力水平。为了防止由于千斤顶工作过长时间后回油导致的预加力损失,采用量程为 200kN 的机械式千斤顶来解决这个问题。

预压前,为了消除支座间空隙等因素的影响,首先进行预压重。在梁悬臂端安装百分表,并在梁悬臂端施加 45kN 的预压力,通过观测卸载预压力时百分表的读数是否归零判断预压效果。实际操作中,一共预压 2 次,然后进行正式预压(图 10-40)。

根据图 10-41 可以得出,当预压力为 45kN 时,钢顶板的最大应变为 145$\mu\varepsilon$。

当 STC 浇筑完成,在实验室自然养生 36h 后,对其进行蒸汽养生。蒸汽温度缓慢上升至90℃以上,连续蒸养48h,随后自然冷却至室温,掀养生膜,见图10-42。

图 10-40　预压

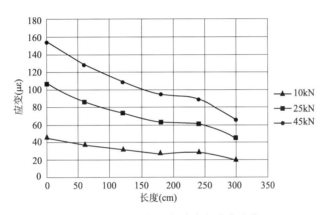

图 10-41　钢顶板沿长度方向应变分布

图 10-42　STC 蒸汽养生过程图

蒸养过程中发现:预压的45kN的力随着温度的上升逐渐减小至0,且变形不断增大;蒸养结束、自然冷却至室温后,预压力又缓慢回升至40kN。可以发现,蒸养过程伴随着梯度温度的影响,会使悬臂端产生变形,预压力比蒸养前减少了5kN。这一发现对实桥的施工具有重要的指导意义。

10.4.5.5　卸载预压力及正式加载

1) 卸载预压力

蒸养结束后,缓慢卸载预压力,开始正式加载。图10-43、图10-44分别为U肋上方STC应变和非U肋上方STC应变沿梁长方向的变化。

从图 10-43 可以看出：

①应变沿梁长方向递减。

②预压力为 45kN 时，恰好卸除预压力。

③加载力为 0 时，即完全卸除预压力时，STC 最大压应变为 180με，这是 U 肋处截面刚度突变所致。

④预压力为 110kN 时（减去了预压力），第一个 U 肋上方出现第一条裂缝。

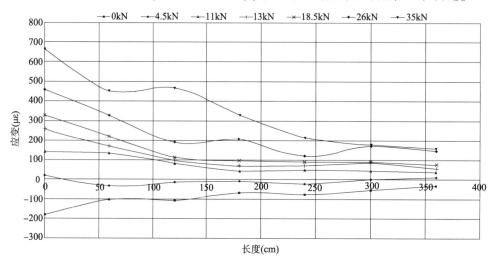

图 10-43　U 肋上方 STC 应变沿梁长方向变化

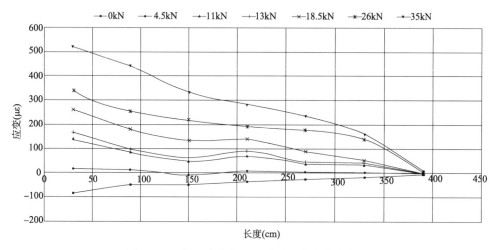

图 10-44　非 U 肋上方 STC 应变沿梁长方向变化

从图 10-44 可以看出：

①应变沿梁长方向递减。

②加载力为 0 时，即完全卸除预压力时，STC 最大压应变为 84με。

2）正式加载

如前所述，当卸载预压力后，需更换千斤顶。采用量程为2000kN的液压千斤顶，并保持对中放置，然后对其进行20kN的预加载，确保试验仪器的可用性和试验过程的可操作性。

采用逐级加载的方式，当加载45kN时基本卸除预压力，此时STC层应力基本为0；当加载到110kN时（扣除预压力），出现第一条裂缝，此后随着荷载的不断增大，STC层裂缝沿梁长方向不断延伸。几个典型裂缝初裂时的分布规律见图10-45、表10-6。

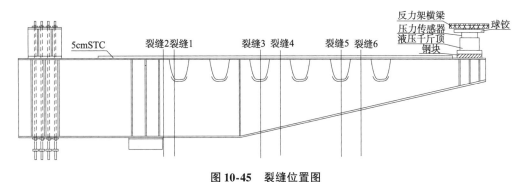

图10-45 裂缝位置图

裂缝宽度信息表　　　　　　　　表10-6

开裂点	裂缝位置	裂缝宽度0.01mm			裂缝宽度0.05mm	
		微应变	名义应力(MPa)	开裂荷载(kN)	名义应力(MPa)	开裂荷载(kN)
开裂点1	U肋上	265	12.4	110	31.6	280
开裂点2	非U肋上	273	11.1	150	29.6	400
开裂点3	U肋上	286	16.9	210	32.2	400
开裂点4	非U肋上	298	17.3	260	32.6	490
开裂点5	U肋上	335	21.3	310	34.4	500
开裂点6	非U肋上	353	22.6	370	35.2	560

从表10-6中可以看出，U肋的存在对裂缝的开裂规律有较大的影响，裂缝首先在U肋处STC层开裂，随后在弯矩较大处的非U肋区开裂。对于同一位置（在U肋区上方或者非U肋区上方），裂缝的出现沿梁长度方向基本呈线性变化。当荷载为280kN时，第一条裂缝宽度率先达到0.05mm，此时开裂点4刚开裂不久，且开裂的名义应力随着梁高减小而逐渐增大。可见，随着梁高的递减，STC层的抗拉性能逐渐从近似的轴拉过渡到弯拉。

开裂点1裂缝宽度为0.01mm时，应变为265με，名义拉应力为12.4MPa（图10-46）。

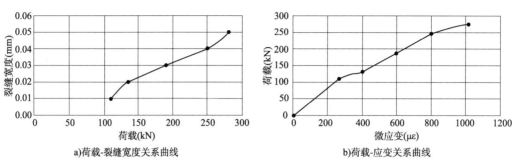

图 10-46 开裂点 1 的荷载-裂缝宽度关系曲线、荷载-应变关系曲线

开裂点 2 裂缝宽度为 0.01mm 时,应变为 273με,名义拉应力为 11.1MPa（图 10-47）。

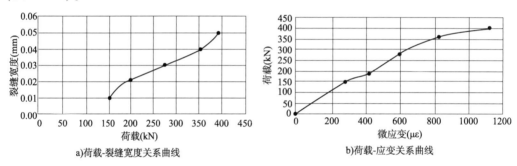

图 10-47 开裂点 2 的荷载-裂缝宽度关系曲线、荷载-应变关系曲线

开裂点 3 裂缝宽度为 0.01mm 时,应变为 286με,名义拉应力为 16.9MPa（图 10-48）。

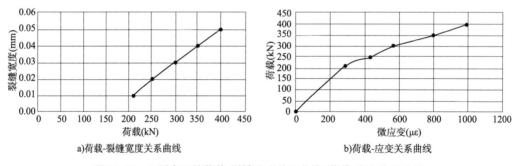

图 10-48 开裂点 3 的荷载-裂缝宽度关系曲线、荷载-应变关系曲线

开裂点 4 裂缝宽度为 0.01mm 时,应变为 298με,名义拉应力为 17.3MPa（图 10-49）。

开裂点 5 裂缝宽度为 0.01mm 时,应变为 335με,名义拉应力为 21.3MPa（图 10-50）。

开裂点 6 裂缝宽度为 0.01mm 时,应变为 353με,名义应力为 22.6MPa

（图10-51）。

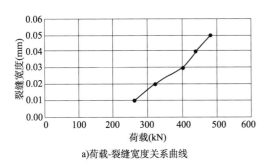
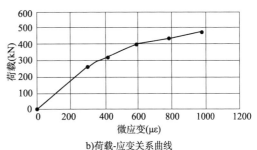

图 10-49　开裂点 4 的荷载-裂缝宽度关系曲线、荷载-应变关系曲线

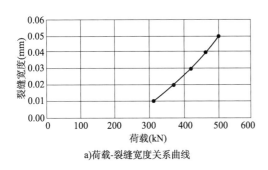
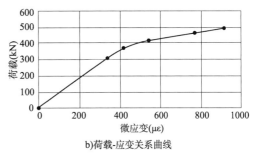

图 10-50　开裂点 5 的荷载-裂缝宽度关系曲线、荷载-应变关系曲线

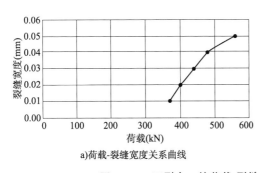
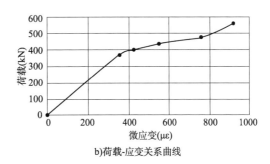

图 10-51　开裂点 6 的荷载-裂缝宽度关系曲线、荷载-应变关系曲线

10.4.5.6　结论

①大悬臂结构在蒸汽养生过程中会产生温度梯度，大悬臂结构末端会产生较大的变形。在实际桥梁施工中，为减小变形对 STC 层可能产生的不利影响，建议在 STC 层自然养生后具有足够的强度时再进行蒸养，并做好变形监测工作。

②本试验预压 45kN 的力，发现悬臂根部 STC 层非 U 肋处产生约 5MPa 的预压力，这极大地提高了 STC 层的开裂应力。和实桥相比，由于力臂和梁的刚度不同，所以该试验预压数值不能作为实桥预压配重数值，但仍有参考意义。

③本试验钢板和U肋完全按照实桥尺寸进行设计。试验发现在等梁高和同一荷载等级情况下,U肋正上方的STC层应力和应变要大于非U肋正上方的应力和应变。这是由于U肋部分局部刚度增大,STC层要承担更大的外力。所以在实桥上,由于加劲肋的存在,钢顶板上STC层的局部应力分布是不均匀的。

④本试验悬臂根部STC层初裂(裂缝宽度0.01mm)时名义应力为11.1MPa,与材料性能试验轴拉应力推算理论值基本吻合。随着梁高的减小,STC层初裂名义应力越来越大,即梁高的变化会导致STC层受力形态的变化,STC层从近似轴拉变化到弯拉。所以实桥4m高的钢箱梁在偏载作用下,STC层近似轴拉受力。

10.4.6 现场试验与计算分析

10.4.6.1 概述

为了模拟STC实际施工工艺,验证该材料大面积摊铺后结构的安全性,针对UHPC材料收缩性强的特点,在保利长大工程有限公司第三分公司花都基地进行了试铺试验,以便对STC层的自然养生和蒸汽养生提供科学可靠的指导依据。

对第一次试铺试验和第二次试铺试验进行了全过程监控。采集数据时,相邻时间间隔不超过30min;数据变化较快时,每10min采集一次数据;记录当日的天气情况,以及每日早、中、晚的大气温度。浇筑100mm×100mm×400mm的UHPC材料性能试件,采用和试铺段同样的养护方法,以便对试验段进行应变和强度的双重监控,为实桥施工提供技术支持。

10.4.6.2 试铺工序

整个施工大致分为9道工序:轧制钢筋、埋置传感器、搅拌混凝土、铺STC、铺保湿膜、自然养生、蒸汽养生、铺保温膜及自然降温(图10-52)。

10.4.6.3 第一次试铺

1)概述

第一次试验段宽11m,长14.7m。为了模拟实桥钢板悬臂的结构形式,试验段中心位置有一段宽4.5m、长12m的脱空钢板,在试验段四周共埋入6个传感器以便监测收缩应变(图10-53)。

在试验段自然养生阶段,出现了大暴雨,STC层温度急剧下降,随后雨过天晴,气温又逐渐回升;在蒸汽养生初期,由于一开始未盖保温棉,夜间一直伴有间歇性阵雨,所以 STC 温度基本在 50℃ 左右,盖上保温棉后温度逐渐稳步上升。自然养生 48h,蒸汽养生约 80h,其中升温过程约 20h。降温过程采用自然降温,降温速率先快后慢,STC 层在大气环境中的内部温度最终维持在 50℃ 左右。第一次试铺结束后,发现局部表面有裂纹且处 STC 板上翘(图 10-54)。

图 10-52 施工工序示意图

图 10-53 试验段传感器位置示意图

图 10-54 第一次试铺局部表面裂纹和边界上翘

与试验段一起浇筑的材料性能试件,与试验段保持同样的养生条件,分别在自然养生和蒸汽养生结束后对其进行力学性能试验,可以得出蒸汽养生提高了 UHPC 的力学性能,具体见表10-7。通过对采集的数据进行分析,发现预埋在两端的传感器和中间的传感器数据相差较大。针对这两种情况,分别给出具有代表性的试验数据。

试件强度汇总表(单位:MPa) 表10-7

自然养生结束		蒸汽养生结束	
抗压强度	抗折强度	抗压强度	抗折强度
96.7	20.8	139.1	28.3
101.9	26.9	154.7	30.6
102.4	22.4	139.0	29.6

2)预埋在两侧的传感器

如图10-55所示,在自然养生阶段,由于受外界极端天气影响,STC层温度出现了急剧变化。受热胀冷缩的影响,STC层应变出现急剧变化,导致STC层附加内力过大。自然养生48h后,开始蒸汽养生,STC层应变随着温度的上升和时间的推移而不断地缓慢加大。蒸汽养生约80h后,关闭蒸汽,开始自然降温。最终应变值约为500$\mu\varepsilon$,其中自然养生应变值约为90$\mu\varepsilon$,蒸汽养生应变值约为400$\mu\varepsilon$。从应变-时间曲线可以看出,蒸汽养生结束前,应变曲线并未变平缓,有持续产生应变的趋势。

3)预埋在中间的传感器

如图10-56所示,在自然养生阶段,由于受外界极端天气影响,STC层温度出现了急剧变化。受热胀冷缩的影响,STC层应变出现急剧变化,导致STC层附加内力过大。和两边的传感器所测数据相比,STC层对外界温度的变化更加敏感,应变值最高时达到170$\mu\varepsilon$,随后又迅速回落到90$\mu\varepsilon$,这种急剧的应变变化导致STC层出现拉压循环过程,此时强度较低的STC层极易产生裂纹。

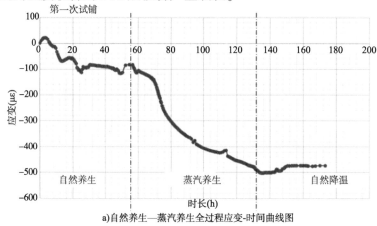

a)自然养生—蒸汽养生全过程应变-时间曲线图

图 10-55

第 10 章 主要研究课题与创新成果

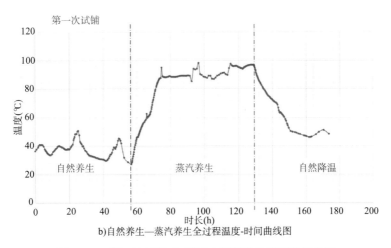

b) 自然养生—蒸汽养生全过程温度-时间曲线图

图 10-55 第一次试铺时，预埋在两侧的传感器数据曲线

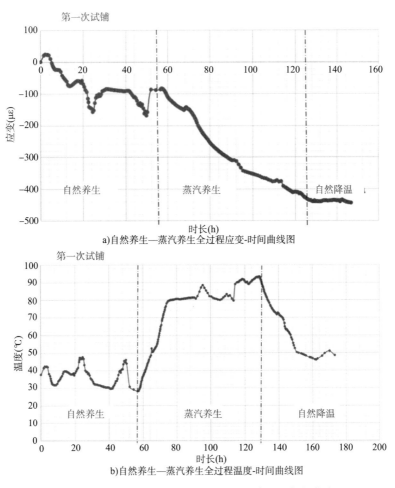

a) 自然养生—蒸汽养生全过程应变-时间曲线图

b) 自然养生—蒸汽养生全过程温度-时间曲线图

图 10-56 第一次试铺时，预埋在中间的传感器数据曲线

自然养生 48h 后,开始蒸汽养生,STC 层应变随着温度的上升和时间的推移而不断地缓慢加大。蒸汽养生约 80h 后,关闭蒸汽,开始自然降温。最终应变值约为 440με,其中自然养生应变值约为 90με,蒸汽养生应变值约为 350με。从应变-时间关系可以看出,蒸汽养生结束前,应变曲线并未变平缓,有持续产生应变的趋势。

10.4.6.4 第二次试铺

1)概述

第二次试验段宽 5m,长 14.7m,底部通过剪力钉和钢筋与混凝土板直接连接。在试验段长度靠中方向共埋入 4 个传感器以便检测收缩应变,见图 10-57。

图 10-57 试验段传感器位置示意图

在试验段自然养生阶段,一直为高温天气,最高大气温度均为 32℃ 左右。自然养生 12h,此时 STC 应变急剧增加,STC 层表面有明显热度。蒸汽养生约 56h,其中升温过程约 28h,缓慢升温。降温过程采取逐渐减小蒸汽量的方式,缓慢降温,STC 层在大气环境中的内部温度最终维持在 50℃ 左右。第二次试铺结束后,STC 板也出现表面纵向裂纹,边界处 STC 板局部有上翘的现象。

与试验段同时浇筑材料性能试件(图 10-58),与试验段保持同样的养生条件,分别在自然养生和蒸汽养生结束后对其进行力学性能试验,结果见表 10-8。通过对采集的数据进行分析,发现预埋在两端的传感器的数据和预埋在中间的传感器的数据相差较大。针对这两种情况,分别给出具有代表性的试验数据。

图 10-58 试铺时同批浇筑的材料性能试块

试件强度(单位:MPa)　　　　　　　　　　　　　　　　　　表 10-8

强　度	蒸汽养生结束		
抗压强度	145.6	152.5	161.0
抗折强度	33.0	29.5	34.4

注:自然养生结束后抗压强度为30MPa,由于强度太低未继续进行试验。

2)预埋在两侧的传感器

如图 10-59 所示,在自然养生阶段气温缓慢下降又逐渐升温,这是由于正常的夜间降温、白天升温引起的。自然养生 10h,STC 层表面逐渐发热,应变开始快速增大,应变峰值为 60με,应变快速增长过程持续约 2h。根据此时对材料外表的观察和测得的立方体抗压强度(30MPa)可知,急剧的水化会迅速提高材料的力学性能,但产生的大量水化热会增大 STC 层的附加内力。在自然养生时,材料自身急剧水化完成前,STC 层强度较低,可能难以抵抗急剧水化产生的附加内力,此时极易产生开裂。

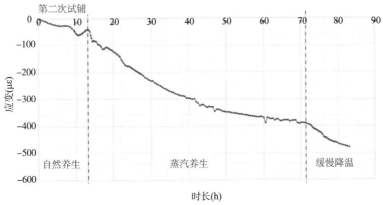

a)自然养生—蒸汽养生全过程应变-时间曲线图

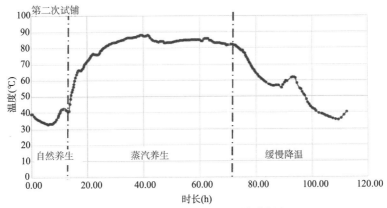

b)自然养生—蒸汽养生全过程温度-时间曲线图

图 10-59　第二次试铺两侧 STC 数据曲线

自然养生12h后开始蒸汽养生,STC层应变随着温度的上升和时间的推移而不断地缓慢增大。蒸汽养生约56h后,逐渐减小蒸汽量,开始缓慢降温,最终应变值约为500με,其中自然养生应变值约为50με,蒸汽养生应变值约为350με,降温应变值约为100με。从应变-时间图像可以看出,蒸汽养生结束前,应变曲线并未变平缓,有持续产生应变的趋势。

10.4.6.5 结论与建议

1)结论

第一次试铺时,在自然养生阶段出现了大暴雨,STC层温度急剧下降,随后雨过天晴,气温逐渐回升;又因为STC层刚试铺完成后,没有及时洒水降温,当天大气温度较高,导致STC层在未成形前温度变化过大。最终导致自然养生阶段结束后表面出现明显的裂纹。根据材料性能试验结果,此时STC已经有了约100MPa的抗压强度。随后,进行约80h的蒸汽养生。蒸汽养生后,发现之前自然养生产生的裂纹基本消除,所以可以断定自然养生产生的裂纹为表面裂纹,且进一步说明蒸汽养生可以使UHPC充分水化,吸水后有愈合表面细小裂纹的作用。

第二次试铺时,吸取了第一次的经验,在STC刚试铺完成后及时盖上保湿膜并不间断在保湿膜上喷洒水汽,以减小大气温度对STC层的影响,防止STC层温度在未成形前急剧上升。当STC层铺完约11h后,STC层表面发烫,同批浇筑的材料性能试件亦表现出温度的急剧上升,STC内部温度最高可达45℃(此时夜间的大气温度约为25℃),此时进行STC蒸汽养生,缓慢升温,连续蒸养56h后缓慢降温。之后发现STC层表面出现了裂缝,且钻芯取样发现裂纹主要发生在表层。分析认为原因主要有四点:一是STC层自然养生时间不足,此时的强度不足以抵抗升温所产生的附加内力;二是STC下的底板为早已浇筑好的UHPC板,底部约束作用大,使附加内力在同等条件下比第一次浇筑(底部为脱空钢板)时的大;三是裂缝全为表面纵向裂缝,试铺板长宽比约为3∶1,为单向板受力,长边(横向)受力较大;四是后期钻孔发现,钢筋垫块布置稀疏导致浇筑STC后钢筋网下沉,使钢筋网对STC层上表面的加强作用减弱。

第三次试铺,吸取前两次的经验,获得成功。

2)建议

根据两次的试铺试验,可得出以下注意事项:

①钢筋网垫块要加密,以防浇筑STC层后钢筋网下沉。

②STC层自然养生期间,要不断地在保湿膜上喷洒水汽,降低STC层内部温度。

③要保证STC层有充足的自然养生时间(一般为48h),使STC层有一定强度后再进行蒸汽养生。如果环境温度较高,还要采取一定措施延长初凝及终凝的时间间隔。

④两次试铺试验的边界条件与实桥施工有一定差异。实桥施工时,要对STC层收缩进行监测。

10.4.7 超宽幅钢-STC轻型组合桥面板疲劳受力分析

针对清远洲心大桥钢-STC轻型组合桥面板,应用热点应力法对钢顶板疲劳细节受力性能进行研究。

10.4.7.1 钢桥面验算方法与疲劳细节

在实际工程中,为了防止钢桥面疲劳开裂,要对其进行疲劳验算。理论上,验算细节应包含所有的潜在裂纹点。但在实际工程中,要知道所有的潜在的裂纹点是不可能的,所以应该选择常见的疲劳开裂点作为验算点。事实上,针对正交异性桥面板的疲劳问题,各国学者从20世纪70年代开始就进行了一系列的研究,并归纳总结出钢桥面容易发生疲劳开裂的6个构造细节:

①面板与U形肋焊缝处的面板纵向裂缝。

②U形肋与面板焊缝的U形肋纵向裂缝。

③U形肋与横隔板交叉部位的U形肋腹板裂缝。

④U形肋与横隔板交叉部位的隔板裂纹。

⑤弧形切口处的裂纹。

⑥U形肋下缘对接焊缝的裂缝。

上述容易发生疲劳开裂的细节如图10-60所示。

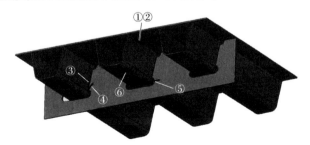

图10-60 钢桥面典型疲劳损伤细节

10.4.7.2 热点应力法的定义及应力计算

采用两点线性外推,外推点 $0.4t/1.0t$(t 为构件壁厚),外推公式为:

$$\sigma_{hs} = 1.67\sigma_{0.4t} - 0.67\sigma_{1.0t} \tag{10-3}$$

式中:σ_{hs}——外推得到的焊趾处热点应力;

$\sigma_{0.4t}$——距离焊趾 $0.4t$ 处的应力值;

$\sigma_{1.0t}$——距离焊趾 $1.0t$ 处的应力值。

热点,即疲劳裂纹发生点,由应力波动、焊缝外形或缺口等的共同作用引起。热点通常位于焊趾处。热点应力又称结构应力或几何应力,是接近焊趾的母材上最大的主应力。

焊接板有 a、b、c 三种热点类型(图 10-61)。a 类型是指附板沿着板厚方向与母板焊接,位于母板表面的焊趾;b 类型是指附板沿着板厚方向与母板焊接,位于附板板厚边缘的焊趾;c 类型是指附板沿着垂直板厚方向与母板焊接,位于母板或附板表面的焊趾。热点应力是热点表面处的应力值,不包含焊趾自身缺口效应导致的集中应力。

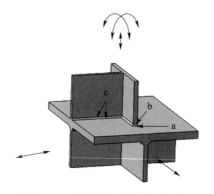

图 10-61 焊趾处三种热点类型图

实际上,焊接结构在焊趾处沿板厚方向的应力包括膜应力、弯曲应力及非线性应力峰值,其中非线性应力峰值是一组自相平衡的力系,主要由焊趾缺口引起。剔除非线性应力以后,将余下的膜应力及弯曲应力叠加,即为热点应力。

为避开应力组分中缺口效应引起的非线性部分,热点应力不能直接从有限元模型的节点或单元中提取,而应当采用插值方式确定。主要插值方式有表面外推法、厚度线性化法、Dong 法和 1mm 法。其中,应用最广泛的是表面外推法,即利用距离焊趾前端一定距离的 2 点(3 点)处的结构应力,进行线性(二次)插值计算,如图 10-62 所示。表 10-9 列出常见表面外推法。

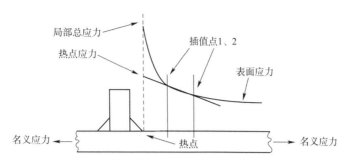

图 10-62 热点应力表面外推法

热点应力常见表面外推法 表 10-9

外推方法		a、c 型热点	b 型热点	
两点线性外推	外推点	$0.4t/1.0t$	外推点	$5\text{mm}/15\text{mm}$
	外推公式	$\sigma_{hs} = 1.67\sigma_{0.4t} - 0.67\sigma_{1.0t}$		
	外推点	$0.5t/1.5t$	外推点	
	外推公式	$\sigma_{hs} = 1.5\sigma_{0.5t} - 0.5\sigma_{1.5t}$	外推公式	$\sigma_{hs} = 1.5\sigma_5 - 0.5\sigma_{15}$
三点二次外推	外推点	$0.4t/0.9t/1.4t$	外推点	$4\text{mm}/8\text{mm}/12\text{mm}$
	外推公式	$\sigma_{hs} = 2.52\sigma_{0.4t} - 2.24\sigma_{0.9t} + 0.72\sigma_{1.4t}$	外推公式	$\sigma_{hs} = 3\sigma_4 - 3\sigma_8 + \sigma_{12}$

注：表中 t 为焊趾处的板厚，$\sigma_{0.5t}$、$\sigma_{1.5t}$、$\sigma_{0.4t}$、$\sigma_{1.0t}$、$\sigma_{0.9t}$、$\sigma_{1.4t}$、σ_5、σ_{15} 等分别表示距离焊趾 $0.5t$、$1.5t$、$0.4t$、$1.0t$、$0.9t$、$1.4t$、5mm、15mm 处的应力。

10.4.7.3 疲劳车的加载位置及工况

1）疲劳车加载位置

疲劳计算中的加载车采用《公路钢结构桥梁设计规范》（JTG D64—2015）规定的疲劳荷载模型，如图 10-63 所示。由于静力标准重车与疲劳重车的中后轴分别相距 7m、6m，纵向间距较大，所以可不考虑中后轴的叠加效应，计算时仅考虑后轴的双轴作用，且加载轴每个车轮作用面积为 200mm×600mm（纵桥向×横桥向），无须考虑冲击系数。

在车轮荷载作用下，即使是相同的疲劳细节也会因处在不同的平面位置而具有不同的应力状况，导致不同的疲劳寿命。因此，除了施加静力荷载外，还应该着重进行疲劳计算，首先应该确定各疲劳细节对应的最不利车轮荷载位置。

在横桥向，根据正交异性钢桥面板的几何特性，车轮作用位置分 U 肋正上方、骑 U 肋、U 肋间三种；在纵桥向，则分为跨中和隔板两种加载典型位置（图 10-64）。通过这 6 种加载方式，基本可以确定各疲劳细节的最不利横向位置以及最不利横向布载工况。

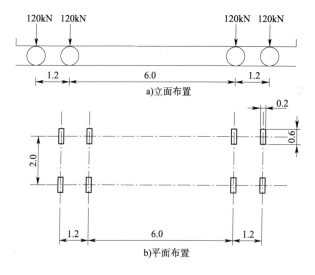

图 10-63 车辆荷载的立面、平面尺寸(尺寸单位:m)

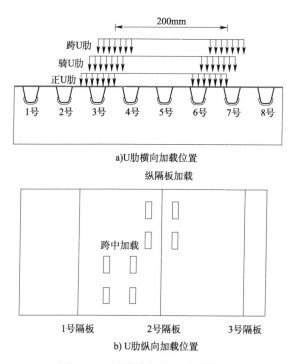

图 10-64 疲劳车加载位置示意图

2)疲劳车作用下荷载工况

根据疲劳车的作用位置,疲劳车车轮荷载作用下纵、横向互相组合,总共有 6 种加载方式,这 6 种荷载工况基本可以确定各疲劳细节的最不利横向位置以及最不利横向布载工况。各工况命名方式见表 10-10。

疲劳荷载工况明细表 表10-10

荷载工况编号	荷载工况名称	荷载横向位置	荷载纵向位置
工况一	正U肋—跨中	正U肋	跨中
工况二	骑U肋—跨中	骑U肋	跨中
工况三	跨U肋—跨中	跨U肋	跨中
工况四	正U肋—隔板	正U肋	隔板
工况五	骑U肋—隔板	骑U肋	隔板
工况六	跨U肋—隔板	跨U肋	隔板

10.4.7.4 钢桥面疲劳有限元分析

1)有限元模型与建模信息

利用通用有限元软件ANSYS建立钢箱梁局部梁段模型。该模型纵向取12m标准梁段(含3道横隔板),见图10-65。为减小计算规模,横桥向采用半幅箱梁结构,没有考虑桥面横坡、横隔板变高度的影响,分别计算纯钢板情况下、铺STC情况下、在各荷载工况作用下各疲劳细节的应力水平。

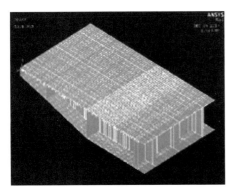 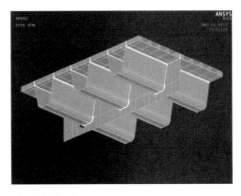

图10-65　ANSYS钢箱梁模型

洲心大桥主桥加劲梁采用钢-STC轻型组合桥面板箱梁。在进行疲劳计算时,钢箱梁主要板件厚度采用实际施工板厚,其中STC层厚度取平均值5cm,具体如表10-11所示。

钢箱梁主要板件厚度 表10-11

板件	顶板	顶板U肋	底板	底板U肋	横隔板	横隔板加劲	1号腹板	2号腹板	3号腹板	4号腹板	STC层
厚度(mm)	16	8	14	8	12	10	22	16	14	10	50

在建立ANSYS有限元模型时,边界条件的模拟、单元类型的选择、材料力学特性

以及栓钉的模拟具体如下：

(1)边界条件

在端横隔板截面处,约束钢箱梁的纵向平动自由度(DZ)、绕竖轴(RY)与横轴(RX)的转动自由度,以近似反映该箱梁梁段为桥跨内的梁段。在道路中心线截面,采用横向对称约束。在有拉索位置的横隔板端部,约束其竖向平动自由度(DY),以近似反映吊索的约束作用。由于验算的开裂细节距离边界较远,根据圣维南原理,采用上述边界条件对关注点应力计算的影响很小。采用上述模型,采用疲劳车对模型进行加载,主要关注钢结构疲劳细节处应力。

(2)单元类型的选择

模型中钢桥面板的顶板、底板、U肋、斜腹板与横隔板均采用板壳单元SHELL63模拟,STC采用实体单元SOLID45模拟。

(3)材料力学特性

对于钢材,不考虑其屈服,只按线弹性材料考虑。

对于STC,根据广东省交通运输行业地方标准《超高性能轻型组合桥面结构技术规程》(GDJTG/T A01—2015),密实配筋的STC25(钢筋间距40mm)名义弯拉应力容许值为25.4MPa。所以,STC材料在计算中也被假定为线弹性,本模型未考虑STC中的钢筋的影响。在建立模型时,STC层沿厚度方向共分为4层,使模型精细化,保证了结果的准确性。

(4)栓钉的模拟

清远洲心大桥的栓钉直径为13mm、高度35mm。在ANSYS中,采用弹簧单元COMBIN14进行模拟,弹簧刚度取120kN/mm,栓钉间距为150mm×150mm。UHPC与钢面板交界面上非栓钉处,均耦合UHPC底面与钢面板顶面的竖向位移,以符合真实受力。

模型的具体计算参数见表10-12。

模型计算参数表　　　　　　　　　　　　　　　表10-12

模型尺寸(mm)			STC参数		钢-STC连接方式	模型荷载	关注结果
长度	宽度	厚度(mm)	弹性模量(MPa)	泊松比	面内自由度通过栓钉连接,竖向自由度耦合	车辆活载	STC层及细节1~6的局部应力
12000	21004.2	50	42600	0.2			

2)疲劳分析结果

采用上述模型,运用疲劳车对模型进行加载,主要关注疲劳车作用下STC层局部应力、钢结构桥面板疲劳细节处的应力情况,具体结果如下。

(1)STC层局部应力

在各工况疲劳荷载下,STC层的纵桥向和横桥向局部拉应力见图10-66、表10-13。由计算结果可知:STC层横桥向拉应力在"骑U肋—跨中"工况下最大,为3.183MPa;STC层纵桥向拉应力在"正U肋—隔板"工况下最大,为4.242MPa。

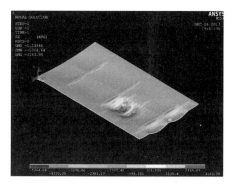
a)STC层横桥向最大应力

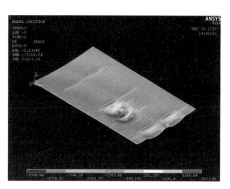
b)STC层纵桥向最大应力

图10-66 STC层局部应力图

各工况荷载作用下STC层顶面拉应力　　　表10-13

工　　况	横桥向拉应力(MPa)	纵桥向拉应力(MPa)
正U肋—跨中	3.180	4.032
骑U肋—跨中	3.183	4.031
跨U肋—跨中	3.181	4.029
正U肋—隔板	3.179	4.242
骑U肋—隔板	3.178	4.239
跨U肋—隔板	3.172	4.221
最大拉应力	3.183	4.242

(2)钢桥面板疲劳应力

按照热点应力法,在各疲劳工况荷载下,分别计算纯钢桥面和钢-STC组合轻型桥面各个疲劳细节的疲劳应力,汇总于表10-14。由计算结果可知,采用钢-STC轻型组合桥面板后,钢桥面板的疲劳细节应力大幅度减小,能很好地解决疲劳问题。

钢桥面结构各细节疲劳应力　　　　　　表 10-14

关注位置	应力参数	最大应力(MPa)		应力降幅	200万次疲劳容许值(MPa)
		纯钢梁	钢-STC		
细节1	SX	102.35	58.41	42.93%	70
细节2	SY	79.16	35.11	55.65%	70
细节3	SZ	108.75	57.50	46.94%	70
细节4	S1	53.75	32.36	39.80%	55
细节5	S2	98.06	47.09	51.98%	70
细节6	S3	40.68	26.06	35.94%	70

10.4.8 小结

通过对新型超宽幅钢-STC 轻型组合桥面关键技术的研究,得出如下结论:

①STC 层在车辆荷载和人群荷载偏载作用下,STC 层上、下缘应力差较小,STC 层近似于轴拉受力,即 STC 层破坏形态类似于轴拉破坏,STC 层的轴拉强度小于弯拉强度。计算表明 STC 层横向最大应力为 8.49MPa,这与 STC 层轴拉强度接近,但考虑到 STC 层内部密布钢筋网的作用,STC 层轴拉作用下的裂缝宽度仍可以控制在 0.05mm 以内,满足正常使用的受力要求,抗力显然满足设计要求。

②STC 层在疲劳荷载作用下的最大拉应力为 4.242MPa,远小于其名义弯拉应力容许值 21.7MPa(对应 STC25,钢筋间距为 5cm),没有疲劳开裂风险。

③在疲劳车作用下,正交异性钢桥面六类典型疲劳细节疲劳应力在 26.06 ~ 58.41MPa,均小于对应的疲劳强度,能够满足设计要求。因此,钢-STC 组合桥面结构可基本消除钢桥面的疲劳开裂病害问题。

10.5 课题四:跨水域桥梁排水系统关键技术研究

10.5.1 桥面水源分析

道路危险品运输车辆发生事故而导致危险化学品泄漏、污染敏感水体的问题一直受到相关部门的高度重视。对于跨越敏感水体的桥梁,设计完善的桥面径流收集系统是桥梁环境保护设计中不可或缺的内容。

近年来,与交通相关的一系列水体环境政策和法规相继出台。2007年,原国家环境保护总局、国家发展和改革委员会及交通部等部门联合下发的《关于加强公路规划和建设环境影响评价工作的通知》(环发〔2007〕184号)中明确规定:"公路建设应特别重视对饮用水源地的保护,路线设计时,应尽量绕避饮用水源保护区。为防范危险化学品运输带来的环境风险,对跨越饮用水源二级保护区、准保护区和二类以上水体的桥梁,在确保安全和技术可行的前提下,应在桥梁上设置桥面径流收集系统,并在桥梁两侧设置沉淀池,对发生污染事故后的桥面径流进行处理,确保饮用水安全"。

桥面水源主要包括污水、后段雨水、危化品。污水是指初段雨水冲刷路面产生的污水。《室外排水设计规范》(GB 50014—2006)(2014年版)规定,雨水调蓄量按4~8mm的降雨量考虑。后段雨水指桥面被初段雨水冲刷干净后的桥面雨水,这部分雨水被认为是干净的,可以排入保护水源。危化品,即危险化学品,一般由油罐车等工具运输,当发生危化品泄漏事故时,需要一套完善的桥梁径流收集系统,收集并汇流这些危化品至岸上的事故应急处理池中,从而使水源免受危化品的污染。

洲心大桥跨越饮用水源保护区,需研究桥梁的排水安全问题。

10.5.2　桥面排水设计

洲心大桥全长1872m,跨江段长约1060m,主体宽42m,总汇水面积约为44520m^2。由于洲心大桥跨度大、桥面宽,北江又属于水源保护区,因此针对洲心大桥设计了一套全新的排水系统,既满足排水、排污的需求,又能达到保护水源的环保要求。

10.5.2.1　雨量计算

根据《室外排水设计规范》(GB 50014—2006)(2014年版),雨水设计流量计算公式为:

$$Q_S = q\psi F \tag{10-4}$$

式中:Q_S——雨水设计流量(L/s);

q——设计暴雨强度[L/(s·hm^2)],根据设计重现期P和设计降雨历时t确定;

ψ——综合径流系数;

F——汇水面积(hm^2)。

雨水设计流量的计算步骤如下:

1)设计重现期

根据《室外排水设计规范》(GB 50014—2006)(2014年版)的要求,设计重现期$P = 10a$。

2)降雨历时

降雨历时t计算公式为:

$$t = t_1 + t_2 \tag{10-5}$$

式中:t_1——地面集水时间,根据规范,按立交情况考虑,取3min;

t_2——管渠内雨水流行时间,按流速3.9m/s考虑,单侧最远距离610m,计算时间取2.6min。

则$t = 3 + 2.6 = 5.6(\min)$。

3)设计暴雨强度

根据清远市暴雨强度公式:

$$q = 2549.35 \times \frac{1 + 0.576\lg P}{0.665(t+10)} \tag{10-6}$$

计算得$q = 646.48\text{L}/(\text{s} \cdot \text{hm}^2)$。

4)径流系数

根据规范要求,桥面为沥青路面,径流系数ψ值取0.9。

5)雨水设计流量

桥面雨水收集系统设计流量$Q_S = q\psi F = 646.484 \times 0.9 \times 4.45 = 2589\text{L/s}$。

10.5.2.2 水管道断面的确定

由于桥面设计总宽度为43m,实际桥面宽度为42m,两边各留50cm宽度作为花槽,排水管道设置在花槽的下方;此外,考虑到该容器安装固定需要一定的空间,最后确定该容器的宽度为40cm。在宽度限定的情况下,采用矩形断面,以便获得更大的过水断面面积。

该排水箱设于桥外两侧,向两岸延伸,共设置4个方向的出口。

据《室外排水设计规范》(GB 50014—2006)(2014年版),管渠水力计算采用水槽最大方向段传输雨量Q_C:

$$Q_C = Q_S/4 = 2589 \times 610/1060/2 = 745\text{L/s} = 0.745\text{m}^3/\text{s}$$

设计流量 Q 的计算公式为：

$$Q = Av \tag{10-7}$$

式中：A——过水断面面积（m^2）；
v——设计流速（m/s）。

设计流速的计算公式为：

$$v = \frac{1}{n}R^{\frac{2}{3}}I^{\frac{1}{2}} \tag{10-8}$$

式中：n——管渠粗糙系数，本桥导流槽采用不锈钢材料，系数取 0.012；
R——水力半径（m）；
I——水力坡降（m），设计取值为 0.03。

设计按非满流计算。经过试算，当雨水槽过水断面水深为 0.477m 时，过水断面面积为 $A = 0.4 \times 0.477 = 0.1908 m^2$，水力半径 $R = 0.1908 \div (0.4 + 0.477 \times 2) = 0.1409 m$，设计流速 $v = 1/0.012 \times 0.1409^{2/3} \times 0.03^{1/2} = 3.91 m/s$。

流量校核：$Av = 0.1908 \times 3.91 = 0.746 (m^3/s) = 746 (L/s) > Q_C$，满足流量需求。

经计算，该断面最低高度为 47.7cm，取断面高度为 50cm。

10.5.2.3 事故应急处理池容积确定

我国常见的运油品的槽罐车和化工液体运输车有多种容量，常见的最大容积约为 30m^3。假设桥面有一辆容积 30m^3 的槽罐车或化工液体运输车发生泄漏，危化品全部洒落桥面，用 20 倍水量稀释冲洗，共需 630m^3，故取应急处理池尺寸为 20m × 15m × 2.5m。

发生事故时，首先封闭桥面交通，人工关闭桥下落水管检查井连接市政雨水管道的阀门，并开启连通事故应急处理池的阀门；同时，采用细砂或中砂在岸上第一处落水管的桥面处设置拦水坝，并用高压水枪冲洗桥面，引导清洗后的污水排入该处落水管中，排入落水管检查井。在运输槽车到达应急池后，手动开启事故应急处理池的污水泵阀门，再启动污水泵，将池内污水抽至槽车运走处理，从而做到污水、危化品分流。

10.5.2.4 纵桥向排水构造

洲心大桥采用外挂排水管的方式收集运输桥面的雨污水、危化品。排水管材料采用 304 不锈钢。一方面是因为不锈钢的阻水系数较小，能快速排水；另一方面是因为其耐腐蚀性强,不需要经常更换。断面尺寸采用前文计算结果,取40cm(宽)×50cm(高),且采用开口断面形式,保证初段污水能全部通过该排水管排到岸上的市政集水井中;当暴雨历时较长,排水管满流时,后段干净的雨水可以从排水管溢出,排入江中,桥面就不会因为排水管满流而积水,保证了行车的安全。

10.5.2.5 横桥向排水构造

由于桥面人行道基座以及防撞护栏阻断了桥面水的横向流动,因此为了将桥面雨污水引入排水箱中,需在人行道基座以及防撞护栏侧边开孔设置雨水口。此外,桥面雨污水的运动行迹受横坡、纵坡的影响,实际上是沿着斜向运动的,这样就出现了以下问题:

①人行道基座之间积水,甚至漫上人行道。
②实际能流入排水箱内的水量大打折扣,不能达到设计目的。

为了解决这两个问题,在人行道基座开口处增设一道导流槽(图10-67),可以使进入人行道基座的水只沿着横向流动,最后全部汇入矩形排水箱中,大大提升了排水效率,有效解决了上述两个问题。

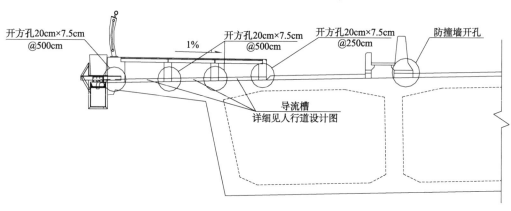

图10-67 横桥向排水构造图

10.5.2.6 上集水设计

一般桥梁在上岸的第一个桥墩处将桥上的水管接地,因此该处排水量比较大。为防止矩形排水箱端部积水溢出,故在其端部设置2根DN300管接入市政检查井(图10-68),再由市政检查井接入市政排雨水管道或者事故应急处理池中,完成最后的收水。在一般情况下,检查井通向事故应急处理池的阀门是关闭的,仅当桥面发生油罐车泄漏等紧急事故时,才关闭通向市政雨水管的阀门,开启通向事故应急处理池的阀门,完成对危化品的收集和处理。

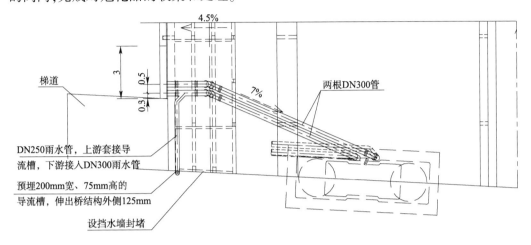

图 10-68　桥梁排水接地示意图(尺寸单位:m)

10.5.2.7　纵向排水管在桥梁伸缩缝处的构造措施

由于伸缩缝前、后两联桥梁的纵向变形是相互独立的,因此应在纵向排水箱跨越伸缩缝处设计一个可满足纵向伸缩变形的装置,防止排水箱因变形而损坏。

受栏杆在跨越伸缩缝处构造措施的启发,在两侧水箱内侧内置一个钢套箱,钢套箱与上游钢水箱焊接,与下游钢水箱之间塞满橡胶密封圈,并在上方设置矩形压条,以确保内置的钢套箱与下游钢水箱之间能发生纵向相对移动而不受约束,同时不会向上翘起,具体构造详见图 10-69。

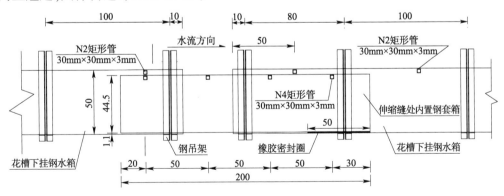

图 10-69　伸缩缝处排水构造图(尺寸单位:cm)

10.5.2.8　水箱纵向限位措施

由于钢水箱纵坡较大,且排水行程较长,导致钢水箱最低处水流速度较快,会对水箱产生较大的冲击,使水箱沿纵向发生位移,而这种位移对于排水系统来说是不利的,也是不允许发生的。

为解决这个问题,在水箱侧壁外侧焊接矩形限位挡块,设置于水箱支架上游并紧邻支架,两侧共设置4个限位挡块,以达到纵向限位的作用,具体构造见图10-70。

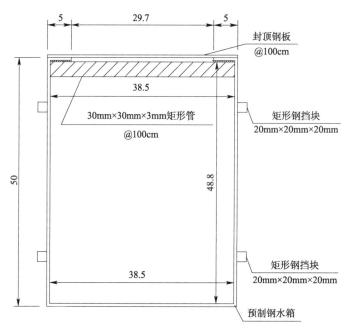

图10-70 水箱断面图(尺寸单位:cm)

10.5.2.9 沉淀池净化系统

目前,桥梁两端通常不设置沉淀池,或者仅设置规模较小的储水池。由于桥面雨水污染物浓度高,一般水池的沉淀效果不佳,导致雨水直接沉淀后的水质较差,直排入水源地会造成一定的污染;危险品运输车辆在桥梁上发生事故倾倒、泄漏废水或有毒有害液体时,通常没有对应的配套处理设施,或者配套设施不便于管理和操作,使得桥梁桥面存在液态危险品泄漏、污染当地水源的隐患。

本工程设计的净化分系统可以兼作桥面危险品运输车辆发生事故时的废水净化处理、存储设施,即桥面雨水和废水采用同一套收集系统,收集系统简单、保障度高、处理设施效果好、处理效率高(图10-71~图10-76)。平时用于桥面雨水收集和转输,当突发液态危险品泄漏事故时,可作为事故应急设施,将液态危险品收集、汇排至岸上,进行适当的净化处理后临时储存,方便转运或接驳市政污水系统做进一步处理,可实现对桥面雨水、废水、液态危险品的净化和应急处理。

第10章 主要研究课题与创新成果

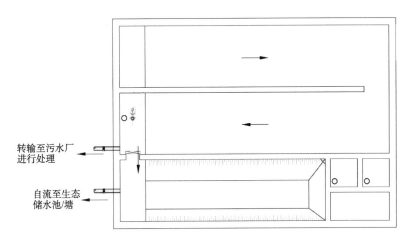

图 10-71 环保净化设施底部平面图

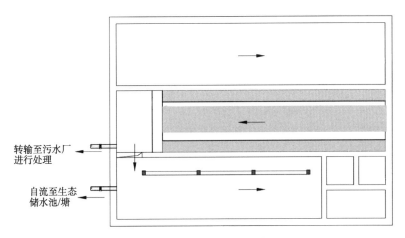

图 10-72 环保净化设施下部设备平面图

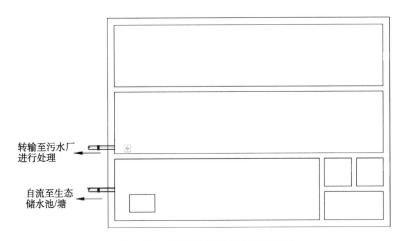

图 10-73 环保净化设施上部平面图

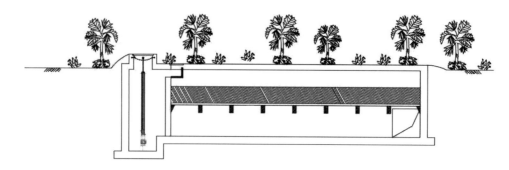

图 10-74 环保净化设施 A-A 剖面图

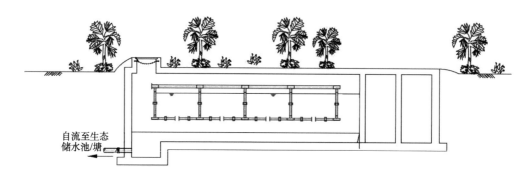

图 10-75 环保净化设施 B-B 剖面图

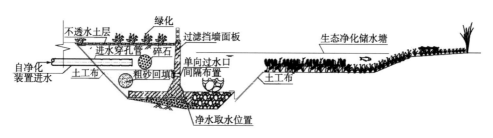

图 10-76 生态储水池(塘)示意图

10.5.3 小结

洲心大桥的排水系统既可以收集桥面雨水,又可以集流由于突发事故泄漏的危险化学品,保证了北江水源的安全和桥面排水的畅通。通过对该系统的设计、计算,得到如下结论:

①该排水系统能够满足收集桥面雨水、事故危化品径流的要求,能较为全面地进行"水""污"的收集、分离和处理。

②通过计算可知,洲心大桥排水系统采用的40cm(宽)×50cm(高)矩形开口断

面能够满足规范规定的重现期内桥面雨水的截流功能要求,所设计的事故应急处理池能满足收集一次化学危险品泄漏事故中全部污染物的要求。

③通过各种细部构造处理措施,例如伸缩缝处理措施、纵向限位措施等,确保排水系统能够有效、稳定运行。

目前,全社会对于保护环境已经达成共识,工程建设均要以不污染环境为前提,而水环境的保护更是重中之重。随着社会的不断进步、发展,对交通的要求也越来越高,大量新建跨水域桥梁成了必然的趋势。对于在桥梁建设的同时保护水环境,洲心大桥的排水系统可以作为一个很好的参考,为今后的桥梁排水设计提供新的思路。其排水设计理念不仅适用于新建跨水域桥梁,同样适用于已建桥梁的排水改造。

10.6 课题五:串珠状岩溶区超长嵌岩桩连续持力层营造方法研究

针对洲心大桥桥位处的工程地质情况,总结分析溶洞地区桩基持力层的确定方法,结合本桥实际地质情况,选择合理的持力层营造方法以指导桩基设计。

10.6.1 岩溶区桩基设计现状及溶洞危害

我国南方较多地区地质条件复杂,岩面起伏剧烈、强弱夹杂、岩溶发育,基岩内除节理、裂隙发育外,还存在较多破碎或软弱夹层。岩溶发育主要表现为溶蚀、牙笋、石钟乳、溶沟、溶槽、溶洞、暗河等。溶洞在平面可成点状、网状、片状,在竖向可发育成连续串珠状。溶洞的内填物、连通性、水活动性程度各有不同。

因此,在选择岩溶区大跨径桥桩的桩型、桩长时,如果覆盖土层较厚,且稳定持力土层也有一定厚度,桩基础可考虑设计为摩擦型的小直径多桩或钻孔灌注群桩或预应力混凝土管桩;如果持力土层的摩擦力不足,或持力土层已邻近基岩面,易软化和形成土洞,则可考虑采用端承摩擦桩或嵌岩桩设计,以较少根数的大直径桩基进入岩层。

在广东北部复杂岩溶地区,单层溶洞洞高在0.3~25m,竖向可发育2~10层。同一根桩基的3~8个钻孔,在同一截面上或同一高度范围,有的未揭示溶洞发育,有的揭示为小溶洞发育,有的揭示为大溶洞,溶洞发育、基岩面起伏极其复杂。一桩多孔的勘察是必需的,但也只能做到尽量摸清各桩基溶洞在平面、竖向分布上的大致趋势和范围。

一般地,串珠状岩溶区桥梁单跨跨径在30~200m,桩径在1.2~2.5m,竖向设计承载力值在5000~25000kN,长度40m左右的桩基很普遍,桩长甚至可达70~100m。在嵌岩桩基竖向穿越岩溶层的成孔施工中,易发生斜偏孔、漏浆、塌孔、卡锤、埋锤、地面裂缝、塌陷等事故和危害,需辅以黄泥片石和水泥充填封堵、(多层)钢护筒跟进护壁、灌注水泥或混凝土造壁二次成孔、溶洞内预压浆固结等综合措施加以处理。

加强勘察、施工安全措施与应急预案,可大大降低一般事故的发生概率和危害性。但地面整体塌陷、卡锤、埋锤事件的危害性和影响面往往很大。例如,卡锤、埋锤事件一旦发生,对整个结构、工程的安全、质量、工期与通车时间均会造成重大影响,处理起来费力耗时。采用孔内蛙人水下捞锤作业,有时是有效的,但人身危险性很高,且打捞成功概率较低,有可能造成工期贻误甚至导致整个项目通车时间的推迟。

10.6.2 桩底后注浆处理研究

洲心大桥桥位处岩溶发育且溶洞发育随机性强,特别是主墩处桩顶反力大,桩基数量多、桩长长,设计、施工难度均较大。洲心大桥桥位场地地层自上而下为:素填土、粉、细砂、圆砾中砂、淤泥质粉质黏土、粉质黏土、卵石质砾砂、卵石、砾砂、灰岩等,基岩岩溶发育,岩石裂隙和方解石脉发育,多为1~11层不同高度的溶洞,部分钻孔呈串珠状小溶洞发育,厚度0.20~15.60 m,见洞率为81.25%,溶洞主要为全充填或无充填,少量为半充填,填充物主要为软塑~可塑状粉质黏土,钻进时多发生漏水现象。

为降低溶洞发育地区长桩基施工难度及风险,减少施工费用,本桥采用了一种新的设计思路与施工方法,适用于串珠状岩溶区桥梁嵌岩桩(尤其是大跨超长桩基)的设计桩长优化、桩基施工中桩底持力层的缺陷主动识别与置换。

10.6.3 双液高压旋喷注浆法

双液高压旋喷注浆法将水泥、水与水玻璃混合液按一定比例配合,利用高压泥浆泵把浆液从喷嘴中喷射出去,形成高压喷射流,冲击破坏岩土体,同时借助注浆管的旋转和提升,使浆液与从土体崩落(切割)下来的土粒、砂粒搅拌混合,凝固后,在岩土体中形成水泥、砂、土体混合的具有一定强度的固结体。采用双液注浆的目的是,按一定比例掺入水玻璃,缩短水泥浆的凝固时间,降低水泥浆液在空洞内的流动速度,使水泥浆能在可控的范围内高效固结,利于溶洞的充填,极大地提高了溶洞的处理效率。

根据水灰比、水泥浆与水玻璃比例的不同,水泥-水玻璃浆液凝固 3d 的强度可达到 4~17MPa,强度指标可满足持力层要求。查阅文献发现,大多数理论研究和实际工程将双液高压旋喷注浆法用于加固处理,很少用于桥梁桩基持力层,缺少理论分析,对双液高压旋喷注浆法施工工艺的研究不够深入。

经过理论分析和工程实践,本项目提出了双液高压旋喷注浆法工艺要求,保证溶洞顶、底板接触面整齐,注浆液完全填充溶洞空间,水泥土固结体与岩体充分接触,岩层溶洞顶板范围内无缝隙,解决溶洞顶板裂隙和空隙问题。

双液高压旋喷注浆法具体要求如下:

1)注浆钻孔布设

桩基成孔后、混凝土浇筑前,将原声测管替换成 6 条直径 127mm 的钢管进行预埋设,见图 10-77,既可用于声测,又为后续的桩底下持力层取芯提供条件,节约对桩身混凝土钻孔时间。如果在钻进过程中,在考虑的持力层深度范围内出现溶洞,就直接利用预留的孔道对其进行双液旋喷注浆,以达到桩底持力层的设计要求。

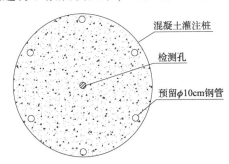

图 10-77 直径 220cm 桩基取芯预留钢管示意图

2)注浆孔钻进

利用 XY-1 钻机,采用直径 91mm 的钻具,通过预留管直接下放至孔底,钻穿溶洞并进入溶洞底板 0.20~0.50m。如存在多层溶洞,则先从最上面的溶洞开始处理;上层溶洞处理完后,钻进并处理下一个溶洞。

3)水泥-水玻璃混合浆的配制

溶洞内注浆材料采用水泥、水、水玻璃,按比例配制,配合比(质量比)为水泥:水:水玻璃 = 1:0.8:0.12。注浆前,宜通过试验试配确定配合比,以满足旋喷注浆施工对浆液流动性和固结体抗压强度指标的要求,要求水泥土固结体 28d 龄期单轴抗压强度不小于 15MPa。

4）双液旋喷注浆施工参数

压力:25～28MPa。流量:60～70L/min。提升速度:8～10cm/min。旋转速度:8～10r/min。喷射段为洞顶上延 0.5m,洞底下延 0.2～0.5m。

5）补浆

旋喷注浆结束后,应及时进行孔口补浆,消除浆液回缩,在终凝前将钻杆拔出。

6）检验

如果遇到溶洞,采用双液旋喷注浆后,在桩基的中间位置进行钻探取芯,检验持力层溶洞的处理效果。如果在溶洞处取出完整的双液固结体,并且可以达到持力层的强度,即视为处理合格;反之,应再次对持力层内的溶洞进行双液处理。

7）其他

①钻孔遇到较大空洞时,可从溶洞底自下而上分层进行双液高压旋喷注浆。

②钻进时,如果出现严重漏浆的钻孔,高压旋喷注浆过程中可先进行孔底低压充填注浆(驻喷)一段时间,然后进行高压旋喷注浆,直至孔口返浆。

10.6.4 溶洞顶板受力分析

10.6.4.1 溶洞顶板弯曲破坏分析

顶板岩层较完整时,可按两端固定梁计算,其计算跨径取桩径。注双液浆前、后剖面见图 10-78,对应的简化计算模型见图 10-79。

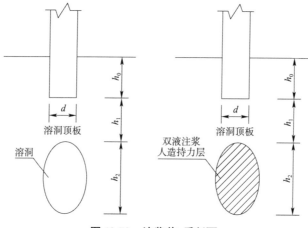

图 10-78 注浆前、后剖面

第10章 主要研究课题与创新成果

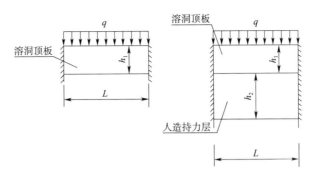

图 10-79 注浆前、后简化力学模型

10.6.4.2 溶洞顶板冲切破坏分析

大量研究表明,溶洞顶板最易发生冲切破坏。偏安全地不考虑人造持力层的锥台效应,形成人造持力层后溶洞顶板受冲切的受力简图如图10-80所示。

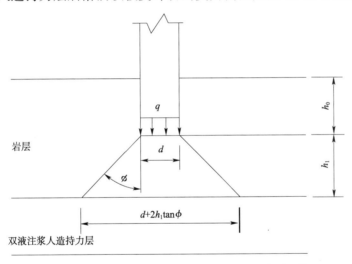

图 10-80 形成人造持力层后溶洞顶板受冲切的受力简图

10.6.5 三维有限元模型计算分析

为进一步保证工程的安全性,采用 Midas/GTS 建立 15 号主墩 15-5-2 桩基对应的三维有限元桩基—溶洞—顶板—人造持力层相互作用力学模型来模拟其实际受力,模型见图10-81。

采用梁单元模拟桩基,采用实体单元模拟土层、溶洞顶板及人造持力层。模型计算范围取 6 倍桩径。土体、岩体及人造持力层均采用 Mohr-Coulomb 模型,桩身采用混凝土线弹性模型。通过设置桩侧岩土界面参数来模拟桩与岩土的接触。由于桩基为嵌岩桩,为建模方便,将桩身溶洞、灰岩均化为一个整体。计算中所需的土体、灰岩、溶洞、人造持力层参数包括重度、弹性模量、泊松比、黏聚力、内摩擦角,取值如表10-15所示。

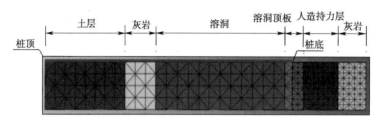

图10-81 1/4三维有限元模型

材料物理力学参数　　　　　　　　　　　　　　　　表10-15

材料类型	重度(kN/m³)	弹性模量(MPa)	泊松比	黏聚力(kPa)	内摩擦角(°)
土体	18	40	0.35	15	25
灰岩	27	40000	0.20	2000	40
溶洞	17	10	0.30	10	20
人造持力层	24	20000	0.27	1000	35

10.6.6　人造持力层营造方法的实施过程

1) 大直径钢管的备材及埋设

在各桩终孔并完成孔底清孔后,于桩身钢筋笼内侧预埋若干大直径钢管。

管的工艺性能和材料规格必须满足《混凝土灌注桩用钢薄壁声测管及使用要求》(JT/T 705—2007)和高压注浆环境的使用要求,在连接或焊接后进行密水性和耐压性试验,应不漏浆。外径一般采用127mm(以下简称"大声测管"),壁厚一般选3~4mm。底部应采用焊接盲盖或10mm厚钢板临时封底。声测管一般比桩头高30cm,比桩底短15~50cm。声测主管可选择的标准长度一般为3m、6m、9m。管连接可采用声测管配套产品,也可采用外焊钢套管,各连接焊缝均采用焊脚尺寸为6mm的角焊缝。管壁厚度宜适中;过薄则施焊时易穿孔,且接长时易变形、偏位;过厚则施工困难、不经济。

大声测管的埋设根数与间距既要符合相关检测规范的规定,也要根据桩径、高压水与水泥浆的压强、有效作用半径、工艺水平等进行合理确定。一般在钢筋笼的加劲圈筋内侧均匀绑焊布设,间距1.0~1.2m,其中心距离桩周17.5~21cm。一般而言,对于直径1.2~1.3m的桩基,沿桩周布置3~4个孔;对于直径1.5~1.6m的桩基,沿桩周布置4~5个孔;对于直径1.8~2.0m的桩基,沿桩周布置5~6个孔;对于直径2.2m的桩基,沿桩周布置6~7个孔;对于直径2.5m的桩基,沿桩周布置7~8个孔。后期如需高压注浆处理持力层,则在直径1.8~2.2m的桩基的桩心增加1个混凝土钻孔,进行加密施工;在直径 2.5m 的桩基的桩心增加 1 个或离桩心 0.4~0.6m 距离均匀增设 3 个混凝土钻孔,进行加密施工。

大声测管一般随钢筋笼分段安装。放入桩孔时,应防止钢筋笼扭曲。每埋设一节后,均应向声测管内加注清水。管安装完毕后,应将上口加盖或加塞封闭,以免浇灌混凝土时落入异物而致使孔道堵塞。

绑焊固定点的间距一般不超过 2m,声测管底端和接头部位宜设固定点。当采用焊接时,应避免焊液流溅到管体或接头上,应避免烧穿管壁或在内壁形成焊瘤。

如需截断大声测管,不宜用电焊烧断,宜用切割机切断,并对管口进行打磨以消除内外毛刺。

待被检桩基的混凝土龄期大于 14d 后,进行声测。宜在 28d 龄期后,进行桩底持力岩层的钻孔抽芯检测和改造。

2)持力岩层地质钻孔取芯

(1)确定地质钻孔的孔位和个数

为较准确地探明桩底持力层是否存在软弱层,同时能相对省时省力,可遵循对称、跳孔的原则,沿桩周的预埋管对称钻 3~5 孔进行检查。

(2)地质钻机就位、对位

水平校正,使钻杆轴线垂直对准钻孔中心位置。对于直径 1.8~2.5m 桩基的混凝土孔位,放样误差应不大于 5cm。

(3)钻进、取芯,判断是否处理

采用 ϕ91mm 成孔钻具,通过预留管直接下放至桩底,钻穿管底封板,钻进持力岩层至桩底以下不小于 3d(d 为桩基直径)或 5m,宜钻进至 5d;如遇溶洞,需进入溶洞底板基岩 1m。

对于直径 1.8~2.5m 桩基的混凝土桩身孔,应采用 ϕ101mm 成孔钻具钻进。

钻进时应取芯留样,应详细记录孔位、地层情况及终孔深度;如遇溶洞,应准确记录溶洞顶、底板埋深及岩性、充填物、漏水、连通、钻进速度等情况。钻进或注浆暂停时,孔口应加盖保护;若时间较长,应采取措施防止坍孔。根据勘察成果分析软弱层的有无及在竖向和水平面的分布、发育、连通情况。

如果未发现软弱层,则对所有孔位直接进行灌浆封闭。如果发现软弱层,则对所有预埋管位进行地质钻孔和注浆处理。如果存在多层溶洞,则先从最上面的溶洞开始处理;上层溶洞处理完成后,钻透水泥浆固结体至下一个溶洞,进行处理。对于直径 1.8~2.5m 桩基桩心的 1~3 个混凝土钻孔和加密注浆,也可在完成桩周预埋孔钻孔和置换注浆后再实施。

3)预埋孔口管,建立孔口注浆装置

注浆前,在预埋钢管或混凝土抽芯孔的上部,预埋带有开关的单管接头或混合器式孔口注浆装置,然后用水泥或水泥与堵水剂混凝材料将孔口装置与管壁或孔壁之间的空隙固定、密封。埋设孔口装置的水泥砂浆固结时间为 48h,强度不小于 15MPa,孔口耐压不小于 5MPa。

4)放入喷嘴、喷杆到孔底,连接导流器

5)高压清水切割、清洗软弱层

自下而上喷射高压清水,扩大作用半径、孔径,边回转边提升,对软弱层进行切割、清洗,桩底要求搭接不少于 50cm。要求喷洗次数不少于 5 次,直至桩投影区域及周边切割彻底、清洗到位且孔口返出稳定清水。

6)空压机气举反循环排渣

通过空压机,压入高压空气,采用反循环,将中粗砂、砾石、岩体碎块等沉渣尽可能地排至地面。

7)配制水泥浆

注浆材料既需满足旋喷注浆施工对浆液流动性的要求,也需满足水泥浆固结体抗压强度指标的要求。作为主要注浆材料,水泥、水应满足规范及设计要求,并由试验室试配,达到最佳配合比。宜采用 42.5R 普通硅酸盐优质水泥,水泥:水的一般配合比(质量比)范围为 1:0.4~1:1,宜为 1:0.8。所用水泥、外加剂必须符合有关质量标准。应对水泥进行抽样检查,不得使用受潮结块水泥。可采用质量或体积法称量,误差应不大于 5%。应严格控制水灰比,将水泥浆搅拌均匀。水泥浆的搅拌时间:采用高速搅拌机时不应少于 3min;采用普通搅拌机时时不应少于 5min。

于使用前的现场试验后确定外加剂掺量。减水剂占水泥浆质量的比例约为 4‰;宜适当掺配水玻璃,以减小高压水泥浆的扩散速度和距离,并加快其凝结,尤其对于平面空间很大的溶洞。一般要求 28d 龄期单轴抗压强度不小于 15MPa,处于 15~30MPa 范围。

8)高压旋喷双液注浆作业

(1)旋喷操作过程及参数控制

将注浆管插入需处理的软弱层层底,进行水泥浆高压喷射作业。开动高压注浆泵,高压喷射器于孔底回转驻喷10min,再启动钻机,一边回转,一边缓慢提升。旋喷头的喷射压力为25~30MPa,水泥浆流量为90~100L/min,回转速度为10~40r/min,提升速度一般为7~20cm/min,首次喷水(浆)速度宜为10cm/min,复喷水(浆)速度宜为15cm/min。注浆段内由下而上直接喷浆不少于2次。

鉴于溶洞、切割孔洞、裂隙大小不等,不同软弱层的水泥用量差别较大,灌浆的原则是将溶洞、孔洞及裂隙填充饱满。如果用量较大,在不堵管的情况下,可适当增加水玻璃用量。如果遇较大空洞,可从该层溶洞底自下而上分层进行高压旋喷注浆施工,使浆液在桩周以外进行有限的扩散;对于钻进时发生过严重漏浆的钻孔,可先进行孔底低压充填注浆,驻喷一段时间,然后进行高压旋喷注浆。当注浆孔、相邻孔返出稳定、饱满的水泥浆时可停止注浆。结束旋喷后,应立即将施工机具设备冲洗干净,防止水泥浆凝固、堵塞管路。

(2)注意事项

①高压旋喷应按序跳孔进行,相邻孔高压旋喷间隔时间不宜少于24h,防止影响相邻孔的旋喷桩浆液固结成桩。

②放入喷射管前,应进行地面试喷并调准。

③放入、拆卸喷射管时,应采取措施防止喷嘴堵塞。

④当喷头下至高压旋喷注浆设计深度,应先按规定参数送浆,进行驻喷。

⑤高压旋喷注浆应全孔连续作业。拆卸喷射管后或因事故中断后恢复施工时,应进行复喷,保证搭接长度不小于0.2m。

⑥在高压旋喷注浆过程中,出现压力突降或骤增、孔口回浆浓度或回浆量异常等情况时,应查明原因,及时处理,恢复正常后方可继续旋喷。

⑦施工中应如实记录各项参数、浆液材料用量、异常现象及处理情况等。

⑧双液高压旋喷注浆时,应监测提升速度、喷射压力、流量和密度四个参数。

9)孔口补浆

旋喷注浆结束后应及时进行孔口补浆,消除浆液回缩。现场工作人员根据孔内的水泥浆液面确定该孔的注浆时间及注浆量。

10)孔口憋浆

孔口补浆结束后,打开注浆管连接孔口开关并向孔内注入较浓水泥浆,使桩底持力层内的水泥浆渗透的影响范围加大。孔口憋浆泵压为2~4MPa。一般在高压旋喷注浆 3h 内完成憋浆。

11) 完成各孔对该软弱层的注浆

按跳孔对称的顺序,完成各孔对该软弱层的注浆。

12) 由上至下逐层置换各软弱层

先处理、置换与桩底接触或最近的软弱层,然后由上至下,逐层钻透水泥浆固结体,逐次处理、置换各软弱层。

13) 质检部门或检测单位随机抽芯检测

质检部门和检测单位结合实际地质情况以及业主、监理意见,按相关规范的规定,按确定的检测频率、方案进行随机抽检。

上述施工工艺流程见图 10-82。

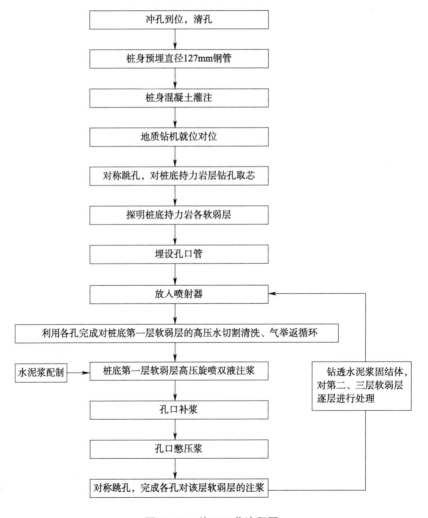

图 10-82 施工工艺流程图

10.6.7　人造持力层营造方法的独创性和新颖性

人造持力层营造方法适用于串珠状岩溶区嵌岩桥桩设计桩长的优化和桩基施工,尤其适用于大跨超长桩基。其特点如下:

1)主动优化设计,有效缩短设计桩长,减少深层冲孔可能的遇溶风险

一般情况下,桩基终孔原则为桩底嵌入中微风化岩层不小于 3 倍桩径,且桩底以下 3 倍桩径深度范围为完整的中、微风化持力岩层。但对于串珠状岩溶区,若按上述方法确定桩底高程,则会导致出现大量超长桩。

为了有效缩短设计桩长,减少深层冲孔可能的遇溶风险,提出了主动优化设计方案——对于某个持力岩层高程值,如出现下列情况之一,则可以考虑将该高程作为桩底高程,并采用双液高压旋喷注浆处理法形成人造持力层,从而有效优化、缩短桩长:

①各勘察孔显示该桩底已嵌入中、微风化岩层不小于 1 倍桩径,其以下 3 倍桩径深度范围仍为微风化或中风化以上的持力岩层,但存在软弱夹层或不太大的溶洞。

②桩位处地质复杂,受条件限制,已有勘察孔数不多,孔深不足,导致可能未完全揭示出软弱夹层或不太大的溶洞。

③针对群桩基础,桩长变化幅度较大,桩长较长,继续施工会使得费用和风险增大。

2)主动、简便地完成检测,通过置换处理桩底持力软弱夹层、溶洞等缺陷

人造持力层营造方法可以较为便捷地完成嵌岩桩底持力层的检查、软弱夹层和溶洞的完全置换,改变了事后被动检测发现或被动处理的模式,也改变了对桩身由上至下展开通长、多钻孔、大面积混凝土抽芯的检测方式,从而营造连续传力层,满足相关规范以及桩基竖向设计承载力的要求。

对于设计时或施工中各方确定需对桩底持力层进行检测或加强处理的个别桩基,在桩基成孔后、浇筑桩身混凝土前,在桩身预埋设若干等间距大直径通长钢管,其目的是:①用于进行桩基完整性的超声波检测;②为接下来对桩底持力层进行地质取芯、软弱层置换提供通道。利用此预留通道,对桩底持力岩层进行地质钻探取芯,检查其是否满足基岩连续和完整性的要求;如果发现桩底基岩在规范要求深度范围内存在软弱层,可再次利用此通道,对桩底持力岩层缺陷进行高压水气切割清洗置换和高压双液旋喷注浆后处理,在桩底以下不小于 3 倍桩径或 5m 的桩周附近范围营造与

基岩结合良好、紧密、连续、充盈的竖向传力层。

10.6.8　人造持力层营造方法的显著优点和良好效益

与现有多孔超长勘察钻探、被动发现嵌岩桩底缺陷与安全隐患后再实施超长桩底持力岩层的加固补强相比，本方法有如下显著优点和良好效益：

①在设计过程中，主动在桩端营造连续持力层，结合各桩位处岩层与溶洞在竖向上的地质构造和具体分布，扩大桩长以及桩端持力层高程的选择范围，可较显著地提高部分桩基桩底高程，缩短桩长，减小冲孔遇溶风险，缩短桩基施工期，降低桩基工程量，节约投资。

②将后期被动随机抽检加固变为过程中主动、全覆盖排查与处理，保证了工程的质量与安全。在嵌岩桩底软弱层检测、发现、处理方面，将外界的质量监督机构或独立的第三方后期抽查、监控，内化为参建各方共同参与、全过程主动排查与自行处理，可更好地统筹、协调和组织，提高效率，节约时间。现行有关规范规定，嵌岩桩基抽芯频率不应少于嵌岩桩基总数的10%且不应少于10根。本方法在桩底软弱层揭示和处理的覆盖率与数量控制方面，大大优于随机检查方式。

③将以往的桩底软弱层与高压水泥浆混合加固，变为彻底的替代与置换。桩底附近一定范围持力岩层内的软弱岩体、土层，通过高压水的旋转喷射切割、清洗和高压气体的托举反循环，置换至地面并排出。通过双液高压旋喷注浆，在桩底主动营造连续、良好的持力岩层。达到一定龄期后，经工地抽芯试验证实，桩底持力层段水泥浆体和新鲜岩层结合良好，无断层，无空隙，紧密胶结，芯样连续；水泥浆砌体的抗压试验表明，其承载力能够达到15MPa以上，可有效提高基岩竖向承载力和整体稳定性，满足相关规范规定和设计要求，保证桩基施工质量和结构安全。

④在桩身混凝土浇筑前预埋若干大直径钢管，形成桩身内部的竖向预留通道，一管多用，可兼作桩基声测管，完成桩身混凝土的完整性检测。由于预设钢管通道的平面和垂直度定位均较为精准，且有周边混凝土的良好嵌固支撑，与超长钻探勘察的常规施工方法相比：无须敷设多层套管；钻孔不会倾斜跑偏；钻杆可顺利、快捷地直接下至桩底，不会出现钻进困难、漏浆、耗时的问题；只需对桩底的持力层进行钻探，大大节约了对超长桩身混凝土进行钻孔取芯的时间和费用；提供泥浆、碎块的置换清渣通道和注浆出浆通道，完成对桩底持力软弱层的改造，以达到设计和规范要求。

第10章 主要研究课题与创新成果

10.7 课题六：分级连续测力调力球型支座及集群控制体系技术研究

10.7.1 研究意义

对于各种预制梁和连续梁结构，软土地基的存在或桩底沉淀土厚度不均易引起墩台基础间纵、横桥向的差异沉降；施工质量与误差也会导致纵、横桥向各支座下垫石面的不齐整、不平顺。除此之外，当采用跨度悬殊的多孔桥或小半径弯桥或超宽断面多支座布置时，预应力张拉、温度作用、活载等因素均可导致桥梁不同支座间实际承压不均、偏离设计受力较大，甚至出现局部支座脱空现象。对于跨径超大且断面超宽的桥梁，如果墩梁非固结、梁体自重大导致支座吨位大，横桥向常设置较多支座，以共同分担和协调受力；当各支座实际受力分布与设计偏差较大时，将会改变上、下部结构的受力状态，给整个结构体系带来安全隐患。

桥梁支座是连接上下部结构的重要部件，能将上部结构的恒载、活载和变形(位移和转角)可靠地传递给下部结构。球型支座具有承载力大、可靠性强、线位移大、转角灵活且各向转动性能一致的优点，温度适用范围广、耐久性好、使用寿命长，因此被日益广泛地运用到各类公路、铁路、城市桥梁及建筑结构中。

但与传统的板式、盆式橡胶支座一样，传统的球型支座既不具有测力方面的构造与功能，也没有调力方面的构造与功能：

(1) 传统球型支座缺乏测力功能

测力功能的缺乏导致在安装与运营过程中，不能直观、便捷地检测和长期跟踪支座集群的受力状态，继而无法分析判断上部结构的受力情况，不利于及时动态开展桥梁结构健康状况的监测和评估；在施工运营的若干特殊工况、关键节点或出现异常状况时，也难以实时、多次、较准确地测取支座实际竖向载荷值，无法进一步分析上部结构各截面实际的内力分布情况，从而难以对设计方案的合理性和实际结构的受力状态、安全性、可靠性做出直观的验证与评估。

(2) 传统球型支座不具备调力功能

施工高度误差和使用期间恒活载、不均匀沉降、温度等效应均可导致支座受力不均。当发现支座受力异常或卸载脱空时，传统球型支座无法实现对支座受力进行重新调整。为使桥梁及支座处于较理想的受力状态,满足安全与耐久性要求,需要对受力较差的支座进行调力。对于现状梁体的既有传统支座的调力,目前主要采用千斤顶顶升梁体、加垫单层或多层薄钢板的外辅助调力支座方法,比较费时费力,且需中断现状交通。

本研究针对支座集群控制体系开展研发,实现对各种吨位支座群的分级连续、同步多次的测力与调力,实现对支座群的人工现场监测或远端长期、连续、有效的自动监测,为相应的数据库分析评估与预警提供技术支持。

10.7.2 发展现状与趋势

10.7.2.1 测力支座发展现状

近年来已开发出一些测力支座,多是将测力传感器直接安装在支座的结构部件上,存在测量范围小、测量精度差的不足。

传感器是测力支座最为核心的部位,传统的主要有液压测量装置和电阻式应变传感器。液压测量装置主要应用于盆式橡胶支座上,其做法是在支座的承压橡胶中预先埋设油腔,并设油嘴与外面联通。由于液体具有黏滞性,液压测量装置不能用于动荷载测试;此外,通过测量油压计算支座受力,测量局限性大,测试方法与技术性能较为落后,精度低,故未能大规模推广。电阻式应变传感器发展时间较长,技术成熟,但受温度、湿度等环境影响较大,难以准确、长期、实时地监测和记录支座的受力情况,测力结果不够精准,耐久性差,使用寿命短。

10.7.2.2 调力支座发展现状

调高支座与调力支座的出发点和侧重点有所不同,目前新研发出的一些调高支座也兼具调力功能。调高支座主要分为四种类型:支座体内或顶部加垫薄钢板调高、支座体内螺旋调高、支座体内楔块调高、支座体内压注液体调高。前三种均需千斤顶顶梁或千斤顶辅助支座的调高操作,其周期长、效率低,用于运营桥梁时需要中断交通;第四种为较新型的调高支座。

10.7.2.3 发展趋势

随着桥梁建设的发展,需要实现支座集群控制体系,以求实现各级吨位支座群的分级连续、同步多次的测力与调力,实现对支座群的人工现场检测或远端长期、连续、有效的自动监测,为相应的数据库分析评估与预警提供技术支持。

因此，为满足当前桥梁结构监测、研究的需要，研发可调节测力球型支座对桥梁安全监测具有重大意义。

10.7.3 分级连续测力调力球型支座及集群控制体系的技术开发

10.7.3.1 测力调力球型支座

测力调力球型支座将调力技术和光纤光栅测力技术集为一体，可实现对力值进行调整并可实现支座受力实时监测和数据传输；当监测到支座受力不均匀或地基沉降超过设计容许值时，可以对支座进行调力，以使支座的受力重新达到合理范围内，减轻受力不均匀对梁体及墩部造成的损伤。

测力调力球型支座在球型支座上设置光纤光栅测力模块及调力系统。光纤光栅测力模块与支座外围的解调仪通过光缆连接。当支座受到竖向承载力时，光纤光栅测力模块能准确感知压应力并传输给解调仪。调力系统包括支座内部调力系统和外部加注设备调力系统。支座内部调力系统包括密封板、调力填充垫板、调力填充管道及进出通道内螺纹预留孔。密封板的周边与容纳腔的侧壁密封贴合。调力填充垫板设置在对应调力层的密封板下方，调力填充垫板的顶面与密封板的底面贴合。调力填充垫板内设置调力填充管道。进出通道内螺纹预留孔设置在容纳腔的侧壁，与调力填充管道相连。外部加注设备调力系统通过进出通道内螺纹预留孔与调力填充管道连通。支座结构主要组成见图10-83。

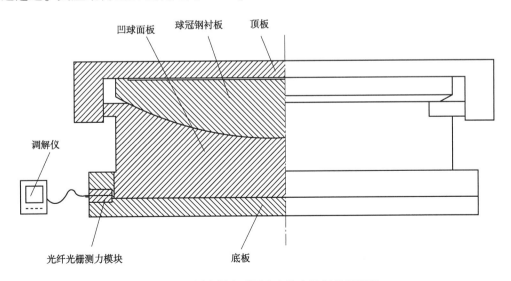

图 10-83 测力调力球型支座的主要组成示意图

测力调力球型支座的关键在于在确保支座承载力、水平力、转角、位移等性能的前提下,将测力构造、调力系统、支座结构集为一体,采用注射双组分填充材料方式进行调力,调力系统工作流程见图10-84。为防止双组分填充材料凝固后堵塞管道结构,确保调力功能能够多次正常进行,将支座内部设计成多腔体多管道相互独立结构,确保每次的调力结构互不干涉。测力调力球型支座满足桥梁支座性能使用要求,是一种大负荷传感器,可对作用在支座上的载荷进行监测读取;同时,也是一种大吨位的"千斤顶",可在持荷状态下对支座的受力进行调整。

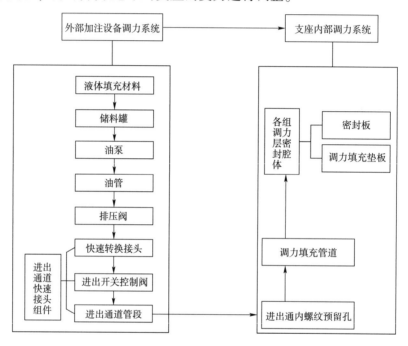

图10-84 调力系统工作流程示意图

测力调力球型支座结构紧凑,设计合理,调力系统和测力系统相互独立、互不干扰,能够保证耐久、精准测力,能够满足梁体的各向位移和转动要求,适用于各种桥梁;通过弹性体和光纤光栅测力模块,可以检测传输至支座的竖向实际荷载,通过外部加注设备调力系统可向支座内部注入填充材料,实现对支座的受力调整,测力及调力方法均简便、可靠。

10.7.3.2 支座数据集群采集技术

支座数据集群采集系统是一个以测力支座为核心部件、以数据自动采集模块和远程数据传输模块为辅助设备,借助现代通信网络和远程监测平台组成的支座测力监测联网系统。

支座测力系统由光纤光栅测力模块、光纤光栅解调仪、有线或无线传输装置和供电系统等设备组成。安装在不同桥墩位置的多个或单个支座上的光纤光栅测力模块通过感知测力弹性体的压应力变化,输出压力波长信号到解调仪,解调仪对波长信号进行分析计算,经无线网络或有线网络实现远距离传输,发送至终端设备,终端设备接收数据、进行分析及处理后,直观地显示支座实际荷载并与支座正常使用荷载进行对比。同时,结合数据采集技术,实现数据采集和分析保存等的自动化,出现异常时进行报警,实现对支座载荷进行远距离监测。

10.7.3.3 技术特点

①支座实现无级调力功能:通过外接设备注入填充材料使支座力值发生变化,无须将梁体顶升后再调整,支座可在额定承载力下实现载荷调力,同步动态测力、调力,根据梁体受力情况,设定该点的调力目标,将受力值调整到预期。

②全程监测可控:在缓慢、均匀地进行支座调力过程中,整个调力工作有序可控。

③根据光纤光栅测力元件光波信号变化检测支座承载力,不需要提供电源,不需带电作业,不受供电、断电影响,不受电磁干扰,能在易燃易爆等危险环境中长期稳定工作,抗干扰,适应性强。传统传感器的工作原理为应变式或薄膜压力式,需要实时供电才能进行正常测力,停断电、地震时测力功能将受影响。本产品有温度变化补偿修正功能,测量精度高,漂移少,耐久性好,寿命长,可对使用该系统的所有桥梁的支座受力状况实施集中监测与管理。

④光纤光栅测力模块安装在底板侧面,与支座本体结构相对独立,适当顶紧梁体后即可从支座底板侧壁的内螺纹测力预留孔中旋出、旋入光纤光栅测力模块,安装、更换简易,维护方便。

10.7.4 分级连续测力调力球型支座及集群控制体系的应用

对洲心大桥主桥的总体计算表明,若主桥在两个塔柱处采用与主墩固结的支承方式,温度效应对结构的影响显著,对主墩和塔柱受力很不利。因此,主桥采用塔梁固结、墩梁分离的支承形式,在每个主塔与主墩横向设置 2 排共 8 个支座,每个过渡墩设置 2 个支座。对该结构体系的计算结果表明,靠近主塔的中间两个支座的反力值明显大于外侧支座的反力值,横向支座反力分配不均匀。特殊的结构形式对支座安装精度的要求非常高,微小的位移就能使支座产生反力重分配,从而导致与设计不符。因此,研究与开发分级连续测力调力球型支座及集群控制体系对该项目有重大意义。

主桥支座布置详见图 10-85、图 10-86。

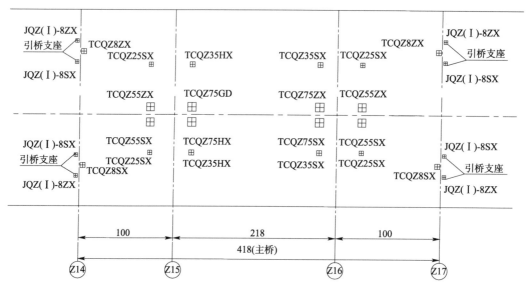

图 10-85 主桥支座平面布置图(尺寸单位:m)

主墩支座布置见图 10-87,各支座类型见表 10-16。

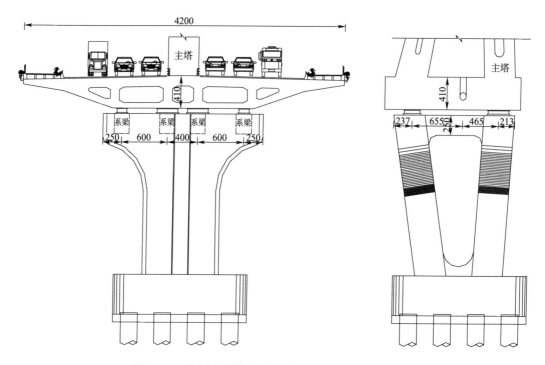

图 10-86 主桥支座横向及纵向布置图(尺寸单位:cm)

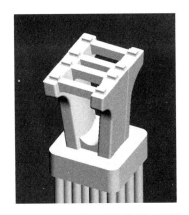

图 10-87　主墩及支座布置三维图

支座类型表　　　　　　　　　　表 10-16

支座类型	双向	横向	纵向	固定	备　注	共计
TCQZ25	4				边跨外侧 2 个支座,共 2 个主墩	16
TCQZ35	2	2			中跨外侧 2 个支座,共 2 个主墩	
TCQZ55	2		2		边跨内侧 2 个支座,共 2 个主墩	
TCQZ75	1	1	1	1	中跨内侧 2 个支座,共 2 个主墩	

测力调力球型支座系统应用在主桥 Z15 号、Z16 号主墩的各 8 个支座上,共计 16 个。支座规格最大为 75MN,最小为 25MN。安装支座后,及时将支座上的光纤光栅测力模块置零,分别在主桥合拢前、主桥合拢后、布线(大型施工设备拆除)、索力调整后、铺装混凝土等节点对支座进行人工数据采集。在相关节点进行现场数据采集,记录采集时间、现场温度及支座竖向承载力等数据。

洲心大桥测力调力球型支座系统满足现场实时监测支座受力状态的要求,根据受力状况及时对支座进行无级调高,实现支座受力的调整,以使支座受力达到合理范围,并且更加均匀,能减轻受力不均对梁体及墩部造成的损伤,满足长久使用的要求。数据采集和传输系统已具备投入运行条件,可为桥梁健康监控提供有效数据。根据监测的数据,可对支座受力状况实现集中监测与管理,为后期该桥健康运营、安全评估和科学管养提供科学依据。

10.8　课题七:抗风及行车与行人舒适性研究

10.8.1　概述

大型桥梁结构一般具有频率低、阻尼比小等特性,在风作用下易发生风致振动现象。涡激振动是一种带有自激性质的限幅振动,会引起桥梁结构的疲劳,并影响行车舒适性。工程实践中,已有多座大桥发生了涡激振动现象,应引起桥梁设计者的关注。结合本桥特点,主桥主梁涡振性能、主桥结构风荷载、抗风稳定性、单索面并列斜拉索气动干扰效应、施工期抗风措施等是本桥抗风设计应关注的重点内容。

本项研究采用有限元法对斜拉桥的抗风性能及自振特性进行分析,针对行人、行车及各种组合激励对该桥进行行人舒适度的评价分析,并根据分析结果给出相应的改善措施。

10.8.2 抗风性能研究

10.8.2.1 设计参数

设计参数见表10-17。

设 计 参 数 表 表10-17

结构尺寸	跨径 L	418m
	梁宽 B	43m
	梁高 H	4m
桥面系	桥面系离水面高度	19.99 m
	桥面系单位长度质量 m	16918.87km/m
	桥面系单位长度惯性矩 I_m	21780.3kg·m²/m

10.8.2.2 动力特性计算

一阶弯曲或扭曲的频率可按照《公路桥梁抗风设计规范》(JTG/T D60-01—2004)计算。计算时直接调用 Midas 空间模型的计算结果,一阶振型见图10-88。

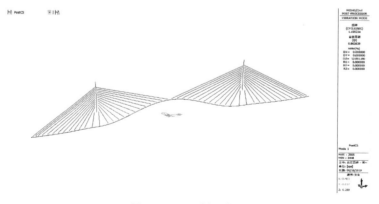

图 10-88 一阶振型图

一阶扭转频率为1.159Hz。更高阶的频率不予计算。

10.8.2.3 颤振临界风速计算

1)基本风速

按照《公路桥涵设计通用规范》(JTG D60—2004)中的全国风压分布图,取清远地区的基本风速为 $U_{10} = 31.3$ m/s。

2)设计基准风速

桥址为Ⅱ类地表粗糙类型,风速剖面指数 $\alpha = 0.16$,桥面高度 $Z = 19.99$m,洲心大桥的设计基准风速为:

$$V_d = K_1 V_{10} \tag{10-9}$$

式中:V_d——设计基准风速(m/s);

K_1——风速高度变化修正系数;

V_{10}——基本风速。

取修正系数 $K_1 = 1.12$,则设计基准风速为:$1.12 \times 31.3 = 35.1$m/s。

3)颤振检验风速

按照《公路桥梁抗风设计规范》(JTG/T D60-01—2004),颤振检验风速计算公式为:

$$[V_{cr}] = K\mu_f V_d \tag{10-10}$$

式中:V_{cr}——颤振检验风速(m/s);

V_d——设计基准风速(m/s);

μ_f——考虑风速的脉动影响及水平相关特性的无量纲修正系数;

K——考虑风洞试验误差及设计、施工中不确定因素的综合安全系数。

对于本桥有 $\mu_f = 1.29$,$K = 1.2$,则洲心大桥的颤振检验风速为 $1.2 \times 1.29 \times 35.1 = 54.335$m/s。

4)颤振稳定性评估

颤振临界风速的计算公式为:

$$V_{co} = 2.5 \sqrt{\mu \cdot \frac{r}{b}} \cdot f_t \cdot B \tag{10-11}$$

式中:V_{co}——平板颤振临界风速(m/s);

μ——结构物与空气的密度比;

r——加劲梁的截面惯性半径(m);

b——$b = B/2$；

f_t——扭转基频(Hz)；

B——桥面全宽(m)。

对于本桥,$\mu = \frac{m}{\pi\rho\chi^2} = 14.8$,$r/b = 0.053$,$b = B/2 = 21.5\text{m}$,$f_t = 1.159\text{Hz}$,于是颤振临界风速 $V_{co} = 131.32\text{m/s}$。

上述的平板颤振临界风速需进行折减,方为实桥的临界风速。0°攻角时的形状折减系数 η_s 按《公路桥梁抗风设计规范》(JTG/T D60-01—2004)取 0.6;考虑攻角效应折减系数 η_α,+3°时取 $\eta_\alpha = 0.7$,则临界风速 $V_{cr} = \eta_\alpha \eta_s V_{co} = 0.6 \times 0.7 \times 110.34 > [V_{cr}]$。

《公路桥梁抗风设计规范》(JTG/T D60-01—2004),其颤振的安全等级为Ⅰ级,无须进行风洞试验。

10.8.3　行车舒适性研究

10.8.3.1　理论分析

以车辆荷载为动荷载,通过动力分析算出桥梁响应,从而研究移动荷载在桥梁上运行时产生的桥梁振动。采用时程分析方法,将移动荷载引入微分方程从而求解结构的动力响应。所使用的动力方程为:

$$[M]\{\ddot{u}(t)\} + [C]\{\dot{u}(t)\} + [K]\{u(t)\} = \{F(t)\} \quad (10\text{-}12)$$

式中：　　$[M]$——质量矩阵；

$[C]$——阻尼矩阵；

$[K]$——刚度矩阵；

$\ddot{u}(t)$、$\dot{u}(t)$、$u(t)$——分别为加速度、速度以及相对位移；

$F(t)$——动力荷载。

移动车辆荷载施加过程中,质量、阻尼以及刚度等相对于大跨度的斜拉桥而言非常小,因此分析时忽略了这几种因素的影响,即认为在施加移动车辆荷载时,矩阵 $[M]$、$[C]$、$[K]$ 是不变量。因此,本方程中只有 $\{F(t)\}$ 是随时间变化的简单函数。这样,可以简化计算过程,较为精确地求得结果。是否能够准确确定节点荷载阵列 $\{F(t)\}$,决定了能否得出精确结果。在有限元分析中,每个节点荷载都是随时间变化的函数,把每个节点上的移动车辆荷载看作瞬时荷载,在有限元分析中将其等效为等腰三角形荷载,如图 10-89 所示。图中,F 为移动车辆荷载的轴重,t_1 与 t_2 为通过两节点的时间。

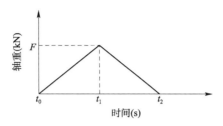

图 10-89　将车辆荷载近似等效为三角形荷载

我国主要采用 Sperling 指标来评价车辆舒适度等级。行车舒适度评价指标 W 的计算公式如下:

$$W = 2.7\sqrt[10]{Z_0^3 f^5 F(f)} = 0.896\sqrt[10]{\frac{a^3}{f}F(f)} \qquad (10\text{-}13)$$

式中:Z_0——振幅(cm);

　　　f——振动频率(Hz);

　　　a——加速度(cm/s²);

$F(f)$——与振动频率有关的加权系数,取值见表 10-18。

频　率　加　权　系　数　　　　　　　　　　　表 10-18

垂 直 振 动		横 向 振 动	
频率(Hz)	加权系数 $F(f)$	频率(Hz)	加权系数 $F(f)$
0.5~0.9	$0.325f^2$	0.5~5.4	$0.8f^2$
5.9~20	$400/f^2$	5.4~26	$650/f^2$
>20	1	>26	1

行车舒适度评价指标 W 与舒适程度的关系见表 10-19。

舒适度评价指标　　　　　　　　　　　表 10-19

W 值	舒 适 程 度
1.00	感觉稍有振动
2.00	感觉明显振动
2.50	明显感觉到振动,但感觉舒适
3.00	振动强而且不规律,但能忍受
3.25	振动非常不规律,感觉不适
3.50	振动极端不规律,时间长难以忍受
4.00	感觉极端不适,时间长对人体有害

10.8.3.2 有限元模型分析

采用有限元软件 Midas Civil,建立有限元模型,如图 10-90 所示。各阶振型如图 10-91 所示,桥梁自振频率及振型特征如表 10-20 所示。

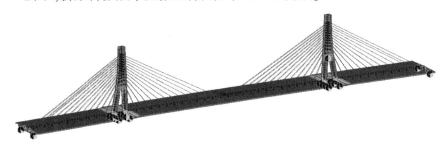

图 10-90 Midas Civil 计算模型

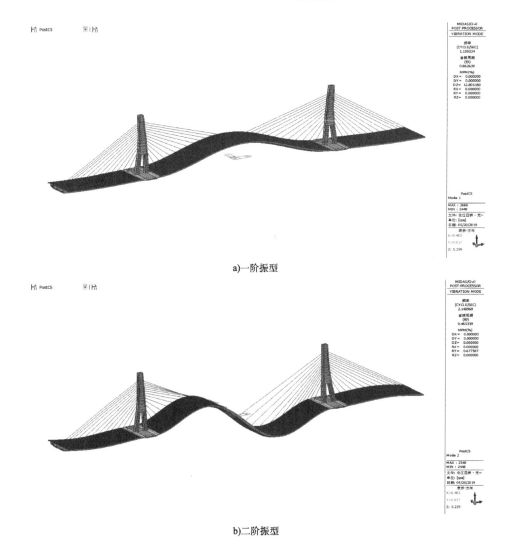

a)一阶振型

b)二阶振型

图 10-91

第 10 章　主要研究课题与创新成果

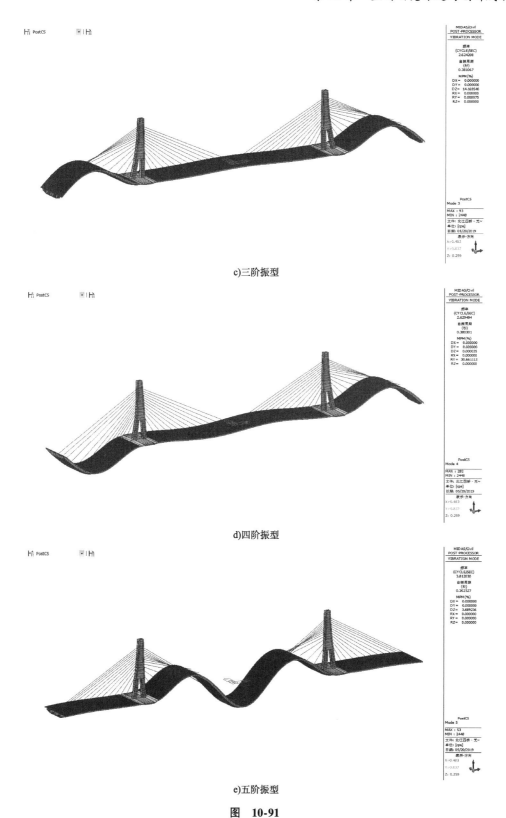

c) 三阶振型

d) 四阶振型

e) 五阶振型

图 10-91

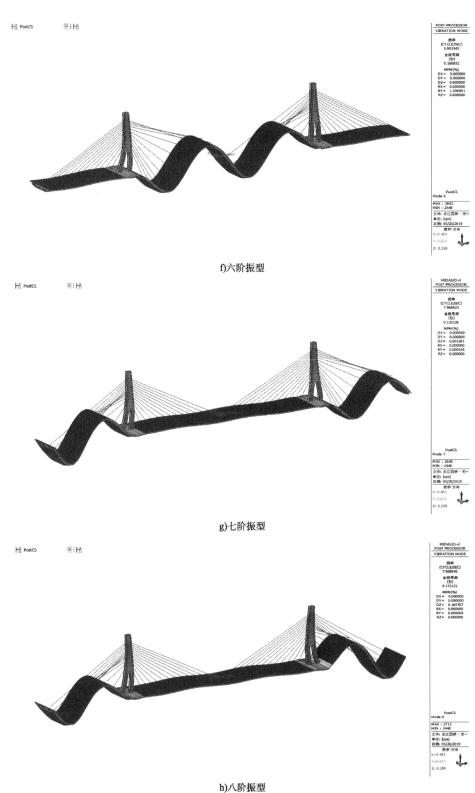

f) 六阶振型

g) 七阶振型

h) 八阶振型

图 10-91

第 10 章 主要研究课题与创新成果

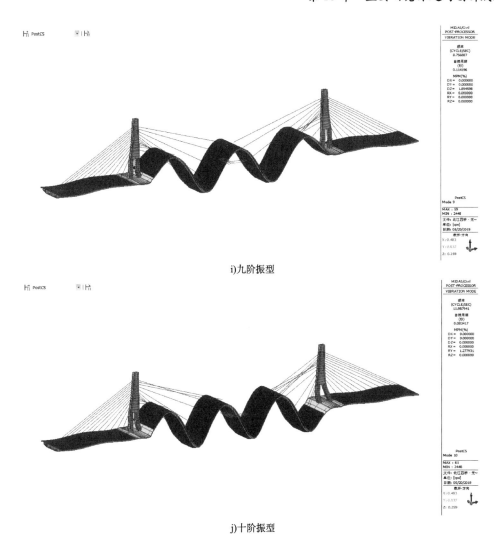

i) 九阶振型

j) 十阶振型

图 10-91 一至十阶振型

桥梁自振频率及振型特征   表 10-20

模 态 号	自振频率(Hz)	自振周期(s)
1	1.159	0.862
2	2.149	0.465
3	2.624	0.381
4	2.629	0.380
5	3.812	0.262
6	5.993	0.167
7	7.568	0.132
8	7.569	0.132
9	8.757	0.114
10	11.988	0.083

10.8.3.3 行车舒适度分析

本桥是城市桥梁,桥上行车以家用轿车、长途汽车以及重载货车为主。选取质量为3.8t的家用轿车、质量为20.5t的长途汽车,并且参考《公路桥涵设计通用规范》(JTG D60—2015)选取55t三轴重载货车,共3种车辆模型进行计算。车速采用本桥的设计行车速度(60km/h)。

利用有限元软件进行时程分析时,每隔4.0m取一个节点荷载位置,可得$t_0 = 0.00s, t_1 = 0.24s, t_2 = 0.48s$。计算时间步长设置为0.01s,通过该桥梁的总时间为25.07s。通过计算可得,家用轿车、长途汽车以及重载货车在速度为60km/h的情况下,跨中截面最大竖向速度分别为0.00208m/s、0.01083m/s、0.02096 m/s。

通过有限元软件计算得到各工况下跨中节点的速度以及最大加速度值,从而得出不同车速下的Sperling舒适度评价指标,如图10-92所示。

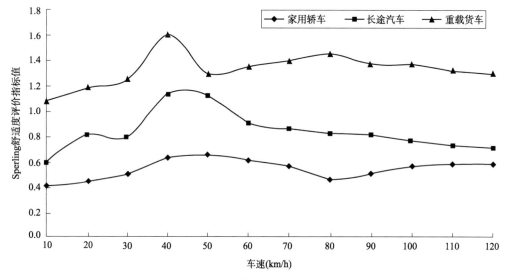

图10-92 不同车速下的Sperling舒适度评价指标

10.8.3.4 结论

①车辆速度对本桥行车舒适性影响较大,但舒适性不会随车速的增加而降低。整体而言,家用轿车的行车舒适性优于长途汽车的行车舒适性,重载货车的行车舒适性最差。

②当车速为设计速度(60km/h)时,家用轿车和长途汽车的行车舒适性好,几乎感受不到振动,重载货车稍感振动。整体而言,本桥行车舒适性为优良。

10.9 课题八:主桥桥墩防撞设计研究

10.9.1 桥梁防撞的必要性

船舶撞击桥梁(桥墩)事故对桥梁安全性构成极大威胁。2007年6月15日,一艘2000t的运沙船(驳船)撞向国道325线的广东省佛山市南海区九江特大桥桥墩,造成九江大桥靠近鹤山段大约200m长的桥面坍塌,5辆在桥上行驶的汽车掉入30m深的江中,这是中国第一座被船舶撞击而倒塌的大型桥梁。近年来,随着水运业的发展,在各类江河上航行的船舶越来越多,吨位也越来越大,船舶撞击桥墩(梁)的事故时有发生,对桥梁寿命和安全运输造成了极大的危害。针对桥梁开展防撞设计、设置防撞设施,是十分必要的。

10.9.2 桥梁防撞的基本原理

采用桥梁防撞设施的目的是防止桥梁因船舶撞击力超过桥墩的设计承受能力而倒塌,保护桥梁结构安全。

工程上,可以通过采用不同形式的防撞设施,阻止船舶撞击力传到桥墩(或桥梁);可以通过缓冲消能防撞设施,使冲击能量通过防撞结构的压缩、弯曲、剪切变形被吸收掉,延长船舶的撞击时间,减小船舶撞击力,从而保护桥梁安全。

10.9.3 桥梁防撞设施的基本要求

防撞设施的设计需要考虑桥墩的自身抗撞能力、桥墩位置、桥墩外形、水流速度、水位变化情况、通航船舶的类型、碰撞速度等因素。防撞设施一般应满足如下要求:

①对船舶碰撞能量进行消能缓冲,使船舶不能直接撞击桥墩,或使船舶碰撞力控制在安全范围内。

②防撞设施能满足高低水位的变化要求,在各种水位条件和各种船舶的装载状态下,撞击的船舶不能直接触及墩壁,水下的球首不能直接撞击承台和桩基。

③防撞设施不能影响航道的通航,占用的航道范围尽量小。

④通过采用合理的结构形式、合理布置各种缓冲材料,在保护桥梁的同时尽量减轻通航船舶的损伤。

⑤防撞设施制造、安装、维护和修理的经济性较好。

⑥防撞设施具有很好的可靠性和安全性。

10.9.4 常用桥梁防撞设施

防撞设施分为主动防撞设施、被动防撞设施。

主动防撞设施是指在桥墩遭受撞击前,向船舶发出预警信号加以引导,但这并不能确保桥墩的安全,只能起到辅助作用。

被动防撞设施是指在船舶撞击桥墩之前,通过设置某些设施以防止船舶撞击桥墩。根据防撞设施是否与桥墩相连,被动防撞设施分为直接构造型、间接构造型。目前,常用的被动防撞设施主要有防撞钢套箱、薄壁围堰防撞系统、浮式柔性防撞护套系统等。

10.9.4.1 防撞钢套箱

防撞钢套箱与桥墩直接相连,属于直接构造型被动防撞系统。一般采用 Q235 钢材焊接而成。防撞钢套箱的主体结构包括底板甲板、内围板、外围壁结构等,设置多室构造套箱和橡胶缓冲层。钢套箱具有一定的塑性,在碰撞过程中可以通过发生塑性变形吸收撞击能量。为了更好地发挥钢套箱的防撞性能,通常在钢套箱上安装大量的滚筒橡胶护舷,以改善撞击时的接触条件,分散撞击力,确保桥墩不被破坏。如已完工的港珠澳跨海大桥、杭州湾跨海大桥、苏通大桥均采用防撞钢套箱保证桥墩安全。

防撞钢套箱的缺点是:一旦遭到船舶撞击,往往会发生塑性变形,进而失去使用性能,导致需重新更换钢套箱;此外,由于钢套箱防撞系统自身刚度相对较大,撞击时船舶也会受到损坏。

10.9.4.2 薄壁围堰防撞系统

薄壁围堰防撞系统属于间接型防撞系统,主要由两部分构成:上部采用钢围堰结构,起防撞作用;下部为混凝土围堰,主要起支撑、防撞击作用。

围堰不与桥墩直接连接。发生撞击时,上部钢围堰通过塑性变形吸收大部分能量,围堰与桥墩具有一定的距离,可有效延长撞击时长,从而有效减小撞击力。

10.9.4.3　浮式柔性防撞护套系统

浮式柔性防撞护套系统属于直接构造型被动防撞系统,适用于水位时高时低的航道处的桥墩。主体为充气胶囊,具有较好的弹性性能,可以兼顾桥墩和船舶的安全。附属部分为钢浮箱和柔性橡胶护舷。护套系统可以随着水位的升降而上下浮动。

当受到船舶撞击时,防撞装置依靠钢结构的塑性变形以及阻尼元件的缓冲吸收能量,从而减小传递到桥墩上的撞击力,进而实现既保护桥墩又保护船舶的目的。

10.9.4.4　复合材料桥梁防撞系统

复合材料桥梁防撞系统表面材料为纤维,能有效分散撞击力;内部为消能柱,呈波形和螺旋柱形,与面层材料连接,具有较强的缓冲变形能力。当表面耗能材料受到撞击时,消能柱因撞击而压缩变形,一方面将撞击物的动能转化为弹性势能,另一方面延长了撞击物与复合材料消能防撞设施的作用时间,最终减小了撞击力。复合材料桥梁防撞系统通过变形耗能可将船的撞击力降低50%以上。

复合材料桥梁防撞系统有如下特点:

①当防撞系统受到撞击时,可在撞击瞬间改变船体运动方向,利用水流作用将船舶推离桥墩,让船体沿着防撞装置外侧滑走,大大减小船与桥间的撞击力,尽可能保护船舶,将损失减少到最小。

②系统具有强耐腐蚀性、耐久性、耐撞性,性价比高。与传统防撞系统相比,不需要防腐涂装,经久耐用,使用寿命可达30年之久,且基本不需要维护。

③安装方便,该防撞系统由多个防撞消能单元组成,安装便捷。

④可设计性强,可根据具体墩形,结合通航情况设计出外形美观的、合适的防撞装置。

10.9.5　桥梁防撞设施的选择

为配合塔柱水滴造型,主墩与主塔在立面上保持景观整体性,在纵、横桥向均采用特殊的渐变造型,纵桥向呈U形,横桥向呈T形,桥墩造型独特。桥墩纵桥向尺寸上宽下窄,不便采用浮式柔性防撞护套系统。综合景观需求,推荐采用复合材料桥梁防撞系统(图10-93)。

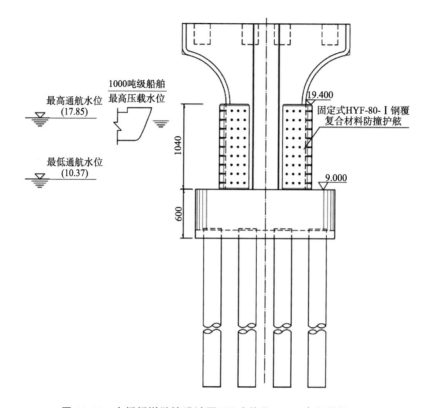

图 10-93 主桥桥墩防撞设计图(尺寸单位:cm。高程单位:m)

10.10 勘察创新成果

10.10.1 工程测量创新成果

为给桥梁施工提供高精度的平面、高程控制点,根据现场条件,创新提出采用 GPS 测量技术,跨河水准测量结合平面控制网测量一同实施,取得高精度平面点位坐标的同时,完成高精度的跨河高程传递。

10.10.1.1 网型设计

平面控制网共布设 6 点,见图 10-94。在河两岸桥轴附近分别选取 BS05、BS02 两点作为跨河水准点,点位位于水准测线附近,有利于进行 GPS 观测及水准联测。

河流同岸的非跨河点 A1、A2 及 D1、D2 位于沿跨河方向轴线 BS05 至 BS02 的延长线上,在延长线两侧且大致对称。非跨河点距跨河点的距离大致与跨河距离相等(非跨河点距跨河点:A1 至 BS05、A2 至 BS05 的距离约为 1302m,D1 至 BS02、D2 至

BS02 的距离约为 1230m；跨河点 BS05 至 BS02 的距离约为 1006m）。非跨河点 A1、A2 偏离跨河方向轴线的垂直距离约为 76m，D1、D2 偏离跨河方向轴线的垂直距离约为 78m，垂直距离互差小于跨河距离的 1/25。跨河水准点位布设见图 10-95。

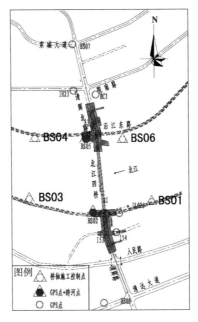

图 10-94　控制点布设示意图

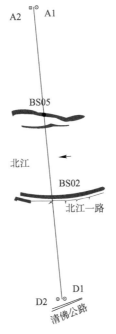

图 10-95　跨河水准点位示意图

10.10.1.2 GPS 网平差成果

GPS 网平差结果最弱基线边为"BS06—BS05",相对精度为 1/111538;最大点位中误差出现在 BS01,为 ±0.7cm。各项精度指标均远优于规范要求。

10.10.1.3 高差计算

高程异常变化率较差见表 10-21。由该表看出,所有观测数据均满足规范及技术设计要求,精度优于相应的限差规定。

高程异常变化率较差一览表　　　　　　　表 10-21

测段 1	测段 2	较差(m)	备 注
A1-BS5	A2-BS5	-0.00282	同岸
BS2-D1	BS2-D2	0.00116	同岸
A1-BS5	BS2-D1	-0.00263	异岸
A1-BS5	BS2-D2	-0.00147	异岸
A2-BS5	BS2-D1	0.00020	异岸
A2-BS5	BS2-D2	0.00135	异岸

10.10.2 物探同其他创新成果

本次地下管线探测,除了采用常规的物探手段(金属管线探测仪)和现场调查、测绘方法之外,还进行了一些技术创新:

①对于非金属管线,联系权属单位确认和调查现场明显管线点。投入美国 GSSI 公司生产的 SIR-3000 地质雷达进行探查和验证,极大地提高了非金属管线探测的准确性。

②对于复杂地段的排水管线,采用管道潜望镜进行辅助探查,对排水井内部情况进行录像和拍照。当井内水位低于管道内顶,尤其是井室较大的时候,通过管道潜望镜可清晰判断管道的走向、管径及连接关系,极大地克服了开井调查、L 杆量测的不足。

③对于埋设深度较大的电力、通信牵引管,通过设置磁场观测剖面,采用正演曲线拟合实测曲线的方法计算管线的平面位置和埋深。该拟合反演技术充分考虑了磁场值曲线上的多个点,即曲线的整体趋势,其结果比常规的极大值定位、一个或者几个点特征点(50%法、70%法、80%法)定深的方法准确得多。

10.10.3 岩土工程勘察创新成果

本工程场地岩性种类多、岩土层性质不均匀、岩溶强烈发育。针对场地复杂的地

质条件开展了创新工作,主要成果如下:

1)岩土工程勘察方法创新

采用地质调绘、钻探、地球物理勘探、原位测试、室内试验等综合勘察手段进行外业勘察,通过构建区域地质模型、分区分段分层统计以及分析评价,提供不同时期岩溶发育机理及特征、岩溶桩基设计原则及施工措施、岩土层渗透对工程施工影响等创新性建议,经施工检验,效果良好。

2)岩土工程勘察阶段及工作量布置创新

在初步设计阶段,通过区域地质资料和少量钻孔资料构建桥位区的地质模型,为设计人员提供适合相应设计阶段的岩土资料,以保证建设工作稳步向前推进。经工程建设检验,该模型所给出的岩土条件满足工程造价的估算与概算需要。

在施工图设计阶段,将详细勘察工作分成两步:第一步是确保水上主墩每个墩台不少于4孔,引桥段每2轴不少于1孔,提供具有相应可信度的岩土勘察资料供施工图设计与审查使用;第二步是待施工便桥和墩台施工平台搭建完成后,按照复杂岩溶发育场地的详细勘察要求,集中钻机完成一桩一钻或一桩多钻,以确保每根桩的终桩位置得到准确设计,确保施工安全推进。不仅使本工程建设所涉及部门、单位间的协调顺畅,也确保了工程建设的安全可靠、顺利。

3)钻探工艺创新

本桥梁主墩处平常水深约11.0m,施工平台高出平常水面约6.2m,导致钻探中既需要保证稳定钻进,又需要克服高平台钻探施工的安全隐患。为此,在高平台钻探施工中,考虑到在穿越多层溶洞过程中往往需要反复扩孔与变换导管尺寸的情况,在桩基施工的钢护筒顶面设置灵活的导管卡口,根据钻探需要的导管尺寸增加内导管层数,解决悬空段的钻杆稳定性问题和施工过程中的安全问题。

本工程场地遇串珠状溶洞的钻孔极多,钻探时最多遇到14层溶洞。对于串珠状溶洞,必须通过扩孔、换导管、换钻杆及钻头来寻找良好持力层。但是,本工程的水上钻探与多层溶洞的钻探,超出了常规的大套管扣小套管、大钻头变小钻头、大钻杆变小钻杆等扩孔变径钻探工艺的适用范围。在本工程中,根据溶洞层数,在经过三次扩孔变径钻进之后,再用三重管钻探工艺完成多层溶洞孔的钻探。

第11章 工程效益

11.1 经济效益

11.1.1 相关经济指标

根据原国家计划委员会和原建设部颁布的《建设项目经济评价方法与参数(第三版)》以及《公路建设项目经济评价办法与参数》(建标〔2010〕106号)的规定,经济评价分为财务评价和国民经济评价。本项目是城市道路交通项目,属城市基础设施,它所产生的效益除一部分可以定量分析外,其他往往表现为难以用货币量化的社会效益。因本项目建成后不收取过路费用,根据本项目的特点,仅对本项目进行国民经济评价。

国民经济评价是在合理配置国家资源的前提下,从国家整体的角度分析、计算项目对国民经济的净贡献,以考察项目的经济合理性。

本项目属交通运输项目,采用"有无对比法"进行评价。"有项目"是指建设本项目后将要出现的交通运输情况,"无项目"是指不建设本项目将要出现的交通运输情况。

11.1.1.1 基础数据

1)建设规模、项目计算期

本工程道路里程1.87km,项目计算期为23年,含建设期3年、运营期20年。

2)运量预测

根据该路特征年各断面全日交通量预测值,可测算本项目营运期内每年的客货运量。

3)贸易费用率和社会折现率

本项目贸易费用率取6%,社会折现率取8%。

4)项目投资

根据《关于清远市北江四桥(K1+760—K3+632.262)初步设计的批复》(清市交复函〔2015〕51号),本工程初步设计概算审定工程总造价为99433.849万元,含工费用 68391.84 万元、其他费用 20062.51 万元、预备费（基本预备费、预留费）10979.50 万元。本项目资金来源为财政资金，建设期 3 年，计划第一年投入 30%、第二年投入 40%、第三年投入 30%。

5）净残值率

根据《公路建设项目经济评价办法与参数》，净残值率取建设费用的 50%，在项目计算期末以负费用的形式回收。

11.1.1.2　国民经济费用调整

1）征地拆迁费用的调整

本项目征地拆迁费不做调整。

2）建安工程费用的调整

（1）劳动力工资的调整

根据本项目使用劳动力的情况，结合该地区的劳动力结构、就业水平等因素，影子工资换算系数取 1。

（2）材料费用的调整

针对本项目所消耗的主要材料（如水泥、钢材、沥青混凝土、木材）用影子价格进行调整，对其他材料不做调整。

（3）机械费用的调整

机械费用方面，仅对油料用影子价格进行调整。

（4）项目投入中属转移支付项目的剔除

项目投入中，规费和税金属转移支付项目，予以剔除。

3）工程建设其他费用和基本预备费的调整

工程建设其他费用方面，剔除属转移支付的费用。对基本预备费，根据工程费用和工程建设其他费用的变化进行调整。

国民经济费用调整见表 11-1。

国民经济费用调整表（单位：万元）　　　　　　　　表 11-1

序号	项目名称	账务投资	经济投资	调整金额
一	工程费用	68391.84	63604.40	4787.44
二	工程建设其他费用	20062.51	19585.75	476.76
1	征地拆迁费用			

续上表

序号	项目名称	账务投资	经济投资	调整金额
2	其他费用	20062.51	16692.04	3370.47
三	基本预备费	10979.50	10103.36	876.14
四	建设期贷款利息			
—	总投资	99433.85	93293.51	6140.34

4）日常维护费用和大修费用的计算

项目计算期内，日常维护费用按经济投资的1%、每年递增5%计算，大修理费用在项目计算期第13年按经济投资的20%计算。

11.1.1.3 国民经济效益计算

交通运输项目的国民经济效益有些可以定量，有些难以定量。针对本项目的特点，对以下几项经济效益进行定量计算。

1）运输费用节约效益

$$B_1 = (C_z L_z - C_y L_y) Q_z \tag{11-1}$$

式中：B_1——运费节约效益（万元/年）；

C_z——原相关线路的单位运输费用[元/(t·km)或元/(人·km)]；

L_z——原相关线路的运输距离（km）；

C_y——有项目时的单位运输费用[元/(t·km)或元/(人·km)]；

L_y——有项目时的运输距离（km）；

Q_z——运输量[万t/年或万人次/年]。

2）旅客节约时间效益

$$B_2 = 1/2 b T_z Q_{zp} \tag{11-2}$$

式中：B_2——旅客节约时间效益（万元/年）；

b——旅客的单位时间价值（元/h），按人均国民收入计算。项目计算期第1~12年按每年7%的速度增长，第13~22年按每年5%的速度增长；

T_z——节约的时间（h/人），为无项目时旅客在其他线路上的旅行时间减有项目时旅客在本线路上的旅行时间；

Q_{zp}——客运量中的生产人员数（万人次/年）。

3)缩短货物在途时间效益

$$B_3 = PQT_s i \tag{11-3}$$

式中:B_3——缩短货物在途时间的效益(万元/年);

P——货物的影子价格,取平均价格6000元/t;

Q——货物运输量(万t/年);

T_s——缩短的运输时间(h);

i——社会折现率,取8%。

4)提高交通安全效益

$$B_4 = P_{sh}(J_w - J_y)M \tag{11-4}$$

式中:B_4——提高交通安全的效益(万元/年);

P_{sh}——交通事故平均损失费(元/次),根据统计资料取8000元/次;

J_w、J_y——分别为无项目和有项目时的事故率[次/(万车·km)];

M——交通量(万车·km)。

5)减少拥挤效益

$$B_5 = (C_z - C_{zy})L_z(Q_{zn} - Q_z) \tag{11-5}$$

式中:B_5——减少拥挤的效益(万元/年);

C_{zy}——有项目时原相关线路及设施的单位运输费用[元/(t·km)];

Q_{zn}——原有相关线路的正常运输量(万t/年)。

11.1.1.4 国民经济盈利能力分析

根据以上调整和计算后的基础数据,编制国民经济效益费用流量表(表11-2),由国民经济效益费用流量表可以计算出以下指标:

①经济内部收益率(EIRR)=9.16%,大于社会折现率8%。

②当社会折现率为8%时,项目经济净现值(ENPV)为10974万元,大于0。

从上述两项经济指标来看,本项目国民经济盈利能力较强。

11.1.1.5 敏感性分析

由于本项目经济评价所采用的数据大部分来自估算和预测,因而存在一定的不确定性。为了分析预测项目主要因素发生变化时对经济评价指标的影响,并确定其影响程度,需进行敏感性分析。

1)敏感因素

根据本项目的特点,考虑的主要敏感因素是建设投资、客运量和货运量。

清远洲心大桥勘察设计关键技术

国民经济效益费用流量表（单位：万元）

表 11-2

序号	项目	建设期			营运期					
		第1年	第2年	第3年	第4年	第5年	第6年	第7年	第8年	第9年
1	效益流量				8538.00	9123.34	9759.59	10451.90	11205.97	12028.09
1.1	运输费用节约效益				2332.25	2425.54	2522.56	2623.46	2728.40	2837.53
1.2	旅客节约时间效益				3349.17	3726.96	4147.36	4615.18	5135.78	5715.09
1.3	缩短货物在途时间效益				112.76	117.27	121.96	126.84	131.91	137.19
1.4	提高交通安全效益									
1.5	减少拥挤效益				2743.82	2853.57	2967.71	3086.42	3209.88	3338.27
1.6	其他									
2	费用流量	29830.16	39773.54	29830.16	994.34	1044.06	1096.26	1151.07	1208.62	1269.06
2.1	固定资产投资	29830.16	39773.54	29830.16						
2.2	流动资金									
2.3	日常维护费用				994.34	1044.06	1096.26	1151.07	1208.62	1269.06
2.4	大修费用									
3	净现金流量	-29830.16	-39773.54	-29830.16	7543.66	8079.28	8663.33	9300.83	9997.34	10759.03
4	累计净现金流量	-29830.16	-69603.70	-99433.85	-91890.19	-83810.91	-75147.58	-65846.75	-55849.41	-45090.37

第11章 工程效益

续上表

序号	项目	营运期 第10年	第11年	第12年	第13年	第14年	第15年	第16年	第17年
1	效益流量	12925.27	13905.27	14976.70	16149.10	16587.29	17047.39	17530.49	18037.75
1.1	运输费用节约效益	2951.03	3069.08	3191.84	3319.51	3319.51	3319.51	3319.51	3319.51
1.2	旅客节约时间效益	6359.75	7077.13	7875.43	8763.78	9201.97	9662.07	10145.18	10652.43
1.3	缩短货物在途时间效益	142.68	148.38	154.32	160.49	160.49	160.49	160.49	160.49
1.4	提高交通安全效益								
1.5	减少拥挤效益	3471.81	3610.68	3755.10	3905.31	3905.31	3905.31	3905.31	3905.31
1.6	其他								
2	费用流量	1332.51	1399.13	1469.09	1542.55	1619.67	1700.66	1785.69	1874.97
2.1	固定资产投资								
2.2	流动资金								
2.3	日常维护费用	1332.51	1399.13	1469.09	1542.55	1619.67	1700.66	1785.69	1874.97
2.4	大修费用				19886.77				
3	净现金流量	11592.76	12506.14	13507.61	−5280.22	14967.61	15346.73	15744.80	16162.77
4	累计净现金流量	−33497.61	−20991.47	−7483.87	−12764.09	2203.53	17550.26	33295.06	49457.83

续上表

序号	项目	第18年	第19年	第20年	第21年	第22年	第23年	合计
1	效益流量	18570.37	19129.62	19716.84	20333.41	20980.82	21660.59	308657.78
1.1	运输费用节约效益	3319.51	3319.51	3319.51	3319.51	3319.51	3319.51	66196.32
1.2	旅客节约时间效益	11185.06	11744.31	12331.52	12948.10	13595.50	14275.28	172507.08
1.3	缩短货物在途时间效益	160.49	160.49	160.49	160.49	160.49	160.49	2958.73
1.4	提高交通安全效益							
1.5	减少拥挤效益	3905.31	3905.31	3905.31	3905.31	3905.31	3905.31	71995.66
1.6	其他							
2	费用流量	1968.72	2067.16	2170.52	2279.04	2392.99	-47204.28	102482.45
2.1	固定资产投资						-49716.93	49716.93
2.2	流动资金							
2.3	日常维护费用	1968.72	2067.16	2170.52	2279.04	2392.99	2512.64	32878.75
2.4	大修费用							19886.77
3	净现金流量	16601.65	17062.46	17546.32	18054.37	18587.82	68864.88	206175.33
4	累计净现金流量	66059.48	83121.94	100668.26	118722.63	137310.46	206175.33	

2)分析方法

采用单因素的分析方法,分别考察以上因素提高10%和降低10%时对经济内部收益率和经济净现值的影响程度。

3)分析结果

分析结果见表11-3。

敏感性分析表　　　　表11-3

	变化幅度	经济内部收益率(%)	经济净现值(万元)
基本方案	—	9.16	10974
建设投资	10%	8.36	3646
	-10%	10.79	24736
客运量	10%	10.89	24965
	-10%	8.46	3689
货运量	10%	10.67	24460
	-10%	8.24	3593

4)结论分析

从敏感性分析表可以看出,各因素的变化都不同程度地影响项目经济内部收益率和经济净现值,并且经济内部收益率同客/货运量成正比,而同建设投资成反比,其中建设投资和客运量的变化对经济指标的影响较大。

从分析结果还可以看出,就项目经济效益而言,在项目可行区域内,允许建设投资、客运量和货运量的变化幅度均超过10%,故此项目抗风险能力较强。

11.1.1.6 结论

本项目经济内部收益率为9.16%,大于社会折现率(8%);社会折现率下经济净现值为10974万元,大于0。上述两项指标均满足要求。从敏感性分析结果可以得出本项目有较强的抗风险能力,故从国民经济评价角度来看,该项目是可行的。

另外,本项目的国民经济评价仅列出了可以量化的效益,还有一些暂时无法量化的效益(如运输工具时间节约效益、提高运输质量效益、包装费用节约效益等)未计算在内。

除上述各项效益外,本项目的实施将满足交通需求,还将提高人民的生活福利,改善经济、社会和自然环境,创造新的就业机会,促进沿线地区经济的发展。因此其社会效益、经济效益和环境效益是十分显著的。

11.1.2 间接经济效益

设计团队协作攻克项目重难点,探索运用新技术,为本工程顺利完工提供了条件。本工程依托课题研究,针对大桥的结构构造特点,结合施工经验,着重探索宽幅单索面斜拉桥的设计、建造关键技术,提高和改善宽幅单索面斜拉桥的结构受力性能,提升桥梁景观性,为同类型桥梁的设计、施工和安全运营提供工程经验与技术支撑,从而产生巨大的间接经济效益,具体为:

①洲心大桥为国内目前200m跨径以上最大宽度的单索面斜拉桥,桥型设计实现了技术与艺术的完美结合,给市政桥梁美学设计提供了新的思路。

②首次研发和应用一种测力调力球型支座及集群控制体系,解决了宽幅单索面支承体系多支座协调受力的难题,确保了支座的使用寿命,避免支座更换引起的工程费用损失(约2000万元),在桥梁全寿命周期内起到保驾护航作用。

③首次在超宽单索面钢箱梁斜拉桥上应用钢-超高性能混凝土组合桥面,解决了钢桥面疲劳裂纹、铺装易损坏和超宽钢箱梁剪力滞的难题,节约后期桥面铺装更换费用10000万元,经济效益显著。

④首次开发了一种人造复合持力层技术,降低了岩溶地区桩基的施工难度和施工风险,缩短施工工期3个月,直接经济效益约3000万元。该项创新技术已在多个岩溶地区市政工程项目中得到成功应用,节约工程造价5000万元,并取得了良好的效果。

⑤首次研发和应用了一种新型长大桥梁排水系统,可实现对桥面雨水、废水、液态危险品的净化和应急处理。该绿色低碳处理系统简单,保障度高,效果好,解决了桥梁建设中的雨污水收集处理难题,践行"绿水青山就是金山银山"的理念。

本项目相关科研成果成功应用于洲心大桥的设计、施工及运营,对大桥的顺利建成起关键作用。大桥的建成通车,较大程度改善了清远中心城区的对外交通出行条件,缓解市区过江交通压力,促进当地经济社会的发展,具有良好的社会效益。项目的各项研究成果对于设计、施工、监控单位都具有重要的参考价值,对于同类型桥梁的设计和建造具有较大的促进作用。

11.2 社会效益

洲心大桥不仅是具有交通功能的结构物,还是体现文化底蕴和时代特征、提升城市生活品质的艺术品。项目的建设效果赢得了清远市政府和市民的一致好评,成为一座集交通、休闲功能于一体的"网红桥"。

本项目产生的社会效益主要包括以下几个方面:

1)改善交通出行条件

洲心大桥的建成通车,新增了一条清远城区跨越北江的过江出行通道,较大程度改善了清远中心城区的对外交通出行条件,大大缓解市区过江交通压力。这不但给来往两岸的市民带来便利,而且还连接多条高速公路,加强了清远与广州、佛山等发达地区的经济社会联系和交往,促进当地经济社会的发展。

2)优化沿线城市建设布局,带动土地开发利用

清远市区核心区域的交通需求很大,道路饱和度较高,土地资源也十分稀缺。本工程在城市交通体系中起到特殊作用,对城市土地开发利用有强烈的诱导作用。作为大运量交通系统,洲心大桥的建设能够增加交通供给,刺激交通需求的增长,从而可能导致地区人口增加,引导沿线城市建设布局,带动土地开发利用。

3)提升城市格局及宜居性

本项目的实施对清远市实施"桥头堡"战略、建设"两区两城"、融入珠三角具有重要的先行作用。

该桥建成通车后,从清远市区前往黄腾峡、牛鱼嘴、长隆景区的车程将缩短近30min,提高了旅行的舒适度,为清远市旅游业的发展提供了便利。

本项目的实施,将有效地改善交通条件和投资环境,加快影响区内各种资源的开发利用;交通条件的改善还可以满足游客对快速出行、舒适出行的需求,带动项目影响区旅游业的发展。

4)人民生活

本项目的实施将提供一定数量的就业机会,促进当地居民就业。本项目的实施还将促进当地旅游业、建筑业、运输业、商业、餐饮业等行业的发展,从而提高沿线居民收入和生活水平。

5)管理决策

本项目的设计方案、设计理念、建模计算思路、施工配套流程及相关创新技术等,可以为管理决策提供准确、完善、多方案的技术支持。

6)环保方面

本项目专门设置了一种跨江河桥梁桥面污/废水的环保收集净化设施,可有效净

化桥面雨水、废水,在发生液态危险品泄漏事故时可进行应急处理,其构造简单可靠、处理效果好、处理效率高,实现了对城市水源的保护。

7)教育及人才培养

通过本工程的实施,设计单位积累了宝贵的工程经验和研究成果。通过对大桥总体设计、主体结构设计及施工技术加以总结,在本单位内部形成设计和施工配合的标准处理模式,为后续类似项目提供技术参照和经验借鉴。

项目实施过程中,参与人员的业务水平和设计水平都得到了极大的提升,参与本项目的设计团队成员中已经有多人担任类似项目的项目负责人,或者担当更高的技术管理岗位。

此外,本项目实施过程中,接待多批高校师生及设计行业同仁进行现场观摩和调研,提供了良好的交流平台和学习案例。

8)科技方面

本项目对科学技术进步的促进作用显著。在满足景观要求、结构受力合理、节约工程造价的基础上,开展了有针性的专项技术研究,突破了多个技术瓶颈,获得了众多创新成果,达到了国际领先或国际先进水平。总结出一套宽幅单索面斜拉桥设计和建造关键技术,全方位地对宽幅单索面斜拉桥的结构受力性能提升和改善、岩溶地区桥梁桩基施工以及桥梁景观美化提供有用的思路和建议,从而为同类型桥梁的设计、施工和安全运营提供工程经验、技术支撑。

截至本书出版,已获得2项发明专利、7项实用新型专利授权,1项发明专利在审批中;参编的《超高性能混凝土梁式桥技术规程》(T/CCES 27—2021)已于2022年1月1日颁布实施。

截至本书出版,本项目获得广州市2020年度优秀工程勘察设计一等奖、广东省2021年度优秀工程勘察设计一等奖、广东省工程勘察设计行业协会2021年度科学技术奖一等奖。

附录1 项目决策及设计历程

2012年10月15日 清远市副市长在清远市公路勘察设计院主持召开推进重点交通项目建设协调会。会议明确指出,洲心大桥是清远市新的城市中轴线的重要组成部分,列入清远市2013年重点建设项目,要求加快启动洲心大桥前期工作。

2012年12月14日 广东省交通运输厅下文表示支持建设佛清从高速公路洲心互通至广东省职教基地公路(含洲心大桥),要求抓紧项目前期研究工作,并明确表示在建设补助资金等方面给予支持。

2013年6月14日 清远市市长主持召开六届第34次市政府常务会议,会议要求项目完成项目建议书、工可报告阶段工作报专家评审通过后,由市城乡规划局纳入市政路网规划,控制好建设用地线位;洲心大桥及引道工程要创新加快开展项目前期工作。

2013年7月8日 广东省交通运输厅下发广东省职教基地至佛清从快速路工程可行性研究报告评审意见。

2013年9月4日 经清远市常务副市长批准,清远市公路管理局正式启动洲心大桥立项前期必需的13个专项评估论证工作。

2014年1月27日 广东省交通运输厅出台关于明确政府投资普通公路和水运项目报批流程和分级审批权限的通知,标志着清远市洲心大桥工程由清远市人民政府负责审批立项工作。

2014年2月11日 经清远市副市长批准,清远市公路管理局成立清远市洲心大桥工程建设指挥部,并下设项目管理处。

2014年3月13日 清远市副市长在清远会展中心英德厅主持召开交通重点工作会议,明确洲心大桥项目由市公路局代建代管,并议定按景观桥定位建设的清远市洲心大桥设计要着重处理好慢行与快行的关系,着重处理好桥型、断面与周边环境的关系。

2014年4月18日 清远市委书记主持召开市委六届第83次常委(扩大)会议,会议强调:清远市洲心大桥工程桥型设计优化方案要统筹考虑实用功能、景观效果、工程造价等因素。会议决定,由清远市规划委员会牵头,组织专家做深入论证后确定。

2014 年 4 月 18 日 清远市公路管理局委托广州市市政工程设计研究总院有限公司进行清远市洲心大桥工程勘察设计前期工作研究。

2014 年 6 月 16 日 清远市规划委员会从 6 个桥型方案中,确定清远市洲心大桥工程设计方案为"山水清远",并确定主桥跨径为 100m+218m+100m 单索面双直塔斜拉桥,桥梁横断面方案为 6 车道+绿道+非机动车道 2.50m+观景人行道 4.05m。

2014 年 11 月 11 日 清远市发展和改革局批准了清远市洲心大桥工程项目建议书。

2014 年 11 月 26 日 清远市市长主持召开六届第 65 次市政府常务会议,会议同意洲心大桥工程由清远市公路管理局代建代管,并明确了建设管理、业主回购方式、投资建设模式、项目基建审批、桥型结构方案及环评单位确定等问题。

2014 年 11 月 26 日 清远市公路管理局依据 2014 年 11 月 4 日《关于交通座谈调研会议纪要》(〔2014〕116 号)文件精神,在市政府、区政府及各级主管部门的大力支持下,进行了施工项目部基地的拆迁工作。

2014 年 12 月 2 日 率先进行了洲心大桥南岸钢便桥施工。

2014 年 12 月 3 日 清远市人民政府同意将洲心大桥工程列入清远市综合交通运输"十二五"跨"十三五"重点项目规划。

2014 年 12 月 16 日 清远市公路管理局发起征名活动,向社会各界征名,最终从 1800 多个桥名中选定"洲心大桥"。

2014 年 12 月 26 日 进行了洲心大桥南岸河滩用地的拆迁工作,标志着项目施工前期准备工作正式启动。

2015 年 1 月 6 日 清远市发展和改革局批准了清远市洲心大桥工程可行性研究报告,标志着洲心大桥正式获批立项。

2015 年 2 月 11 日 清远市洲心大桥项目的设计和咨询招标工作结束,广州市市政工程设计研究总院有限公司作为设计单位中标,开展项目的勘察设计工作。

2015 年 3 月 20 日 广州市市政工程设计研究总院有限公司提交初步设计文件。

2015 年 3 月 27 日 清远市交通运输局组织清远市洲心大桥项目初步设计专家评审。

2015 年 5 月 15 日 清远市委书记主持召开市委六届第 117 次常委(扩大)会议。

会议决定,洲心大桥列入清远市首批PPP(政府和社会资本合作)模式建设项目。

2015年6月5日 清远市洲心大桥项目初步设计获批。

2015年7月30日 广州市市政工程设计研究总院有限公司提交施工图设计文件。

2015年8月5日 清远市交通运输局组织对清远市洲心大桥项目施工图设计进行专家评审。会上,6位专家一致肯定,评审通过。

2015年10月14日 清远市市长主持召开六届第80次市政府常务会议,会议明确洲心大桥采用PPP模式以及社会综合回报、建安费、建设工期、招标方式等制定项目招标文件所涉及的关键问题。

2015年10月30日 清远市委书记主持召开市委六届第133次常委(扩大)会议,会议决定,同意洲心大桥项目PPP实施方案,并用3年时间建成通车。

2015年11月5日 清远市洲心大桥PPP项目招标、监理招标文件经清远市交通运输局核备后于11月5日正式发布。

2015年12月9日 清远市洲心大桥PPP项目正式动工建设。

2015年12月18日 清远市洲心大桥工程举行开工典礼。

2016年3月25日 清远市洲心大桥施工图预算审查协调会召开,并形成会议纪要。

2016年4月26日 召开洲心大桥Z15号轴主塔桩基特殊溶洞处理设计方案专家论证会。

2016年8月19日 清远市交通运输局组织2016年上半年清远市交通建设市场督查,洲心大桥项目荣获第一名,获通报表扬。

2017年1月3日 洲心大桥建设项目管理处下发《关于给予清远市洲心大桥工程勘察设计单位表彰的决定》。

2017年12月25日 主桥合拢。

2018年12月14日 完成交工验收。

2018年12月19日 举行通车仪式。

附录 2 成 果 一 览

报告

2016年(第五届)国际桥梁与隧道技术大会主旨报告——广东清远市北江四桥工程主桥宽幅单索面支撑体系斜拉桥创新设计(宁平华,唐明裴,郭钰瑜)。

论文

1. 唐明裴,王如寒,宁平华. 基于双液高压旋喷注浆处理后桩基持力层安全厚度分析[J]. 北京交通大学学报,2020,44(1):129-134.
2. 欧键灵,唐明裴,宁平华. 广东清远北江四桥总体方案技术研究[J]. 城市道桥与防洪,2016(6):69-72.
3. 欧键灵,曹志光,宁平华. 广东清远北江四桥工程主桥超高性能混凝土-钢组合桥面板结构设计[J]. 城市道桥与防洪,2016(8):102-104,129.
4. 欧键灵,彭聪,宁平华. 超宽幅单索面斜拉桥钢锚箱仿真分析和设计优化[J]. 特种结构,2016,33(4):65-67,84.
5. 唐明裴. 北江四桥桥梁造型设计及关键技术研究[J]. 中国建设信息化,2016,(15):72-73.
6. 唐明裴,宁平华,郭钰瑜. 广东清远北江四桥主桥桥梁景观设计[J]. 城市道桥与防洪,2016(8):87-90.
7. 唐明裴,梁小聪,宁平华. 广东清远北江四桥工程岩溶地区桩基设计及施工关键技术[J]. 城市道桥与防洪,2016(7):195-198.
8. 郭钰瑜,宁平华,唐明裴. 广东清远市洲心大桥关键技术研究[J]. 城市道桥与防洪,2021(7):75-77,110.
9. 张宝刚. UHPC蒸养对单索面大悬臂斜拉桥变形的影响[J]. 公路,2019(11):

---

❶ 本部分收录了本项目各合作单位依托清远洲心大桥所取得的成果。

152-157.

10. 余玮玮.桥梁桩基溶洞预处理施工技术[J].建筑技术开发,2019,46(12):59-60.

11. 韦勇克,杨盼杰.清远北江四桥STC收缩性能研究[J].西部交通科技,2020(6):112-115,120.

12. 汤明.双塔单索面大悬臂钢-STC组合桥面斜拉桥受力性能的研究[J].公路,2018,63(7):216-221.

13. 刘志东,熊高波,汤明.一种新型测力球型支座的性能研究[J].建筑技术开发,2019,46(13):96-97.

14. 仇继好,李坤,汤明,等.调高测力球型支座的性能研究[J].百科论坛电子杂志,2018(11):254-255.

15. 李春宏.超宽幅单索面混合梁斜拉桥塔梁固结处受力仿真分析[J].公路,2019(7):169-173.

16. 詹壮奎.超宽幅单索面斜拉桥桥墩受力仿真分析[J].中国公路,2019(19):92-93.

17. 沈梦奇.串珠状溶岩区桩基础施工处理方法应用[J].交通世界(工程技术),2019(7):127-128.

18. 李杰.UHPC箱梁桥面体系构造优化及静力性能试验研究[D].长沙:湖南大学,2018.

19. 杨康.超宽幅中央索面PC斜拉桥施工阶段扭转稳定性分析[D].西安:长安大学,2018.

20. 张奇.单索面超宽斜拉桥支座受力状态和布置方式对结构受力性能的影响研究[D].重庆:重庆交通大学,2018.

21. 万鹏.单索面斜拉桥超宽断面主梁空间受力性能研究[D].重庆:重庆交通大学,2018.

22. 朱志威.聚合物钢纤维混凝土钢桥面铺装结构性能研究[D].重庆:重庆交通大学,2019.

发明专利

1. 一种大吨位分级连续测力调力支座及集群控制体系(专利号:ZL 201810744326.3)。

2. 一种串珠状岩溶区超长嵌岩桩连续持力层的营造方法(专利号:ZL201810126922.5)。

3. 一种跨江河桥梁桥面污/废水的环保收集净化系统(审批中)。

实用新型专利

1. 桥梁外挂排水槽及排水装置(专利号:ZL 201520890734.1)。
2. 一种桥梁雨水收集系统(专利号:ZL 201520891347.X)。
3. 一种桥梁外挂排水装置(专利号:ZL 201520892753.8)。
4. 一种跨江河桥梁桥面污/废水的环保收集净化系统(专利号:ZL 201820520637.7)。
5. 一种新建桥梁上预制玻璃钢花槽及其排水系统(专利号:ZL 201820603119.1)。
6. 一种既有桥梁上加装预制玻璃钢花槽及其排水系统(专利号:ZL 201820603497.X)。
7. 一种钢-超高性能混凝土组合桥面板现浇缝连接构造(专利号:ZL 201821354131.X)。

参 考 文 献

［1］ 广州市市政工程设计研究总院有限公司.清远市北江四桥工程施工图图纸［Z］.2015.

［2］ 广州市市政工程设计研究总院有限公司.宽幅单索面混合梁支承体系斜拉桥设计和建造关键技术研究［R］.2021.

［3］ 吴冲.现代钢梁［M］.北京:人民交通出版社,2006.

［4］ 邵旭东.桥梁设计百问［M］.北京:人民交通出版社股份有限公司,2017.

［5］ 张安林.单索面斜拉桥钢箱梁剪力滞效应研究［D］.广州:华南理工大学,2013.

［6］ REISSNER E. Analysis of shear lag in box beams by the principle of minimum potential energy［J］. Quarterly of Applied Mathematies,1946,4(3):268-278.

［7］ KUZMANOVIC B O,GRAHAM H J. Shear lag in box girder［J］. Joumal of the Structural Division,Proeeedings of ASCE, 1981,107(9):1701-1712.

［8］ DEZI L,MENTRASTI L. Nonuniform bending-stress distribution (shear lag)［J］. Journal of Structural Engineering,1985,111(12):2675-2690.

［9］ RAZAQPURA G,LI H. Thin-walled multicell box-girder finite element［J］. Journal of Structural Engineering,1991,117(10):2953-2971.

［10］ ALGHAMDI A,ALIR M. Characterization of key state and dynamic design in issues of twin cell-steel box girders［R］. KACST-Riyadh,1999.

［11］ LEE C K,WU G J. Shear lag analysis by the adaptive finite element method［J］. Analysis of Complex Plated Structures,2000,38(4):311-336.

［12］ DEZI L,GARA F,LEONI G,et al. Time-dependent analysis of shear-lag effect in composite beams［J］. Journal of Engineering Mechanics,2001,127(1):71-79.

［13］ LERTSIMA C,CHAISOMPHOB T,YAMAGUCHI E. Stress concentration due to shear lag in simply supported box girders［J］. Engineeing Structures,2004(26):1093-1101.

［14］ SA-NGUANMANASAK J,CHAISOMPHOB T,YAMAGUCHI E. Stress concentration due to shear lag in continuous box girders[J]. Engineering Structures,2007(29): 1414-1421.

[15] SA-NGUANMANASAK J. Detection of simply supported box girder including effect of shearlag[J]. Computers & Structures,2005(84):11-18.

[16] KRISTEK V,BAZANTZ P. Shear lag effect and uncertainty in concrete box girder creep[J]. Journal of Structural Engineering,1987,113(3):557-574.

[17] CHIEWANICHAKORN M,AREFA J. Effective flange width definition for steel-concrete composite bridge girder[J]. Journal of Structural Engineering,2004,130(12): 2016-2031.

[18] CHENS S,AREFA J,CHIEWANICHAKORN M,et al. Proposed effective width criteria for composite bridge girders[J]. Journal of Bridge Engineering,2007,12(3): 325-337.

[19] 程翔云,汤康恩. 计算箱形梁桥剪力滞效应的比拟杆法[J]. 中南公路工程,1984(1):67-75.

[20] 程翔云,项贻强. 用样条函数分析剪力滞[J]. 湖南大学学报(自然科学版),1987(1).

[21] 唐怀平,唐达培. 大跨径连续刚构箱梁剪力滞效应分析[M]. 西南交通大学学报,2001,36(6):617-619.

[22] LUOQ Z,TANG J,LI Q S,et al. Membrane forces acting on thin-walled box girders considering shear lag effect[J]. Thin-Walled Structures,2004,42(5):741-757.

[23] 程翔云. 铜陵长江公路大桥桥面结构有效分布宽度试验研究[C]//中国公路桥梁工程学会论文集. 北京:人民交通出版社,1994:362-369.

[24] 张士铎,邓小华,王文州. 箱形薄壁梁剪力滞效应[M]. 北京:人民交通出版社,1998:43-57.

[25] 万臻,李乔,毛学明. Π型截面主梁斜拉桥剪力滞效应试验研究[J]. 西南交通大学学报,2004,39(5):623-627.

[26] 张永健,黄平明,贺志高. Π形梁斜拉桥主梁剪力滞特性试验[J]. 长安大学学报(自然科学版),2008,28(6):51-54.

[27] 张永健,王达,黄平明. 斜拉桥Π形主梁剪力滞影响因素分析[J]. 长安大学学报(自然科学版),2008,25(1):116-121.

[28] 颜娟,黄才良,张哲.双主梁式斜拉桥主梁有效宽度[J].长安大学学报(自然科学版),2003(1):46-48.

[29] 周伟,张志超,孙斌,等.减小斜拉桥双边箱主梁剪力滞效应构造措施研究[J].现代交通技术,2007,4(6):36-39.

[30] 周伟,蒋益飞.斜拉桥最大双悬臂施工阶段主梁剪力滞效应分析[J].公路,2008(6):59-63.

[31] 张育智,李乔,唐亮,等.双索面斜拉桥主梁剪力滞效应研究[J].四川建筑科学研究,2006,32(4):20-22.

[32] 张玉平,李传习.预应力对斜拉桥箱梁剪力滞效应的影响[J].世界桥梁,2008(4):39-41.

[33] 张玉平,李传习,谢建湘.结构横坡对斜拉桥箱梁剪力滞效应的影响[J].交通科技,2008(5):6-9.

[34] 张玉平,李传习.顶板、底板和斜腹板厚度对斜拉桥箱梁剪力滞效应的影响[J].长沙交通学院学报,2008,24(2):23-28.

[35] 乔朋,周绪红,狄谨.扁平钢箱梁剪力滞效应分析[J].交通运输工程学报,2014(4):40-48.

[36] 张安林.单索面斜拉索钢箱梁剪力滞效应研究[D].广州:华南理工大学,2013.

[37] 钟明,秦伟.宽幅混凝土斜拉桥箱梁剪力滞效应研究[J].市政技术,2015,33(3):52-55.

[38] 聂建国,李法雄,樊健生.组合梁斜拉桥桥面有效宽度分析[C]//中国钢协钢-混凝土组合结构分会第十一次年会论文集.2007.

云端凤城

虹贯两岸

山水清远,凤舞北江

全桥鸟瞰图

东侧视角图

东北侧视角图

西侧视角图

东侧视角图

水天一色,彩霞飞舞

夕阳映照洲心大桥

夕阳下的洲心大桥

夜色下的洲心大桥

西南侧夜景图

西侧俯视夜景图

桥下景观亮化图

东南侧夜景图

桥面灯光效果

人行道栏杆图

栈桥施工,霞光泼洒在北江之上

晨曦下,大桥主塔施工

对称悬臂吊装钢主梁

主桥合拢前

主桥合拢前鸟瞰图

合拢后主桥全景图